es 1466

edition suhrkamp
Neue Folge Band 466

W0075536

Als bisher einzigem nichtwestlichem Land, das zu den führenden Industrienationen zählt, gilt dem modernen Japan nach wie vor besondere Neugier. Diese ist begründet in dessen Fremdheit – zumal bei uns immer noch erstaunlich wenig über die Voraussetzungen und Erscheinungsformen der gegenwärtigen japanischen Gesellschaft bekannt ist.

Das mit dem Titel benannte Programm der im vorliegenden Band versammelten Essays ist es, eine neue Sicht auf Japan zu erproben – einen nicht mehr exotisierenden Blick, der die Zeitgenossenschaft nicht verleugnet und dennoch das Fremde als Fremdes bestehen läßt. Dabei werden ebenso naheliegende wie irritierende Fragen, etwa nach dem Selbstverständnis der Geschlechter, der Rolle der Werbung oder dem Bild des Schriftstellers, behandelt.

Irmela Hijiya-Kirschnereit ist o. Professorin für Japanologie an der Universität Trier.

Irmela Hijiya-Kirschnereit
Das Ende der Exotik

Zur japanischen Kultur
und Gesellschaft der Gegenwart

Suhrkamp

edition suhrkamp 1466
Neue Folge Band 466
Erste Auflage 1988
© Suhrkamp Verlag Frankfurt am Main 1988
Erstausgabe
Satz: Hümmer, Waldbüttelbrunn
Druck: Nomos Verlagsgesellschaft, Baden-Baden
Umschlagentwurf: Willy Fleckhaus
Printed in Germany

2 3 4 5 6 7 – 00 99 98 97 96 95

Inhalt

Einleitung
Vom Nutzen der Exotik

Du schienst mir putzig, schienst
ein Ding zum Lachen,
Doch ernst, o Japan, ernst nahm
ich dich nie.

O. J. Bierbaum *Europa an Japan* (1906)[1]

Als »Land, das Zuneigung und Entsetzen gleichermaßen zu wek-ken geeignet ist«, erscheint Japan nicht selten denjenigen, die sich ihm aufrichtig und aufgeschlossen nähern. Der da seinen Kultur-schock in einem privaten Brief so treffend-präzis formulierte, ist übrigens ein Japanologe, der nach vielen Jahren wissenschaftlich-theoretischer Beschäftigung erstmals mit seinem Gegenstand in direkten, physischen Kontakt kam und dem der Japanaufenthalt zu einem elementaren Ereignis geriet, das ihn »mehr über die con-ditio humana lehrte als manch philosophischer Wälzer«.

Vielleicht, so steht zu vermuten, ist Japan uns gerade deshalb so fremd, weil es uns als moderne Industriegesellschaft so zugänglich erscheint. Die Vertrautheit der Bilder vom Großstadtalltag, von Konsumerwartungen und Bürgerglück, demokratischen Institu-tionen und technologischer Avantgarde zieht uns in ihren Bann, und vorbei sind die Zeiten, da uns die nach wie vor lebendigen Elemente traditioneller Lebensformen in der Gegenwart, seien es Kleidung, Wohnstil oder die auf den ersten Blick so auffällig frem-den sozialen Umgangsformen in vorsichtiger Dosierung nahege-bracht werden mußten, um die Vorstellungskraft des durch-schnittlichen Mitteleuropäers nicht zu überstrapazieren. Seit »Futon«, »Tōfu« oder »Sushi« zum naturalisierten Wortschatz des Deutschen zählen und seit, wie die Geschichte des Wohnens in den siebziger und achtziger Jahren zeigt, zuvor als »exotisch« empfun-dene Verhaltensformen wie das Sitzen auf dem Boden oder das Ablegen der Schuhe hierzulande nicht nur denkbar, sondern sogar mit einem gewissen snobistischen Prestige versehen sind, späte-stens jetzt also ist der Abschied vom konventionellen Bild des ach-so-fremden »fernöstlichen Inselreichs« augenfällig. Bei dem,

---

1 Zitiert nach Ingrid Schuster: *China und Japan in der deutschen Literatur 1890–1925;* Bern 1977, S. 64.

was fortschrittliche Mitteleuropäer mittlerweile als harmlose und oberflächliche Differenzen im Alltag ausmachen, auch wenn sie uns zunächst vor praktische Schwierigkeiten stellen mögen wie das Essen mit Stäbchen oder das korrekte Verbeugen statt des Händedrucks, halten wir uns nicht übermäßig lang auf. Diese Form der Fremdheit fällt uns nicht mehr schwer zu akzeptieren. Und doch – wie lange haben wir, hat unsere Gesellschaft und Kultur mit diesem Bild von Japan als dem ganz anderen gelebt!

Die abendländischen Karten aus dem Mittelalter stellen oftmals die Welt so dar, als schaue man von Gibraltar, dem westlichsten Punkt der bekannten Landmasse, gen Osten. Dort, am entgegengesetzten Pol, wurde das Paradies vermutet. Über der Welt thront, der vertikal geschichteten Weltrangordnung des Mittelalters entsprechend, die Gottesfigur, die damit zugleich die theologischen Implikationen dieser Beschreibung des geographischen Raums offensichtlich werden läßt, und aufgrund der »Ostung« nimmt der extreme Orient auf diesen Weltkarten den gottnächsten Platz ganz oben ein.[2] So lag es nahe, daß Marco Polo, als er von einem Inselreich namens Zipangu vor der Küste Cathays hörte, dieses in den Farben des Paradieses schilderte.[3] Die Unvergleichlichkeit Japans wird hinfort in den Beschreibungen dieses Landes zur stehenden Wendung, zum Topos, dem wir bereits in der deutschen Version des staatenkundlichen Handbuchs von Giovanni Botero aus dem Jahre 1596 begegnen:

»Als Giapon wird genennt ein wunder grosse weite / darinnen viel underschiedliche Insel begriffen werden: gleich wie nun die diejenigen / so zu reden / an einem besondern ort der Welt gelegen / also sind sie auch von Völckern bewohnet / die *den andern allen* / an sitten / weiß und gebreuch *gantz und gar ungleich* sind.«[4]

Das Paradies suchten (und fanden) dann in Japan zahllose westliche Reisende seit der Öffnung des Landes um die Mitte des 19. Jahrhunderts, und in ihren Berichten scheinen all die Attribuierungen und Muster auf, die uns auch heute noch vertraut sind: »Alles scheint elfenhaft – denn alles und jedes ist klein, wundersam und mysteriös«, so beschreibt etwa der 1904 in Japan verstorbene

2 Vgl. Harald Kleinschmidt: *Japan im Welt- und Geschichtsbild der Europäer. Bemerkungen zu europäischen Weltgeschichtsdarstellungen vornehmlich des 16. bis 18. Jahrhunderts*, in: *Bochumer Jahrbuch zur Ostasienforschung*, Band 3 (1980), S. 132–207.

3 Ebd. S. 136.

4 Zitiert nach ebd., S. 144, Hervorhebungen von I. H.-K.

Lafcadio Hearn, aus dessen Schriften der Japonismus in Europa und Nordamerika schöpfte, seinen ersten Eindruck von Japan.[5] Und Bernhard Kellermann kleidet 1910 seine Erlebnisse unmittelbar nach seiner Ankunft – als erstes landet er in einem Teehaus – in auffallend ähnliche Worte: »Alles war so klein, so zierlich, unwirklich und fremd«.[6] »Hätte Milton wohl auch dann noch vom verlorenen Paradiese gesprochen, wenn er dich, seliges Land, gekannt hätte« – fragt sich ein anderer deutscher Autor.[7]

In der idyllischen Landschaft, wahrgenommen durch den Filter der bereits bekannten bildlichen Darstellungen japanischer Künstler – »jene charakteristischen Baumsilhouetten, wie die Japaner sie mit ein paar Pinselstrichen hintuschen«[8] –, in den »kindlichen«, »naiven«, »sonnig-heiteren« Menschen, ja selbst noch im »Klang- und Wortcharakter« ihrer Sprache offenbaren sich paradiesische Züge:

»Man halte gegen *Blume* das japanischste aller Wörter, *hana,* gegen *Farbe iro,* gegen *Kirsche sakura,* man vergleiche *Frühling* mit *haru* und *aki* mit *Herbst!* Diese Worte sind so unerreichbar echt und richtig, sind gerade so hingehaucht, wie ihr Gegenstand geschaut ist, daß man meinen könnte, die sichtbare Erscheinung selbst sei hier Klang geworden. ... In ihnen liegt kindliche Unschuld, frohe Heiterkeit und zugleich ein zarter Hauch von Wehmut.«[9]

Gewiß, die frühen Japanbeschreibungen enthalten zuweilen auch kritische Töne. Man spricht von Japanern in Kontrasten: »Viel Lebhaftigkeit, Intelligenz und Talent, wenig Prinzip und kein

5 Lafcadio Hearn: *Das Japanbuch,* Frankfurt/M. (26.–35. Tsd.) 1921, S. 17.
6 Bernhard Kellermann: *Ein Spaziergang in Japan,* Berlin (24.–28. Tsd.) 1924, S. 12.
7 Hans Anna Haunhorst: *Das Lächeln Japans,* Leipzig 1937, S. 50. Der Autor war von 1909–1911 Attaché an der deutschen Botschaft Tōkyō. Auch Kellermann, dessen Buch erstmals 1910 erschien, beschreibt Erlebnisse aus dem ersten Jahrzehnt dieses Jahrhunderts.
8 Kellermann, a. a. O., S. 5. Vgl. etwa auch Arthur Holitschers ersten Eindruck von japanischer Landschaft: »...mit einer dünnen Kette schräg wie hingeweht getuschter Föhren; ... der Hügel selber ist nur in der Kontur erkennbar, schwärzlich und schwach einem durchsichtig grauen Hintergrund auflasiert. Luft geht durch den Hügel durch...«, zitiert bei Detlev Schauwecker: *Der Fuji-san in der deutschen Literatur,* in: *Klischee und Wirklichkeit japanischer Kultur. Beiträge zur Literatur und Philosophie in Japan und zum Japanbild in der deutschsprachigen Literatur. Festschrift für Toshinori Kanokogi,* hg. v. Gregor Paul, Frankfurt/M., Bern, New York, Paris 1987, S. 99–124, hier S. 101.
9 Wilhelm Gundert: *Die japanische Literatur,* in: *Handbuch der Literaturwissenschaft,* hg. v. Oskar Walzel, Wildpark-Potsdam 1929, S. 5.

Charakter«[10], und als Japan im Jahre 1905 dann mit Rußland eine europäische Großmacht bezwingt, löst dies im Westen einen Schock aus. »Mit Japans Triumph beginnt eine völlig neue Epoche der ganzen internationalen Kultur«, schreibt Richard Dehmel am 30. Mai 1905 in sein Tagebuch.[11] Das Land ist nicht mehr nur Sehnsuchtsgefilde der Kunstliebhaber und Verehrer der »weiblichen« Qualitäten des Lieblichen und Zarten, sondern es beeindruckt auch durch martialische Männlichkeit, symbolisiert etwa durch den »mächtigen«, »stolzen Berg« Fuji.[12]

»Zauber der Anmut und Lieblichkeit ... im Gegensatz zu großer Wildheit« – in diesen Kontrasten faßt nicht nur, wie seinerzeit der Geologe und Archäologe F. von Richthofen, die Natur der japanischen Inseln[13], sondern sie bilden gleichsam eine Schablone, ein Kategoriengerüst, mit dem man die divergierenden Eindrücke aus diesem Land zu ordnen versucht.

Doch gleich, ob man sich aus Furcht vor einer »gelben Gefahr« abwehrend-kritisch mit Japan befaßte[14] oder ob man in schwärmerischem Entzücken das »Land des Lächelns, Land der ausgeglichensten Harmonie« pries[15], es bleibt das Ferne und Exotische, das nur in jenen Ausschnitten wahrgenommen wird, die ins Bild einer solchen Fremde als Projektionsfläche eigener Wünsche und Ängste passen. Edward Said hat anhand des umfassenderen Orient-Begriffs gezeigt, wie sehr das abendländische Bild von dieser Region den eigenen Bedürfnissen entsprechend gestaltet worden ist.[16] Der Orient wie auch einzelne seiner Länder wurden so zum Brennpunkt einer »Sammlung von Träumen, Bildern und Vokabular«, in denen wir über sie verfügen[17], und gerade seine Ferne,

---

10 Johann Justus Bousquet: *Le Japon de nos jours,* Paris 1877; zitiert nach F. Rein: *Japan,* 1. Band, Leipzig 1905, S. 547.

11 Zitiert nach Schuster, a. a. O., S. 29.

12 Man vergleiche z. B. die Beschreibung dieses Bergs im 1913 erschienen Reisebericht Arthur Neustadts u. a. m., zitiert bei Schauwecker, a. a. O., S. 115.

13 Vgl. Schauwecker, a. a. O. S. 112, dem auch das Zitat entnommen ist.

14 Vgl. hierzu etwa die aufschlußreichen Textbelege, die Regine Mathias-Pauer anführt in ihrem Beitrag: *Deutsche Meinungen zu Japan – Von der Reichsgründung bis zum Dritten Reich,* in: *Deutschland – Japan: Historische Kontakte,* hg. v. Josef Kreiner, Bonn 1984, S. 115–140.

15 Haunhorst, a. a. O., S. 11.

16 Edward Said: *Orientalismus,* Frankfurt/M., Berlin, Wien 1981. Vgl. hierzu auch den letzten Beitrag dieses Bandes: *Japanischer Eurozentrismus, europäischer Relativismus und einige Konsequenzen.*

17 Said, a. a. O., S. 86.

erst recht die Entfernung des »extremen Orients«, bietet sich zur Exotisierung, einem wesentlichen Verfahren des Orientalismus im Saidschen Sinne, an.

Das Exotisieren besteht zunächst einmal in der Betonung der Distanz zum Fremden, das zum »ganz anderen« stilisiert wird, oftmals auch, im Zeichen der abendländischen Zivilisationsflucht des ausgehenden 19. Jahrhunderts, zum unverdorbenen Ursprünglichen. Die Begegnung mit Japan wird so zur »Reise in den Urzustand«.[18] Auch deshalb wohl die vielen Paradiesmetaphern und regressiven Träume in den Japanbeschreibungen der Reisenden und »Japankenner«! Nicht von ungefähr wird Japan darüber hinaus häufig zusätzlich entrückt: Es ist das von der Berührung mit dem korrumpierenden Westen noch unverdorbene »Altjapan«, dem die tiefe Bewunderung Lafcadio Hearns und die hymnische Idealisierung anderer gilt. Ein geradezu tragischer Gedanke insofern, da ja ihre Anwesenheit selbst schon das in sich trägt, vor dem sie ihr hehres und eben doch unerreichbar fernes Japan bewahrt sehen möchten – den »brutalen Europäergeist«[19] und den »haßerfüllten Lärm eines Europäertages«.[20] Bernhard Kellermann findet im Epilog seines Japanbuches dafür ein eigentümliches Bild. Er schildert eine Theateraufführung, die er zum Abschied besucht, in der »zwei bärtige, wilde Männer in Kostümen von unheimlicher Pracht« auftreten:

»Auf der Bühne stand ein unscheinbarer alter Tempel, und vor ihm bekämpften sie einander mit langen riesenhaften Keulen. Während der Kampf wilder und wilder tobte, begann es zu schneien, es schneite und schneite, Massen von Schnee stürzten vom Himmel, die Rasenden verschleiernd, und zuletzt verschwanden sie ganz.

Mir schien das Stück wie ein Symbol: es war das alte Japan, und die Schneeflocken, die es zudeckten, waren die neuen Ideen, die vom Westen kamen, jede einzelne Flocke eine klare, kalte, nüchterne, europäische Idee.«[21]

18 Vgl. Wolfgang Reif: *Zivilisationsflucht und literarische Wunschräume. Der exotistische Roman im ersten Viertel des 20. Jahrhunderts,* Stuttgart 1975, S. 36ff.
19 Haunhorst, a. a. O., S. 72.
20 Haunhorst, a. a. O., S. 13.
21 Kellermann, a. a. O., S. 272. Die Sorge, daß westlicher Einfluß das »echte«, »alte« Japan zerstöre, findet sich geradezu leitmotivartig auch in den amerikanischen Reaktionen auf die japanischen Pavillons bei den Ausstellungen in Philadelphia 1876, New Orleans 1885, Chicago 1893 und St. Louis 1904, vgl. die Dokumentation von Neil Harris in: *Mutual Images: Essays in American-Japanese Relations,* hg. v. Akira Iriye, Cambridge, London 1975.

Sei es nun die »Zierlichkeit«, mit der fast alles Japanische attribuiert wird, die, wohl schon in der Nachfolge von Pierre Lotis *Madame Chrysanthème* (1887), zu einer Art Epitheton ornans der japanischen Frau avanciert[22], sei es ganz allgemein die Unvergleichlichkeit als Charakteristikum, mit dem Japan entmaterialisiert und seiner Realität entkleidet wird, sei es die Vorstellung von Japans Mangel an Originalität[23] oder seien es andere uns vertraute Meinungsmuster[24] – es will schwerlich gelingen, den Rahmen der Exotisierung Japans zu verlassen, und dies, obgleich es nicht an kritischen Einwürfen fehlte, welche etwa die schwärmerische Verniedlichung Japans persiflierend aufs Korn nahmen. Zu diesen Kritikern zählen neben dem zu Beginn angeführten Otto Julius Bierbaum, dessen bitterer Sarkasmus sich gegen abendländischen Dünkel und Japans imperialistisch-militaristische »Fortschrittlichkeit« wendet, auch Arno Holz und Klabund, der die Hauptfigur seiner 1912 entstandenen Komödie *Hannibals Brautfahrt* sagen läßt:

»Wohin machen wir eigentlich unsere Hochzeitsreise? Ich denke Japan. Zu den Geishas. ... Es sind in der Tat berauschende Geschöpfe. Überhaupt dieses Japan: Das Hotelwesen steht auf einer einzigartigen Höhe. Es ist bei weitem weiter entwickelt als das europäische. In Japan mietet man sich das Zimmer inklusive Licht, Frühstück und Bedienung bei Tag und Nacht – Bedienung: weibliche natürlich, im schönsten Sinne des Wortes. Auch die Liebe ist inklusive.«[25]

Und noch ein Beispiel, ein wohl bekannteres, für die satirische Belustigung über den Japan-Exotismus sei angeführt – Tucholskys »Chanson« von 1926, wobei auch hier die parodierten Elemente zugleich den Nutzen der zum fremden Reizobjekt ohne Realitätsgehalt stilisierten Welt für die hiesigen Schwärmer zu erkennen geben:

> Da ist ein Land – ein ganz kleines Land –
> Japan heißt es mit Namen.
> Zierlich die Häuser und zierlich der Strand,
>   zierlich die Liliputdamen.
> Bäume so groß wie Radieschen im Mai.
> Turm der Pagode so hoch wie ein Ei –

22 Vgl. Schauwecker, a. a. O., S. 102, sowie Reif, a. a. O., S. 38.
23 Textbeispiele etwa bei Mathias-Pauer, a. a. O. sowie weiter unten.
24 Vgl. hierzu auch den Beitrag dieses Bandes: *Vexierspiegel – einander gegenübergestellt*, S. 139 ff.
25 Zitiert nach Schuster, a. a. O., S. 82.

> Hügel und Berg
> klein wie ein Zwerg.
> Trippeln die zarten Gestalten im Moos,
> fragt man sich: Was mag das sein?
> In Europa ist alles so groß, so groß –
> und in Japan ist alles so klein![26]

Das unwirkliche Liliputreich sinnlicher Freuden, in dem der »junge Matrose« in den folgenden Strophen mit seiner »Geisha« lustwandelt – »Abendland – Morgenland – Mund an Mund – / welch ein natürlicher Völkerschaftsbund!« – ist nur die bis in unsere Tage wohl bekannteste Variante des Bildes von Japan als dem »ganz anderen«.

Japanische Selbstexotisierung

Doch wie können wir hoffen, den Exotisierungen auf Dauer zu entsagen, wenn Japan selbst sie noch zu fördern scheint? Hier nämlich ist von der zunächst erstaunlichen Beobachtung zu berichten, daß Ablehnung und Kritik angesichts einer exotistischen Außensicht des eigenen Landes durchaus nicht die Regel sind. Vielmehr hat man sich mit ihr anscheinend wohnlich eingerichtet, denn sie bietet auch den solcherart Exotisierten unbestreitbare Vorteile. Als »ganz anders« und unvergleichlich eingestuft zu werden, stimuliert nicht nur das nationale Selbstwertgefühl, sondern verschafft auch Freiräume.

Inselvölker tendieren bekanntlich dazu, die Differenzen zwischen sich und anderen zu überbetonen. Dabei rührt die Motivation zu der extensiven Selbstbespiegelung und -befragung der Japaner im Vergleich mit anderen Nationen nach Ansicht des Psychologen Minami Hiroshi psychohistorisch gesehen von der hierarchisch gegliederten Ständegesellschaft der Tokugawa-Zeit her, die ein ständiges Eintaxieren der eigenen Erscheinung in den Augen der anderen erforderlich machte.[27] Eine Folge dieser Tendenz ist die Flut von populären wissenschaftlichen oder pseudowissen-

---

26 Kurt Tucholsky: *Gesammelte Werke*, Bd. II (1925–28), hg. v. Mary Gerold-Tucholsky u. Fritz Raddatz, Reinbek 1960, S. 553.

27 Minami Hiroshi: *Nihonteki jiga*. Tōkyō 1983, S. 96. Die Vornamen werden in der in Japan üblichen Reihenfolge unter Voranstellung des Familiennamens angeführt. Ausnahmen von dieser Regel ergeben sich bei Zitierung von Übersetzungen in westliche Sprachen.

schaftlichen Publikationen zum japanischen »Volkscharakter« oder anderen japanischen Spezifika, die inzwischen unter der Bezeichnung *»Nihonron«* (Japandiskurse) bzw. *»Nihonjinron«* (Japanertheorien, -diskurse) ein regelrechtes Genre bilden und als solches auch das Interesse der westlichen Japanforschung auf sich zogen.[28] Zu Recht, sollte man meinen, denn diese sagen, wie so oft, indirekt mehr über ihren Gegenstand aus als die Theorien und Thesen, die ihre Seiten füllen. Weshalb etwa eine neurophysiologische Studie von Tsunoda Tadanobu über »Das Gehirn der Japaner«[29] in den späten siebziger Jahren zum Bestseller werden konnte, wird einsichtig, wenn man die zentrale Absicht erkennt, ein für Japaner spezifisches Lateralisierungsmuster nachzuweisen, aus dem wiederum weitreichende Konsequenzen gezogen werden. Dazu ein Beispiel, das uns zugleich vor Augen führt, wie selbst die über Japan im Westen kursierenden Negativstereotypen in diesen »Japanertheorien« nicht nur übernommen werden, sondern sogar zum Zwecke nationaler Selbstbestätigung selbst noch positive Umwertungen erfahren können. Es geht um die bereits erwähnte Standardmeinung, Japanern mangele es an Originalität. Zur Literatur etwa wußte Adolf Fischer 1897 zu berichten: »Der Japaner betrachtet die Poesie mehr als das Produkt einer Zeit, als das eines Individuums, und zwar mit Recht, da hier meist einer vom andern abschreibt.«[30] Bei Tsunoda würde Fischer sein absurdes Urteil nun noch gar bestätigt finden, denn dieser geht ebenfalls wie selbstverständlich davon aus, daß japanische Schriftsteller und Denker unoriginell und unproduktiv seien. Den Grund dafür sieht er allerdings in einem Faktum, das 1897 gerade erst begann, eine Rolle zu spielen: Japanische Autoren, so meint Tsunoda, mußten zu viel Ausländisches lesen und hätten damit ihre linke Gehirnhälfte überlastet, so daß der kreativen rechten Hälfte kein Raum mehr zur Entfaltung blieb.[31] Eine praktische Konsequenz aus dieser Beobachtung ist für Tsunoda dann die Forderung, Ja-

---

28 Vgl. hierzu insbesondere Ross Mouer, Yoshio Sugimoto: *Images of Japanese Society: A Study in the Structure of Social Reality*, London 1986, und Peter N. Dale: *The Myth of Japanese Uniqueness*, Oxford 1986.

29 Nihonjin no nō, Tōkyō 1978. 1985 erschien in Tōkyō eine englische Übersetzung: *The Japanese Brain, Uniqueness and Universality.*

30 Adolf Fischer: *Bilder aus Japan*, Berlin 1897, S. 389.

31 Vgl. Tsunoda, a. a. O. Eine Zusammenfassung dieser Thesen enthält auch der Aufsatz: *The Left Cerebral Hemisphere of the Brain and the Japanese Language*, in: *The Japan Foundation Newsletter* 6, 1 (1978), S. 3–7.

paner im internationalen Verkehr von der Notwendigkeit der Kommunikation in fremden Idiomen zu entlasten, indem das Japanische, etwa bei den Vereinten Nationen, zur offiziellen Sprache deklariert werden sollte. So sichert die mehr oder minder wissenschaftliche Forschung über nipponische Eigenheiten und Eigentümlichkeiten, seien sie ethnisch-physiologischer, kultureller, historisch-politischer oder sozialer Natur – zumeist sind es Kreuzungen aus mehreren Sparten[32] – Japanern Nischen und Schutzzonen in einem Territorium der Unvergleichbarkeit.

Der Drang, sich von anderen Nationen abzusetzen und dabei ständig Hierarchisierungen vorzunehmen, führt im übrigen zu einem kuriosen »Weltmeisterdenken«, dem man auf Schritt und Tritt begegnet. Der amerikanische Japanologe Ezra Vogel, der sein Buch schlicht *Japan As Number One* betitelte, wußte sehr wohl um den unwiderstehlichen Reiz einer solchen Formel in einem Land, für das sein Buch angeblich gar nicht konzipiert worden war.[33] Das Hierarchiebewußtsein bedarf dabei noch nicht einmal unbedingt schmeichelhafter Feststellungen wie etwa der, Japan sei seit der Meiji-Restauration das »demokratischste Land der Welt«[34], es sei der perfekteste Wohlfahrtsstaat[35], oder die Friedensbestrebungen fänden hier die auf der Welt verbreitetste Unterstützung durch die Bevölkerung.[36] Es sind offenbar auch noch weit

---

32 Zur Problematik der Tsunodaschen Forschung vgl. etwa die Rezension des Mediziners Makita Kiyoshi im *Journal of Japanese Studies* 5, 2 (1979), S. 439–449.

33 Ezra Vogel: *Japan as Number One: Lessons for Americans,* Cambridge, London 1979. Bereits nach eineinhalb Monaten waren von der japanischen Übersetzung des Buches über 200 000 Exemplare verkauft.

34 Yayama Tarō: *Kyōkasho o meguru shinbun kyōsōkyoku,* in: *Chūō kōron* 11/1982, S. 108–115. Dieser Artikel wurde ins Englische übersetzt, s.: *The Newspapers Conduct a Mad Rhapsody over the Textbook Issue,* in: *Journal of Japanese Studies* 9, 2 (1983), S. 301–316. Das Zitat lautet dort: »...I believe that there is no other nation in the world today that is more democratic, more equal in the distribution of wealth and more aware of the ideas of social equality than Japan.« (»...ich glaube, keine Nation der Welt ist heute demokratischer, in keinem ist der Reichtum gleichmäßiger verteilt, und nirgendwo ist das Gedankengut zur sozialen Gleichheit besser bekannt als in Japan.«) (ebd. S. 314). Die Zitate aus dem Englischen und Japanischen wurden, sofern nicht anders vermerkt, in größtmöglicher Nähe zum Original ohne stilistische Glättung ins Deutsche übersetzt.

35 Nakagawa Yatsushiro: *Nihon koso sekai ichi no fukushi chōtaikoku da* (Japan ist Super-Wohlfahrtsstaat Nr. 1 in der Welt), in: *Chūō kōron* 8/1978, S. 86–103, englische Übersetzung: *Japan, the Welfare Super-Power,* in: *Journal of Japanese Studies* 5, 1 (1979), S. 5–51.

36 Vgl. den Artikel über die Friedenskämpferin Ukita Hisako in: *Japan Quarterly* 29, 1 (1982), S. 93.

schwieriger zu belegende oder zu widerlegende Behauptungen wie etwa diejenige möglich, Japans Sprache sei die »lebendigste« der Welt (im Gegensatz zu den »halbtoten« Sprachen Deutsch und Französisch)[37], oder keine Kulturnation schätze wohl die eigene Landessprache so gering wie die Japaner[38], oder etwa, Japan habe die größte Schneehöhe in Relation zur Bevölkerungsdichte[39], oder es sei das »mißverstandenste« Land der Welt[40] – solange der erste Rang gesichert ist.

Aktuelles Anschauungsmaterial für japanische Selbstexotisierung, wobei auch deren praktische Dimension ins Blickfeld rückt, bieten etwa die jüngsten japanisch-amerikanischen Wirtschaftsverhandlungen. Als Grund für die angeblich sehr begrenzte Aufnahmefähigkeit des japanischen Marktes für Rindfleisch aus den USA führte der japanische Verhandlungspartner nicht nur religiöse Traditionen wie das buddhistische Tötungsverbot an, sondern laut Asahi Shinbun auch eine anatomische Besonderheit: Japaner hätten nämlich einen wesentlich längeren Darm als Amerikaner, und dies erlaube aus natürlichen Gründen keine Ausweitung des japanischen Fleischkonsums.[41] Dieser Behauptung scheint schon am Folgetag ein Artikel in derselben Zeitung zu widersprechen, in dem von einem Rekordpreis von 100 000 Yen (etwa 1250 DM) für ein Kilo japanisches Rindfleisch besonderer Qualität berichtet wird.[42] In unserem Zusammenhang geht es jedoch nicht um die Prüfung des Realitätsgehalts dieser Aussage, sondern allein um die Vorführung eines Argumentationsmusters, das je nach Kontext und Opportunität im Reden über Japan aus der Innen- wie aus der Außenperspektive einen festen Platz einnimmt.

37 Ikeda Yasaburō: *Nihongo-tte, konran shiteru yō demo jitsu ni seimeiryoku ni afure ikiiki shite iru* (Das Japanische mag chaotisch aussehen, aber in Wirklichkeit strömt es über vor lebendiger Vitalität. Interview), in: *Shūkan yomiuri* 48, 25. 11. 1979, S. 58–62, hier S. 60.

38 Der Rezensent der *Kyōto shinbun* anläßlich des Erscheinens von Suzuki Takaos Buch *Tozasareta gengo: Nihongo no sekai* (Eine verschlossene Sprache – Die Welt des Japanischen), vgl. die Kolumne Shinkanshō, *Kyōto shinbun* v. 31. 3. 1975.

39 Vgl. den Essay über den japanischen Winter in: *Japan Quarterly* 29, 1 (1982), S. 89.

40 So der Titel eines Buches von »Maurie« Kaoru Kobayashi: *Japan – The Most Misunderstood Country*, Tokyo 1984.

41 Vgl. den Bericht in der *Asahi Shinbun* vom 19. 12. 1987, S. 9: *Nihonjin wa chō ga nagaku, nikushoku ni wa fumuki* (Der lange Darm der Japaner, ungeeignet zum Fleischverzehr).

42 Vgl. *Asahi Shinbun* v. 20. 12. 1987, S. 23.

Sprache als Bollwerk, als Waffe, als Schatz

Die Unzugänglichkeit Japans wird auch heute noch vielfach mit der Verschlossenheit seiner Sprachkultur begründet, und die zum festen Bestandteil jedes Vorschlagskatalogs für die Verbesserung der Japankontakte zählende Mahnung, man möge sich die Sprache aneignen, klingt uns nachgerade wie eine altbekannte Litanei in den Ohren, zumal, seitdem japanische Wirtschaftsstrategen und Politiker mangelnde Sprachkenntnisse westlicherseits für die unausgeglichene Handelsbilanz verantwortlich machen. Im Verhältnis der Japaner zu ihrer Sprache spiegelt sich die Entwicklung eines nationalen Selbstbewußtseins, und es erscheint bezeichnend, daß ein beträchtlicher Anteil der in den siebziger Jahren anschwellenden Flut populärer »Japanerdiskurse« aus Abhandlungen zur japanischen Sprache besteht, welche die nationale Identität über die Sprache, ihre Geschichte und ihre strukturellen Besonderheiten zu vermitteln versuchen. Diesem Themenkomplex ist der Beitrag *Sprache und Nation* im vorliegenden Band gewidmet. Nicht zu Unrecht bezeichnet der amerikanische Japanologe und Linguist Roy A. Miller die Sprache als *den* modernen Mythos des heutigen Japan.[43] Die jüngste Entwicklung zeigt überdies, daß das Thema keinesfalls an Bedeutung verloren hat, sondern weiterhin mit großer Intensität diskutiert wird.

Das Verhältnis zur eigenen Sprache ist dabei durchaus ambivalent; denn obgleich man einerseits die mangelnde Bereitschaft von Ausländern beklagt, sich der Mühen des Japanischlernens zu unterziehen, fühlt man sich von denjenigen, die das Japanische als Nichtjapaner beherrschen, auf mysteriöse Weise bedroht. Die Sprache erscheint überdies manchen Intellektuellen als letzte Bastion, als Territorium, das es gegen eine Invasion von Nicht-Muttersprachlern zu verteidigen gelte. Selbst die Tatsache, daß internationale Japanologenkongresse auf Japanisch abgehalten werden und dabei Nichtjapaner untereinander japanisch kommunizieren, ist Anlaß zu öffentlichen Bekundungen der Irritation.[44] Einerseits setzt man dabei auf eine offensive Sprachpolitik gegen-

43 Vgl. Roy A. Miller: *Japan's Modern Myth. The Language And Beyond*, New York, Tōkyō 1982.
44 Vgl. etwa die Gesprächsrunde mit bekannten Wissenschaftlern im Themenheft der Zeitschrift *Kokusai Kōryū* Nr. 41: *Kokusaika suru Nihongo no zahyōjiku* (Das Japanische im Koordinatensystem seiner Internationalisierung), S. 2–29, besonders S. 8 ff.

über dem Ausland – der u.a. von dem Soziolinguisten Suzuki Takao verfochtene Gedanke der »Sprache als Waffe«[45], als Mittel zur Selbstbehauptung im Überlebenskampf der Nationen, findet sich in verschiedenen Transformationen in der öffentlichen Meinung wieder. Andererseits aber fürchtet man um die Reinheit und Unversehrtheit des Japanischen angesichts von Ausländern, deren Bemühungen um die Aneignung seines Regelwerks bereits als unbefugter Eingriff in das Sprachleben verstanden werden. Das Japanische erscheint hier gleichsam als Substanz, die sich nur begrenzt teilen läßt, oder als Flüssigkeit, die sich bei allzu großer Verdünnung ganz verflüchtigt, als ein Besitztum jedenfalls, das es vor dem Zugriff von Fremden zu schützen gelte. Die Diskussion um diese Fragen wird – und dies darf nicht verschwiegen werden – in Japan durchaus kontrovers geführt, und das facettenreiche Meinungsbild fördert unweigerlich auch die divergierenden geistig-ideologischen Grundannahmen zutage.[46] Am Thema der Sprache kristallisieren sich repräsentative Grundmuster und Werteinstellungen der japanischen Gesellschaft der Gegenwart heraus.

Die Ungleichzeitigkeit des Gleichen

Während das Thema der Sprache gegenwärtig als Gegenstand der öffentlichen Debatte in unserem Kulturkreis geringere Aufmerksamkeit beansprucht, ist die Frage nach den Funktionen des Weiblichen in der Kultur mitsamt der Kontroverse um die Stellung der Frau ein beiden Gesellschaften gemeinsamer Stoff, wobei die Diskussion in Japan ihre Impulse aus dem Westen bezog. Der gemeinsame Kontext, die Parallelität der Fragestellungen und Argumente verdeckt jedoch nicht die Differenz, und auch hier ist es gerade das Verbindende der Zeitgenossenschaft, welches die Kontraste in den Werthaltungen und den Problemlösungsstrategien ausleuchtet, die aus einem anderen Menschenbild resultieren. Dabei wäre es so naiv wie überheblich, etwa *das* japanische Menschenbild aus den

---

45 So der Titel seines 1985 erschienenen Buches: *Buki to shite no kotoba: Chanoma no kokusai jōhōgaku,* Tōkyō.

46 Der bereits angeführten Zeitschrift *Kokusai Kōryū,* herausgegeben von der Japan Foundation, Tōkyō, gebührt das Verdienst, in zwei Sondernummern (Nr. 41, April 1986 und Nr. 45, Dez. 1987) die gesamte Breite des Meinungsspektrums präsentiert zu haben. Weitere Literaturangaben vgl. S. 93–96 dieses Bandes.

Gesprächsbeiträgen herausfiltern zu wollen, um es als handlich zurechtgestutzten Extrakt einem ebenso willkürlich simplifizierten »westlichen« gegenüberzustellen. Weshalb sollte die Meinungsvielfalt, das Spektrum der Denkmodelle in Japan geringer sein als hierzulande? Andererseits hebt man im Blick auf seine Kulturgeschichte doch gern die ausgeprägte Tendenz zur Assimilierung heterogener Elemente und seinen religiösen Synkretismus hervor! Statt die Komplexität der Erscheinungen vorschnell zu reduzieren, setzen die hier versammelten Beiträge es sich zur Aufgabe, das Vorgefundene zu beobachten und zu beschreiben. Beim Ordnen der registrierten Eindrücke ergeben sich dann jedoch gewisse Bündelungen, man erkennt Argumentationslinien, die mit bestimmten Werthaltungen korrespondieren. Um dies am Beispiel der »Frauenfrage« zu erläutern: Die gesetzgeberischen Maßnahmen zur Gleichstellung der Frau fußen u.a. auf einem egalitären Menschenbild ursprünglich abendländischer Provenienz, auch wenn, wie neuere Studien westlicher Soziologen hervorheben, arbeitsmarktpolitische Erwägungen diesem Gesetzeswerk einen kräftigen Schub in Richtung Realisierung verliehen haben mögen.[47]

In der innerjapanischen Debatte werden folglich auch Argumentationen laut, welche die kulturelle Eigenständigkeit des Landes durch das Gleichstellungsgesetz gefährdet sehen. Besonders radikal formuliert es die Philosophieprofessorin Hasegawa Michiko im Titel eines ihrer zahlreichen Beiträge zum Thema *Das Gesetz zur Gleichstellung der Frau auf dem Arbeitsmarkt zerstört das kulturelle Ökosystem*.[48] Die Ausdifferenzierung der Geschlechterrollen sieht sie als Ausdruck einer komplexen kulturellen Entwicklung, die zugleich die Basis des sozialen Miteinanders in der modernen japanischen Industriegesellschaft bilde. Unter Berufung auf westliche Ethnologen und östliche Philosophen plädiert

---

47 Vgl. etwa Claudia Weber-Deutschmann: *Erwerbstätigkeit – für Japanerinnen noch immer ein Dasein zweiter Wahl: Was bringt das japanische Gleichstellungsgesetz den erwerbstätigen Frauen?*, in: *Vom Stereotyp zur Wirklichkeit. Japans Frauen heute*, hg. v. Ruth Linhart und Fleur Wöss, Wien: Literas 1988.

48 »Danjo koyō byōdō hō« *wa bunka no seitaikei o hakai suru*, in: *Chūō Kōron* 5/1984, S. 78–87, deutsche Übersetzung in: *Kagami NF X*, 2/3 1983 (Erscheinungsdatum Mai 1986), S. 85–97. Ein weiterer Essay der Autorin aus der Oktobernummer 1984 der Zeitschrift *Chūō Kōron* ist in gekürzter englischer Übersetzung nachzulesen: *Equal Opportunity Legislation Is Unnecessary*, in: *Japan Echo* XI, 4, 1984, S. 55–58.

Hasegawa für ein »kulturadäquates« gesetzliches Rahmenwerk, das sich nicht dem ihrer Ansicht nach von außen oktroyierten Gleichheitsdiktat beuge.

Hasegawas Bemühen um eine theoretische Fundierung entspricht auf der Ebene des sozialen Alltags die spontane Abwehr gegenüber öffentlicher Kritik an der Frauendiskriminierung, wie sie uns etwa ein Leserbrief aus der Mainichi Shinbun unter der nicht etwa zynischen Überschrift »Auch die Geschlechterdiskriminierung macht Spaß« vorführt.[49] Die Verfasserin, eine 52jährige Hausfrau, nimmt Bezug auf einen kritischen Erfahrungsbericht und stellt diesem einen Abriß ihrer eigenen weiblichen Sozialisation gegenüber. Auch sie habe anfangs gegen die ungleichen Chancen von Männern und Frauen emotional rebelliert, Ehemann und Kinder aber hätten von ihr die Auslöschung des eigenen Ich verlangt, und für das geduldige Ertragen sei sie nun mit dem erfolgreichen Abschluß der Kindererziehung reichlich entlohnt. In den letzten Jahren habe sie sich unter dem Vorwand der Wechseljahre allerdings gehenlassen und käme sich nun häßlich und wertlos vor. Vielleicht wäre es doch reizvoller, darauf zu bestehen, daß »gerade die Geschlechterdiskriminierung Spaß macht«.

Das Relief dieser weiblichen Karriere wie auch seine subjektive Darstellung und Einschätzung gleicht im wesentlichen dem uns bekannten konventionellen Hausfrauen-und-Mutter-Ideal, während die Diktion – das »Abtöten des Ich«, das »Ertragen« und die zugespitzte Schlußfolgerung mit den masochistischen Untertönen – auf spezifische japanische Wertsetzungen verweist.

Es ist andererseits denkbar, daß in Japan weibliche Lebenspraxis einen hohen Grad an Emanzipation vorweist, der ebenfalls nicht aus der Verinnerlichung westlich-abendländischer Konzepte, sondern aus der konsequenten Verfolgung traditionalistischer Vorstellungen von der Frau als Dienerin der Familie erwachsen sein kann. Die dynamische Geschäftsfrau etwa, die das Familienunternehmen zu wirtschaftlichem Erfolg führt, findet Anerkennung als tüchtige Helferin in einer ihr angestammten Rolle.[50] Mit einer einfachen Übertragung unserer Vorstellungen von »traditionell«

---

49 *Seisabetsu mo tanoshi* in der Spalte »*Onna no kimochi*« (Gefühle (sic) der Frau), *Mainichi Shinbun*, 9. 5. 1984.

50 Vgl. dazu etwa den Beitrag von Mary Lou Maxson: *Women in Family Businesses*, in: *Woman in Changing Japan*, hg. v. Joyce Lebra, Joy Paulson, Elizabeth Powers, Stanford 1976, S. 89–106.

und »fortschrittlich« auf japanische Verhältnisse ist es also nicht getan, mögen sie auf den ersten Blick auch noch so eindeutig scheinen.

Ferne, Nähe, Alterität

Die emotionalen Wechselbäder, von denen eingangs die Rede war, sie bleiben uns in der Begegnung mit dem Fremden nicht erspart. Jede engagierte Beschäftigung mit Japan wird Konflikte in uns auslösen, da unweigerlich unterschiedliche Wertsysteme aufeinanderprallen. Nur scheinbar ist der Weg totaler Relativierung der einfachste und toleranteste – in Wirklichkeit ist er eine Flucht in die Unverbindlichkeit: Japan wird als das »ganz andere« in seiner Fremdheit belassen, die als bequemer Deus ex machina immer dann hervorgezogen werden kann, wenn die Ratlosigkeit überhand nimmt und wenn gar die eigene kulturelle Identität dadurch in Frage gestellt zu werden droht. Sich der Andersheit, der Alterität zu stellen, das Vertraute im Fremden und das nicht Verstehbare im scheinbar Vertrauten zu registrieren, ohne es vorschnell auf einige Formeln reduzieren zu wollen – dazu möchte dieser Band ermuntern, der gewiß mehr Fragen aufwirft, als er beantworten kann, zumal er kein geschlossenes Erkenntnismodell einer einzelnen wissenschaftlichen Disziplin zugrundelegt. Vielmehr werden in der Betrachtung so unterschiedlicher Aspekte wie der Werbung, der geschlechtsspezifischen Ausprägung der Sprache oder etwa der Rolle des autobiographischen Schreibens verschiedene Fragestellungen und Erklärungsansätze beleuchtet. Dementsprechend divers ist auch die Terminologie, die sich soziologischer, kulturanthropologisch-ethnologischer, ideologiekritischer und anderer Kategorien bedient. Ohne damit einer unzulässigen Vermischung der Diskurse das Wort reden zu wollen, sei jedoch die Behauptung gewagt, daß wir ein differenziertes Bild einer Kultur, des geschichtlichen Ineinanderwirkens sozialer Muster, kultureller Bedeutungen und seiner Organisationsformen nur mit Hilfe mehrerer theoretischer Perspektiven werden entwickeln können, wenn wir nicht bei den eindimensionalen Erklärungsmustern im Stile der »Japanertheorien« stehenbleiben wollen.

Die Absicht der vorliegenden, zwischen 1980 und 1986 entstandenen Essays ist jedoch eine viel schlichtere – sie wollen lediglich in die Thematik einführen. Ihr Motiv, ja, das mit dem Titel benannte Programm ist es, in bewußter Abgrenzung gegen den immer noch verbreiteten Hang zur Verniedlichung, zur Exotisierung und damit zum banalisierenden Entrücken des Japanischen wie auch gegen die vom Journalismus vielfach geschürte Tendenz, mit dem schockierend Monströsen das Unbegreifliche dieser Gesellschaft hervorzukehren, eine neue Annäherungsweise und damit eine neue Sicht auf Japan zu erproben – einen nicht mehr exotisierenden Blick, der die Zeitgenossenschaft und die uns gemeinsamen Lebensbedingungen nicht verleugnet und dennoch das Fremde als Fremdes bestehen läßt.

Im letzten Teil des Buches geht es denn auch um die Schwierigkeiten, sich ein angemessenes, nicht einseitig verzerrtes Bild von der anderen Kultur und Gesellschaft zu machen, Schwierigkeiten, die aus umgekehrter Perspektive nicht geringer sind. Die Entfernung von Japan nach Europa ist schließlich genauso groß, und dementsprechend gravierend sind die – meist unbewußten – Bildverzerrungen auch in der Sicht auf uns. Und so widmet sich der letzte Teil der Frage, wie denn ein transkulturelles Verstehen überhaupt möglich sei.

Japans vermeintliche Nähe, der Umstand, daß es als einziges nicht dem abendländischen Kulturkreis zugehöriges Land zur kleinen Gruppe der modernen westlichen Industriestaaten zählt, verleiht unserer Auseinandersetzung exemplarische Züge. Die Begegnung mit Japan ist gleichsam ein Prüfstein für unsere Bereitschaft, uns mit anderen nichteuropäischen Kulturen auszutauschen.

In Japan wiederum denkt man mittlerweile darüber nach, daß die so vielbeschworene »Internationalisierung« (*kokusaika*) – japanisches Fetischwort und Schlüsselbegriff zugleich – womöglich eine »Chauvinisierung« (*kokusuika*) der Gesellschaft impliziere[51], denn zum einen stünden hinter diesem Konzept vor allem staatliche Interessen, die unweigerlich mit denen anderer Staaten in Konflikt geraten müßten, und zum anderen habe der verstärkte Kontakt mit Ausländischem zu Abwehrreaktionen geführt. Probleme der Annäherung also auf beiden Seiten!

Unsere Beobachtungen sind nicht darauf angelegt, die Unterschiede zwischen den Kulturen, die uns ohnehin am ehesten auffallen werden, hervorzuheben. Wichtig ist, daß wir bei aller

51 Vgl. hierzu Befu Harumi: *Ideorogī to shite no Nihonbunkaron* (Theorien zur japanischen Kultur als Ideologie), Tōkyō 1987, insbesondere S. 202 ff.

Behutsamkeit der Beschreibung des Vorgefundenen erkennen lernen, wo die eigenen Wertungen den Zugriff bestimmen; erst ein solchermaßen geschärfter Blick ist Voraussetzung dafür, daß wir etwa mit den japanischen Exponenten nipponistischer Kulturtheorie in einen sinnvollen Dialog über das Etische und das Emische eintreten können. Es dient keinem, wenn wir die Frage nach den menschlichen Universalien hinter einerseits dem japanischen Bedürfnis nach Selbstabgrenzung und Abkapselung nach außen und andererseits unserem schlechten Gewissen angesichts der Sünden des Eurozentrismus aus den Augen verlören. Schließlich wird die Kontaktfläche zwischen unseren Kulturen allem Anschein nach in Zukunft nicht etwa kleiner!

Möglicherweise aber werden Erkenntnisse wie jene, daß viele Werte der japanischen Gesellschaft mit den unseren kompatibel erscheinen, ohne daß sie etwa mit ihnen identisch seien[52], unsere eigene abendländische Tradition in einem neuen Lichte erscheinen lassen.

---

52 Vgl. hierzu etwa George A. De Vos: *Socialization for Achievement: Essays on the Cultural Psychology of the Japanese*, Berkeley, Los Angeles, London 1973, S. 227.

I
Sprache und Gesellschaft

»Frau-Sprechen« und *onna-kotoba*

Vorläufige Bemerkungen zum Thema
»Sprache und Geschlecht« am Beispiel Japans

In dem Maße, in dem Themen aus der feministischen Diskussion von den Medien aufgegriffen werden, gewinnen sie an Status und Legitimation. Das verstärkte öffentliche Interesse wiederum kann Impulse setzen für die wissenschaftliche Erforschung der zur Diskussion stehenden Fragen. Dies gilt z. B. für das Thema »Sprache und Geschlecht«, mit dem man sich in jüngster Zeit sowohl in Europa als auch in den USA zunehmend auseinandersetzt. Anlaß hierzu war die von feministischen Autorinnen vorgetragene Entdeckung, daß ihren jeweiligen Muttersprachen ein sexistischer Charakter innewohne. Verena Stefans zornige Klage gegen die Männerherrschaft in der Sprache (Stefan 1975) etwa bildete im Bereich der Bundesrepublik Deutschland den Auftakt zu einer öffentlichen Diskussion, die immer weitere Kreise erreichte und in der Feststellung Johanna Wördemanns gipfelt: »Männer beherrschen nicht nur die Institutionen, alle Wahrnehmungsformen sind von ihnen, ihrem systematisierenden, subsumierenden Denken, ihrer Logik geprägt.« (Klann 1978: 15)

Das solchermaßen geschärfte Bewußtsein für die unterschiedliche Repräsentation der Geschlechter in der Sprache läßt sich heute ansatzweise bis zu einzelnen Veränderungen in alltäglichen Redeformen nachweisen. Die auffälligsten Beispiele im Deutschen sind wohl das Ersetzen der Anrede »Fräulein« durch »Frau« oder der Austausch des indefiniten Pronomens »man« durch die Neuschöpfung »frau«. Es bleibe dahingestellt, wie sinnvoll diese Änderungen sind – zuweilen, wie im letztgenannten Fall, scheint mir der Effekt eher gegen die Sache zu sprechen[1] –, wichtig ist hier nur der Hinweis darauf, in welchem Ausmaß das Thema allgemeines Interesse auf sich zu ziehen vermochte, und dies nicht nur im deutschsprachigen Raum. Wissenschaftliche Untersuchungen in den Niederlanden, in Skandinavien, England, Frankreich und den USA versuchen nachzuweisen, wie Struktur und Gebrauch der

---

[1] Vergleiche hierzu auch die Anmerkungen bei Klann 1978: 15 und bei Hoffmann 1979: 64, 116, 124.

jeweiligen Sprache männliche Herrschaft widerspiegeln.[2] Die feministische Folgerung aus dieser Erfahrung ist die Forderung nach einem eigenen linguistischen Ausdruckssystem. »Woher eine Sprache nehmen angesichts der Herrschaftssprache, die die Wörter, die Diktion, die Syntax – die alle Felder besetzt hält?« (Wördemann zit. nach Klann 1978: 15) Die französische Psychoanalytikerin Luce Irigaray nennt diesen neu zu entwickelnden Diskurs »Frau-Sprechen«. Dabei geht es um mehr als um die oberflächliche Beseitigung äußerlich sichtbarer Diskriminierungen der Frau durch die Sprache. Sie postuliert eine »Syntax des Weiblichen« (Irigaray 1979: 141), einen Raum, in dem weibliche Imagination erstmals entstehen kann, denn: »Falls wir uns weiterhin in der gleichen Sprache sprechen, werden wir die gleiche Geschichte reproduzieren.«[3] »Verlasse ihre (d. i. die männliche) Sprache«, fordert Irigaray die Frauen auf. Diese Forderung impliziert die Annahme, daß die Aufhebung von Herrschaft nur über die Entfaltung der Verschiedenheiten möglich ist.[4] Dagegen läßt sich andererseits ins Feld führen, daß jede Trennung der Geschlechter nur allzu leicht in Diskriminierung übergeht und die Bedingung, daraus keinen Rechtsunterschied abzuleiten, so gesehen illusorisch erscheint.

Die Frage, was eher zur Frauenemanzipation im Sinne rechtlicher Gleichstellung in der Praxis führt – die Betonung oder die Leugnung des Geschlechtsunterschiedes – wird sicherlich weiterhin kontrovers bleiben.[5] Die einzige Möglichkeit, einer Antwort näherzukommen, bleiben nach wie vor nur das Studium und die Analyse vergangener und gegenwärtiger Realität. Daß Japan in diesem Zusammenhang ein besonders lohnendes Forschungsobjekt abgibt, leuchtet sofort ein, wenn wir von den Grundsatzfragen wieder zum Problem der Frauensprache zurückkehren. Das Japanische ist eine der Sprachen, die schon immer zur Erörterung

2 Vergleiche etwa Lakoff 1975, Graham 1975, Schulz 1975, Kramer 1978, Krötzsch-Viannay 1979, Ryen 1978, Aebischer und Forel 1978 sowie Brouwer u. a. 1979.
3 *Wenn unsere Lippen sich sprechen,* Irigaray 1979: 211. Die deutsche Übersetzung eines weiteren wichtigen Werks von Irigaray: *Speculum – Spiegel des anderen Geschlechts,* ist im Suhrkamp Verlag im Jahr 1980 erschienen.
4 Vergleiche hierzu auch Theweleit 1980: 108.
5 Argumente für die erste Auffassung auch bei Janssen-Jurreit 1979. Ein kämpferischer Vertreter der zweiten Linie ist z. B. Bornemann 1979. Er beruft sich auf historische Vorbilder wie Zetkin und auf Theoretikerinnen wie Firestone.

des Phänomens gedient haben.[6] Im Unterschied zu fast allen anderen der durchweg »exotischen« Studienobjekte ist es aber nicht etwa untergegangen, sondern existiert weiter, historischem Wandel unterworfen, der für sich genommen bereits wichtige Daten für die Debatte liefern dürfte. Mehr noch, es ist eine Sprache, in der jeder Sprecher und jede Sprecherin sich der geschlechtsabhängigen Unterschiede im Sprachgebrauch jederzeit bewußt sind.

Zwar gibt es auch in anderen Sprachen verschiedene Stilebenen, wie auch allgemein gilt, daß die Sprachverwendung von Kultur und Klassenzugehörigkeit abhängt. Dennoch erlauben zumindest die europäischen Sprachen, die das Medium und zugleich der nächstliegende Anschauungsgegenstand der Forschung zu diesem Thema sind, weit seltener derart eindeutige Geschlechtszuordnungen, wie sie im Japanischen selbst in den alltäglichsten Situationen vorherrschen. Aussagenpaare wie *hara ga hetta naa* (m) versus *onaka ga suita wa* (f) (»ich habe Hunger!«), *meshi o kuu zo* (m) versus *gohan o taberu wa* (f) (»ich esse jetzt!«) oder *mate yo!* (m) versus *matte chōdai!* (f) (»warte [bitte]!«) usw. illustrieren den Umfang des geschlechtsspezifischen Regelrepertoires der japanischen Sprache.[7] Dabei zeigt sich, daß die Unterschiede sowohl den speziellen Wortschatz als auch die Wortwahl betreffen, daß sie sich im Höflichkeitsgrad wie in besonderen Satzmodifikationen niederschlagen.

Gleichwohl sollten wir uns an diesem Punkt die Frage stellen, wie wir die geschlechtsspezifischen Sprachverwendungsweisen im Japanischen bezeichnen wollen. Der Terminus »Frauensprache«, dem konsequenterweise eine »Männersprache« als Pendant gegenüberzustellen wäre, scheint sich anzubieten, doch dies würde voraussetzen, daß sich eine signifikante Zahl an grammatischen Regeln ausfindig machen läßt, die sich »eindeutig und durchgängig« von denen des anderen Geschlechts abheben, oder daß »beträchtliche Teile des Lexikons« in sogenannten »sex-exklusiven« Dubletten vorliegen (Glück 1979: 61). Diese Bedingungen erfüllt das Japanische nur ansatzweise, in bezug auf die Lexik etwa durch die Personalpronomina (personale Demonstrativa) der ersten Person *boku* und *ore* (ausschließlich männlich) sowie *atashi* (ausschließlich weiblich) oder die personalen Demonstrativa der zweiten Person *kimi* und *o-mae*, die nur von Männern gegenüber

6 Vergleiche hierzu etwa Bodine 1975.
7 Die Beispiele sind Hinds 1976: 113 entnommen.

Frauen oder gleich- sowie niedriger gestellten Männern verwendet werden.[8] Ebenfalls auf Männer beschränkt sind z. B. die interjektionalen Postpositionen *zo* und *ze*, während die Dubitativpartikel *kashira* sowie die Postpositionen *koto, mono* oder *no* (im Sinne entschiedener Meinungsäußerung) der weiblichen Rede vorbehalten sind.[9] Das frauenspezifische honorative Hilfsverb *asobasu* (Lewin 1959: § 167, 184) ist obsolet und nahezu ausgestorben, doch wird es zuweilen in besonders augenfälliger Weise zur Demonstration gefügiger Weiblichkeit wiederbelebt.[10]

Unvergleichlich höher als die Zahl der »sex-exklusiven« Sprachformen ist dagegen die der präferentiellen geschlechtsspezifischen Varianten. Differenzen großer Teile des Lexikons als auch der in Relation zu Männern derselben sozialen Stufe grundsätzlich extensivere Gebrauch der Höflichkeitssprache und zahlreiche weitere Erscheinungen, deren auch nur annähernd vollständige Aufzählung hier nicht möglich ist[11], erlauben japanischen Hörern, nahezu jeden sinnvollen Redeausschnitt eindeutig einem Geschlecht zuzuordnen.[12] Wen wundert es da, daß das Japanische eine ganze Reihe von Ausdrücken in der Bedeutung »Männer«- bzw. »Frauensprache« kennt, so etwa *danseigo* und *otoko-kotoba* und als zahlenmäßig größere Gruppe der weiblichen Entsprechungen *joseigo, onna-kotoba, fujingo* sowie weitere Varianten für historische und berufsspezifische Untergruppen.[13] In der Kombination einer Vielzahl geschlechtsabhängiger Charakteristika im Sprachgebrauch und der daraus resultierenden großen »Trennungsschärfe« liegen m. E. die Besonderheit des Japanischen gegenüber europäischen Sprachen und der Grund, weshalb eine

8 Zu einer Ausnahme im Gebrauch von *kimi* und ihrer Erklärung vergleiche Bodine 1975: 138.
9 Die Verwendung von *no* als Abschluß einer Frage (anstelle von *ka*) ist auch in der männlichen Rede gestattet.
10 Vergleiche z. B. den Willkommensgruß der Protagonistin Kyōko in der theatralisch inszenierten Schlußszene von Mishima Yukios Roman *Kyōko no ie*, s. Hijiya-Kirschnereit 1976: 163.
11 Eine geraffte Darstellung bietet etwa Mashimo 1967.
12 Den in dieser Hinsicht sensibilisierten Rezipienten meiner Ausführungen sei erklärt, daß ich die Maskulin-Form (»Hörer«) hier wie in allen parallelen Fällen im Sinne des Utrums gebrauche, um nicht ständig die umständliche Doppelform (»Hörer/innen«) anführen zu müssen. Die »Theorie« dazu bei Glück 1979: 75.
13 Vergleiche z. B. *nyōbō-kotoba*, die Hofdamensprache (zum Begriff siehe Kunida 1977: 157), *jochū-kotoba*, die Mägdesprache oder *yūjo-kotoba* bzw. *kuruwa-kotoba*, die Prostituiertensprache (siehe Mashimo 1969: 165).

Untersuchung der Problematik von »Sprache und Geschlecht« im Falle Japans besonders aufschlußreich zu sein verspricht.

Gern sei daher zugestanden, daß es eine »Frauensprache« im Sinne eines geschlechtsspezifischen Regelapparates nicht gibt bzw. daß die relativ geringe Zahl der feststellbaren »sex-exklusiven« Elemente im Japanischen nicht dazu ausreicht, eine Sprache im Sinne einer distributionalistischen und generativ-transformationellen Grammatik anzunehmen, wenngleich auch Helmut Glück, auf dessen Überlegungen ich mich hier beziehe, keine Regeln für eine sinnvolle Quantifizierung angeben kann, mittels deren sich entscheiden ließe, ab wann die Annahme einer geschlechtsspezifischen Grammatik vernünftig wäre (Glück 1979: 61). Es verringert jedoch in keiner Weise die Bedeutung des Phänomens, wenn wir es als Performanzproblem betrachten und dem Vorschlag Glücks folgen, dafür den Terminus Sexlekt (aus dem amerikanischen »genderlect« oder »sexlect«, Kramer 1975) einzuführen. Die Variable »Geschlecht« erscheint somit als eine Grundkategorie im Rahmen empirischer Sprachbeschreibung. Sie bildet einen von mehreren soziolinguistischen Parametern wie Alter, Klasse/Schicht, Arbeit/Beruf u. a. m., denen im Japanischen aufgrund seiner großen kontextabhängigen Variationsbreite unser besonderes Augenmerk zu gelten hat.

Von Interesse wäre in diesem Zusammenhang vor allem, die Rangfolge innerhalb dieser Variablenmenge herauszufinden. Für den Gebrauch der Höflichkeitssprache hat der *Untersuchungsausschuß für die Landessprache (Kokugo shingikai)* 1952 festgestellt, daß im Sprachbewußtsein der Japaner das Geschlecht des Sprechers den wichtigsten, das Alter dagegen den unwichtigsten Faktor bildet (Miller 1967: 282) – ein Indiz dafür, welch eminenter Stellenwert der Geschlechtsspezifik im japanischen »Sprachleben« *(gengo seikatsu)* zukommt. Die den Frauen vorgeschriebenen Ausdrucksformen sind hochgradig konventionalisiert und haben weitgehend obligatorischen Charakter. In ihnen wird die Funktion von Sprache als implizit wirkender sozialer Kontrolle mit seltener Klarheit deutlich.

Zu dem sich damit abzeichnenden riesigen Fragenkomplex kann ich hier nur einige wenige und unsystematische Beobachtungen vortragen. Am interessantesten scheint mir an dieser Stelle, dem Zusammenhang zwischen Sexlekt und Sexismus nachzugehen, da diese Fragestellung sich direkt auf die eingangs skizzierte vom

Feminismus angeregte Grundsatzdebatte rückbeziehen läßt. Der japanische Linguist Kabashima Tadao liefert uns mit seiner Auswertung und Interpretation einer 1965 durchgeführten Umfrage zum »Bewußtsein geschlechtsspezifischer Unterschiede« im Japanischen *(Kotoba no danjosa ni tsuite no ishiki)* erste wichtige Anhaltspunkte. Es ging in dieser Stichprobenbefragung von insgesamt 195 Personen beiderlei Geschlechts, aller Altersgruppen über zwanzig Jahren und verschiedener Bildungsgrade um eine Antwort auf die Frage, ob die im Japanischen allgemein angenommene sexlektale Differenzierung tatsächlich für sämtliche Dialekte sowie für alle Schichten der Bevölkerung *(kaikyū)* gilt. Zu diesem Zweck wählte man drei ländliche Befragungsorte (Kabashima 1966). Die erste Frage: »Gibt es in Ihrer Gegend einen Unterschied zwischen Männer- und Frauensprache?« ergab große geographische Schwankungen. Die Bejahung reichte von 35 bis 74 Prozent.[14] In jedem Fall besteht aber ein nicht geringer Teil der Befragten auf der Existenz einer nach Geschlechtern differenzierten Sprechweise. Unabhängig von Geschlecht, Alter, Wohnort und Bildungsgrad sprach sich die überwiegende Mehrzahl für eine solche sexlektale Unterscheidung aus. Sechzig Prozent der Befürworter gaben als Grund die Notwendigkeit an, daß die Geschlechter sich durch »Männlichkeit« und »Weiblichkeit« voneinander abzuheben hätten *(otoko ni wa otoko-rashisa ga, onna ni wa onna-rashisa ga hitsuyō)*.

Das Herausstellen von Geschlechtsunterschieden ist durchaus nicht nur für Japan typisch. Auch in unserer Kultur ist alles darauf angelegt, diese Differenz zu vergrößern.[15] Bemerkenswert scheint mir aber die große Bewußtheit der Japaner bezüglich dieser Geschlechtertrennung, die ahnen läßt, daß dieses Muster in einer Vielzahl von Lebensbereichen ständig implizite und explizite Bestätigung findet und daß es mit größter Selbstverständlichkeit

14 Für Kabashima steht damit fest, daß die Sprache in allen drei Gebieten tatsächlich geschlechtsspezifische Varianten besitzen muß. Mir scheint diese Beweisführung problematisch, da er mit seiner Frage eigentlich nur das diesbezügliche Sprachbewußtsein in Erfahrung bringen kann, und dieses muß sich nicht an der Sprachrealität orientieren. So ist es zumindest theoretisch denkbar, daß der stetige Verweis auf geschlechtsspezifische Verhaltensnormen dazu führt, daß der Interviewte in einer Befragung spontan auch einen Sexlekt vermutet, der »objektiv« nicht existiert, während es ebensogut möglich ist, daß viele Sprecher sich der sexlektalen Differenzierung ihrer Sprache überhaupt nicht bewußt sind.
15 In diesem Sinne siehe Sontag 1980.

akzeptiert wird. *Otoko-rashisa* und *onna-rashisa* sind ein sehr genau definierter und verbindlicher Normensatz, ein Raster, von dem jeder Japaner gemäß seinem biologischen Geschlecht erfaßt wird.[16] Im Hinblick auf die Sprachverwendung bedeutet dies, daß im Bewußtsein jedes japanischen Sprechers und Hörers recht eindeutig und weitgehend übereinstimmend verlaufende sexlektale Grenzen existieren. Der Unterschied zwischen Japan und Europa ist nur graduell, aber deutlich greifbar, da die Normen viel ausgeprägter und verbindlicher sind und diesbezüglich ein nahezu ungebrochener Konsens besteht.

Immerhin fast zwanzig weitere Prozent begründeten ihre Befürwortung einer getrennten »Männer«- und »Frauensprache« mit dem Argument, der Mann sei höhergestellt, die Frau habe daher Respekt auszudrücken. Dieses Argument wird ebenso wie seine Umkehrung durch die Gegner der Sexlekte, die sich auf »Gleichberechtigung und Demokratie« berufen, von Rechtspositionen abgeleitet, die eine Bewertung implizieren. Es handelt sich also keinesfalls um eine wertneutrale Frage.

Nun geht auch Kabashima von der allgemein verbreiteten Vermutung aus, daß die Befürwortung der sexlektalen Differenzierung mit einer konservativen Einstellung zusammenhängen könnte. Er unternimmt es daher zunächst, den »Konservatismus« (hier im Sinne von Sexismus) seiner Inverviewpartner zu messen und diese Daten anschließend mit jenen zum Sprachproblem in Beziehung zu bringen. Das Ergebnis dieser Untersuchung ist die These, daß zwischen konservativ-sexistischer Haltung und der Befürwortung von Sexlekten keinerlei Korrelation existiert. Aus mehreren Gründen scheint mir dieses Ergebnis zweifelhaft.

Da ist zum einen die geringe Zahl von nur vier Fragen, die m. E. für eine zuverlässige Messung einer so nuancenreichen und schwer zu erfassenden Größe wie Sexismus *(danjo no chūteki sabetsu)* keinesfalls ausreicht (Kabashima 1966: 127), und zum anderen ist es die Art der Fragen, die kaum für eindeutige Ergebnisse sorgen kann. Innerfamiliären Konservatismus etwa soll die Verneinung der Frage beweisen, ob im Falle einer verspäteten Heimkehr des Familienoberhaupts andere Familienmitglieder vor ihm ins Bad steigen dürfen. Die Antwort hängt m. E. so stark von den praktischen Gegebenheiten des Einzelfalls ab, daß sie ohne Kontrollfra-

16 Zu *onna-rashisa* als Weiblichkeitsrolle im Sinne der Unterwerfung unter von Männern geprägte Normen vergleiche auch Mashimo 1955: 10.

gen in diesem Zusammenhang kaum brauchbar ist. Ähnlich verhält es sich mit den anderen Fragen, doch meine Einwände im einzelnen zu belegen, würde hier zu weit führen.

Kabashima sieht seine These durch eine genauere Untersuchung der Antworten eines »aktiven« Frauentyps *(katsudōteki josei)* bestätigt, die er mit Hilfe der Zusatzfrage aussondert, ob sie, wenn sie die Wahl hätten, lieber als Männer oder als Frauen auf die Welt gekommen wären. Auch die »aktiven« Japanerinnen, definiert durch den Wunsch, lieber ein Mann zu sein sowie durch ihre Bejahung der Berufstätigkeit von Hausfrauen und der Teilnahme an Frauenvereinen und der Elternpflegschaft (PTA), lassen keinen signifikanten Unterschied zu den Durchschnittswerten erkennen.

So klar die Ergebnisse dieser Umfrage auch gegen einen Zusammenhang von Frauendiskriminierung und dem Vorhandensein ausgeprägter Sexlekte zu sprechen scheinen – die Fragen und Antworten lassen doch facettenartig das Bild einer sexistisch geprägten Gesellschaft entstehen. Natürlich geht es mir nicht etwa darum, Kabashima unter allen Umständen zu widerlegen – das Gegenteil zu beweisen, würde nicht geringere Schwierigkeiten bereiten –, sondern ich möchte lediglich darauf aufmerksam machen, wie kompliziert und vielschichtig diese Problematik sich darbietet. So zeugt etwa der hohe Anteil der Frauen, die lieber Männer wären – die Zahl ist mehr als doppelt so hoch wie die der Alternativgruppen – von der Unzufriedenheit und mangelnden Identifikationsmöglichkeiten mit der herkömmlichen Frauenrolle, die auf Frauendiskriminierung schließen läßt.

Ein anderes Beispiel: Um die mögliche Korrelation zwischen der Befürwortung von sozialer und geschlechtsspezifischer Differenzierung zu sondieren, wurde die Frage gestellt, ob es für Frauen notwendig sei, sich zu schminken und sich attraktiv zu kleiden.[17] Da dies fast hundertprozentig bejaht wurde, erwies sich die Frage für Kabashima als wertlos. Für uns ist sie jedoch ein wichtiges Indiz dafür, wie tief die traditionellen Rollenklischees im japanischen Denken verwurzelt sind. Genauer betrachtet weist sie aber auch auf Widersprüche in der Untersuchung selbst hin, denn sie stellt die Aussagen derjenigen in Frage, die zuvor für die Aufhebung der Mann-Frau-Dichotomie plädierten, doch Probleme dieser Art entgehen Kabashimas Blick.

17 *Onna no hito ga keshō shitari, fukusō no oshare o suru no wa hitsuyōna koto desu ka*, Kabashima 1979: 19.

34

Eine letzte Beobachtung zu dieser Enquête: Die überwiegende Mehrzahl der Befragten gab an, der wichtigste Unterschied zwischen »Männer«- und »Frauensprache« liege für sie im Bereich der »Werte« (*kachiteki* vs. *goiteki* – »lexikalisch« – und *seiriteki* – »physiologisch«). Damit ist laut Kabashima die Bevorzugung einer »höflichen, sanften, weichen, vornehmen, zurückhaltenden und behutsamen Sprache« gemeint. Hierin stellt er eine Übereinstimmung mit den Ergebnissen einer Untersuchung zur Höflichkeitssprache vom *Staatlichen Institut zur Erforschung der Nationalsprache (Kokuritsu kokugo kenkyūjo)* fest, die besagen, von Frauen werde gegenüber Männern eine höfliche Sprechweise erwartet. Dies und die verräterische Wahl des Ausdrucks *kachiteki* genügen, um zu zeigen, daß mit den Sexlekten sehr wohl unterschiedliche Wertigkeiten verknüpft sind, auch wenn Kabashima selbst darin nur eine (wertneutrale) Sprachbereicherung sehen will. Wenn von Frauen im Vergleich zu Männern allgemein und im Gespräch mit Männern insbesondere die rigidere Einhaltung von Höflichkeitsregeln verlangt wird, so offenbart sich darin auch ein Element feudalistischen und sexistischen Denkens insofern, als der Höflichkeitsgrad immer in Korrelation zum gesellschaftlichen Status steht. Man scheint dieses Faktum in Japan zuweilen zu verdrängen und übersieht dabei, daß der Sprachgebrauch nur die sozialen Gegebenheiten widerspiegelt.

Wenden wir uns nun einem Aspekt zu, der uns die Bedeutung von im weiteren Sinne außersprachlichen Faktoren für die Analyse des Phänomens »japanische Frauensprache« vor Augen führt. Die Stimmlage gilt als unmittelbar physisch bedingt und spielt daher in Untersuchungen zu sexlektalen Differenzen kaum eine Rolle. Es zeigt sich aber, daß sie in Japan sehr bewußt wahrgenommen und als wesentliches Element der *onna-kotoba* betrachtet wird. Schon die eigenartige Kategorisierung der drei Hauptmerkmale japanischer »Frauensprache« in »wertbezogen«, »lexikalisch« und »physiologisch«, der wir in der zuvor besprochenen Enquete begegneten, hebt diesen Faktor hervor. Die »Zwitscherstimme« der Japanerinnen, vor allem der Frauen in publikumsorientierten Berufen wie Verkäuferin, »elevator girl«, Stewardeß, Reklamesprecherin u. a. nehmen selbst westliche Japanbesucher instinktiv als Herausstellung der Weiblichkeit wahr. Die künstlich überhöhte Stimme ist das Ergebnis einer Anpassung an eine Norm, sie besitzt einen sexualästhetischen Status und ist unabdingbares Requisit der *onna-rashisa* (Andresen 1979: 19). Selbst berufsspezifische Unterschiede in der weiblichen Stimmbildung meint man in Japan herauszuhören und so etwa eine ehemalige Geisha an ihrer Stimme identifizieren zu können (Iizawa 1956: 112). Worauf führt man nun in Japan die sexlektale Differenzierung zurück? Wie die Antworten in der zuvor zitierten Umfrage zeigen, betrachtet man sie durchweg als »natürliche« Folge eines »natürlichen« Unterschieds.[18] Dies entspricht nicht nur japanischem »common sense«, sondern ist auch die Meinung der Forscher, wenn ein Satz wie der folgende aus dem 1977 erschienenen »Sachwörterbuch zur japanischen Sprachforschung« *(Kokugogaku kenkyū jiten)* als repräsentativ angesehen werden darf: »... da die psychischen wie physischen Voraussetzungen des Frau-Seins nicht verschwinden, wird die Frauensprache auch in Zukunft weiter existieren«.[19]

Die Tendenz, die Frauensprache als Abweichung von der Normalform zu betrachten, die selbstredend mit der Sprache der Männer identifiziert wird, zeigt sich u. a. auch darin, daß in diesem und anderen Nachschlagewerken nur der weibliche Sexlekt ein eigenes Stichwort bildet. *Danseigo* als männlichem Pendant wird allenfalls, wie hier, ein Eintrag unter dem Begriff *isō* (wörtlich: »[Sprach]-phasen«) neben Kleinkind-, Kinder-, Frauen-, Berufs- und Spezialsprachen zuteil (Satō 1977: 386).

Die besondere Schwierigkeit der Sexlekt-Forschung scheint mir darin zu liegen, daß sie ständig der Gefahr ausgesetzt ist, die Differenzen auf geschlechtsspezifische Eigenschaften zurückzuführen und diese von vornherein als anthropologische Konstanten zu betrachten. Allzu oft bestimmen stereotype Meinungen über angebliche männliche oder weibliche Charakteristika die Forschungsperspektive, und so kann es kaum überraschen, daß die Ergebnisse diese Meinung nur noch bestätigen.[20] Eine Bedingung für die künftige Forschung wäre daher die Absage an Positionen, die sich auf angeblich naturgegebene Geschlechtseigenschaften berufen, denn unter dieser Voraussetzung würde »Forschung« nur auf die Bestätigung dieser »Fakten« hinauslaufen. Die »Natur« ist,

18 Yoshiya 1936: 20 etwa, äußert sich sinngemäß wie folgt: Gott hat uns als Adam und Eva geschaffen, also ist es nur folgerichtig, daß sich dies auch in der Sprache ausdrückt.
19 Stichwort *joseigo* in Satō 1977: 386.
20 Vergleiche hierzu auch Kramer 1978: 94.

das haben viele Studien der letzten Zeit erwiesen, nicht so ohne weiteres aus den historisch gewachsenen Zuständen herauszusondern. Außerdem sprechen manche Beobachtungen gegen die vorschnelle Identifikation von weiblicher Sprache mit weiblichem Wesen. Wie etwa erklärt man sich die Tatsache, daß in geschriebenen Texten der für so grundlegend gehaltene Geschlechtsunterschied kaum noch wahrnehmbar ist?[21] Und wie könnte man die innerhalb Japans bestehenden Unterschiede in der Ausprägung sexlektaler Differenzierung begründen, wenn man nur auf biologische Daten zurückgreifen dürfte? Es liegt nahe, einen Zusammenhang mit geschlechtsspezifischen Lebensbedingungen zu suchen, zumal bekannt ist, daß die Unterschiede in ländlichen Gebieten ohne die übliche geschlechtsspezifische Trennung der Lebens- und Arbeitsbereiche weit geringer sind als etwa in städtischen Mittelschicht-Familien. Auch hierfür liefert die Untersuchung von Kabashima eindrucksvolle Belege, denn immerhin gaben bis zu 65 Prozent der Befragten einer der drei kleinen Landstädte an, es gäbe keine »Männer«- und »Frauensprache«. Es handelt sich dabei, wohlgemerkt, nicht um objektive Tatbestände, sondern um ihre subjektive Wahrnehmung, die in städtischen Gebieten selbstredend anders ausfallen würde. Mit steigender Schulbildung, die in diesem Fall sicherlich mit höherer sozialer Stellung gleichgesetzt werden darf (denn diesbezügliche Daten fehlen), wächst in dieser Befragung auch die Zahl der Befürworter einer sexlektalen Trennung (Kabashima 1966: 126). Ich bin daher wie Ilse Lenz der Überzeugung, daß »ein Zusammenhang besteht zwischen Art und Umfang der Kodierung in der Frauensprache und dem Ausmaß, in dem sich Frauen auf die unbezahlte Reproduktionsarbeit für die Familienmitglieder[22] ... oder auf manche Formen der ›vergesellschafteten Beziehungsarbeit‹ konzentrieren« (Lenz 1979: 27). Mit letzterem sind solche Berufe wie Bar-Hosteß, Stewardeß u. a. m. gemeint. In diesem Fall wäre es reizvoll zu untersuchen, ob sich die materielle Selbständigkeit in unterschied-

---

21 Vergleiche etwa Uno 1971: 93. Auch Kabashima und Jugaku 1965: 218 resümieren ihre Untersuchungen mit der Feststellung, es gebe bei Berufsschriftstellerinnen keinen erkennbaren weiblichen Stil. Dagegen kommt Makino 1979 aufgrund der Analyse verschiedener Textsorten zu dem Ergebnis, daß auch im geschriebenen Diskurs geschlechtsspezifische Unterschiede nachweisbar sind. Vergleiche ebenso Yoshiya 1936: 20.

22 Zur Hausarbeit als »materielle und psychische Reproduktionsarbeit« vergleiche Kontos und Walser 1978.

lichen sprachlichen »Weiblichkeitsgraden« während und außerhalb der Berufsausübung niederschlägt.

Aus der weitreichenden Trennung der männlichen und weiblichen Lebensbereiche in Japan und der damit verbundenen Einengung der weiblichen Lern- und Erlebnismöglichkeiten resultieren entsprechend große Unterschiede in der Thematik der Rede, in Argumentationsstrategien und Kommunikationsmustern, die einen weiteren wichtigen Gegenstand für die Forschung abgeben.[23] Um es mit den Worten Roy Millers zusammenzufassen: ». . . in general the differences between men's and women's speech are too farreaching and too closely interdependent upon content and style to admit of any simple summary. Put most briefly, women in Japanese society traditionally talk about different things than men do, or at the very least, they say different things even when they talk about the same topics.« (». . . im allgemeinen sind die Unterschiede zwischen Männer- und Frauensprache zu umfassend und hängen zu stark mit dem Inhalt und Stil der Rede zusammen, als daß eine einfache Zusammenfassung möglich wäre. Um es so kurz wie möglich zu sagen – Frauen in der japanischen Gesellschaft sprechen traditionellerweise über andere Dinge als Männer, zumindest aber sagen sie andere Dinge, selbst wenn sie über dasselbe Thema reden.«) (Miller 1967: 289)[24]

Bestandteil einer Forschungssystematik müßte schließlich die Unterscheidung nach Hörer-, Sprecher- und Objektbezug sein, doch dies liegt im Falle der *onna-kotoba* auf der Hand, da auch die japanische Höflichkeitssprache ein solches Vorgehen erfordert.[25]

Es erscheint unmöglich, alle relevanten Gesichtspunkte aufzuzählen, doch lassen Sie mich abschließend einen letzten wichtigen

23 In diesem Zusammenhang ist Kawamata Rurikos Untersuchung zur Sprache der japanischen Hausfrau von Interesse (1975). Sie basiert auf einer 24-Stunden-Aufzeichnung und ergibt ein eindrucksvolles Bild von der Beschränktheit des Erfahrungsbereichs. Laut Kawamata ist die tägliche Sprechkontakt-Menge japanischer Hausfrauen in den letzten 25 Jahren gesunken (Vergleich mit der Untersuchung von 1949), was mit der Einführung von Supermärkten ohne Einzelbedienung und mit technischen Erleichterungen im Haushalt wie der Verbreitung von Kühlschränken, die den täglichen Einkauf überflüssig machen, zusammenhängt; siehe Kawamata 1975: 3.
24 Das Beispiel, das er anführt, vermag mich allerdings nicht ganz zu überzeugen, denn es ist nicht ausgeschlossen, daß Männer untereinander, abgesehen von der spezifisch weiblichen sexlektalen Färbung, ähnlich redundant und höflich sprechen wie die von ihm zitierten Frauen.
25 Vorschläge für eine Forschungssystematik auch bei Jugaku 1963.

Aspekt der Thematik »Sprache und Geschlecht« hervorheben. Ging es bisher um die Rede der Frauen, so sollen nun die Frauen als Gegenstand der Rede betrachtet werden. Mir sind nur wenige Arbeiten bekannt, die sich mit dem Bild der Frau in der japanischen Sprache auseinandersetzen wie Ide Sachikos Anmerkungen zum Sprachgebrauch in der Presse oder Jugaku Akikos Studie zum Frauenbild in Sprichwörtern (Ide 1977 und 1978, Jugaku 1978: 223–230).[26] Das Thema ist jedoch, wie mir scheint, unerschöpflich. Es reicht von einer Auflistung allzu augenfälliger Exempel wie *okusan, nyōbō* (»die Drinnen im Hause« = Ehefrau) oder *teishu* und *shujin* (»der Herr« = Ehemann) die die Degradierung von Ehefrauen illustrieren – daß dies von niemandem in Japan so empfunden wird, steht auf einem anderen Blatt, ändert aber nichts am Wortsinn[27] –, über die Analyse charakteristischer Asymmetrien in dem auf Männer oder Frauen bezogenen Vokabular bis zum Aufdecken von subtilen Formen die Trivialisierung der Frau in den unterschiedlichsten Redesituationen und Textsorten.[28] Manch andere Beobachtung ließe sich beisteuern. Um nur ein Beispiel zu nennen: Die Ersetzung des Begriffs »Frau« in seiner allgemeinsten Form *josei* durch *fujin*, etwa im Zusammenhang *kokusai fujinnen* (Internationales Jahr der Frau), erscheint mir suspekt, denn hier und in allen parallelen Fällen wird der Begriff »Frau« auf die Bedeutung »erwachsene = verheiratete Frau« eingeengt[29], und die Implikationen dieser Verkürzung brauchen nicht weiter erläutert zu werden.

Das Thema »Sprache und Geschlecht« eröffnet also, wie wir gesehen haben, eine Vielzahl sozialer, kultureller und ideologischer Fragestellungen. Die Stichhaltigkeit der Aussagen wird dabei wesentlich von der Rationalität der nichtlinguistischen Bezugstheorien abhängen (Andresen 1979: 14). Nichts ist daher wichtiger, als daß wir uns dem Gegenstand reflektiert und ohne ideologische Scheuklappen nähern.

---

26 Die erste Ausgabe der Zeitschrift *Feminist/Japan* enthält weitere Beiträge zum Bild der Frau in den Massenmedien.
27 Ähnliche Beobachtungen zur amerikanischen Sprache bei Lakoff 1975: 19.
28 Für das Amerikanische vergleiche Graham 1975, für das Französische Krötzsch-Viannay 1979.
29 Vergleiche hierzu die aufschlußreichen Ausführungen zum Stichwort *onna* in Tokugawa und Miyajima 1972: 83.

Literatur

Aebischer, Verena und Claire A. Forel

1978 *Beiträge zum Thema Frauensprache aus der Schweiz und aus Frankreich*, Andresen, H., H. Glück und S. Markmann (Hg.): *Sprache und Geschlecht 1*. Osnabrück, 89–92 (=*Osnabrücker Beiträge zur Sprachtheorie* 8)

Andresen, Helga, Helmut Glück und Arndt Wigger

1979 *Sprache und Geschlecht: Editorial 2*, Andresen, Helga u.a. (Hg.): *Sprache und Geschlecht 2*. Osnabrück, 1–25 (=*Osnabrücker Beiträge zur Sprachtheorie* 9)

Bodine, Ann

1975 *Sex Differentiation in Language*, Thorne, Barrie und Nancy Henley (Hg.): *Language and Sex: Difference and Dominance*. Rowley, Mass., 130–151.

Bornemann, Ernst

1979 *Das Patriarchat, Ursprung und Zukunft unseres Gesellschaftssystems*, Frankfurt/Main.

Brouwer, Dédé u. a.

1979 *Eine Übersicht zum Thema »Sprache und Geschlecht« in den Niederlanden*, Andresen, Helga u.a. (Hg.): *Sprache und Geschlecht 2*. Osnabrück, 150–161 (=*Osnabrücker Beiträge zur Sprachtheorie* 9)

Glück, Helmut

1979 *Der Mythos von den Frauensprachen*, Andresen, Helga u.a. (Hg.): *Sprache und Geschichte 2*. Osnabrück, 60–95 (=*Osnabrücker Beiträge zur Sprachtheorie* 9)

Graham, Alma

1975 *The Making of a Nonsexist Dictionary*, Thorne, Barrie und Nancy Henley (Hg.): *Language and Sex: Difference and Dominance*, Rowley, Mass. 57–63

Hijiya-Kirschnereit, Irmela

1976 *Mishima Yukios Roman »Kyōko no ie«. Versuch einer intratextuellen Analyse*. Wiesbaden

Hinds, John

1976 *Aspects of Japanese Discourse Structure*. Tōkyō

Hoffmann, Ulrich

1979 *Sprache und Emanzipation. Zur Begrifflichkeit der feministischen Bewegung*. Frankfurt/Main

Ide Sachiko

1977 *Onna to kotoba* (Frau und Sprache), *Feminist Japan 1*: 19–23

1978 *Language, Women and Mass Media in Japan*, *Feminist Japan 4*: 22–24

Iizawa Tadasu

1956 *Otoko kotoba to onna kotoba* (Männersprache und Frauensprache),

Ishiguro Osamu u. a. (Hg.): *Kore kara no Nihongo* (Das zukünftige Japanisch). Tōkyō, 112–128 (=*Kotoba no kōza/ Reihe Sprache*)

Irigaray, Luce
1979 *Das Geschlecht, das nicht eins ist*. Berlin

Janssen-Jurreit, Marielouise
1979 *Sexismus. Über die Abtreibung der Frauenfrage*. Frankfurt/Main

Jugaku Akiko
1963 *Danseigo to joseigo* (Männersprache und Frauensprache), *Kokubungaku* 2: 30–34
1978 *Nihongo no urakata* (Die Kulissenschieber des Japanischen). Tōkyō

Kabashima Tadao
1966 *Kotoba no danjosa ni tsuite no ishiki* (Das Bewußtsein hinsichtlich geschlechtsspezifischer Sprachdifferenzen), *Kokugo kokubun* 5: 124–132

Kabashima Tadao und Jugaku Akiko
1965 *Buntai no kagaku* (Stilistik). Tōkyō

Kawamata Ruriko
1975 *Ichinichi no gengoseikatsu: Shufu no kotoba no ichinichi* (Ein Tag Sprachleben: Ein Tag Hausfrauensprache), Takahashi Tarō (Hg.): *Nihonjin no gengo seikatsu* (Das Sprachleben der Japaner), Tōkyō, 1–21 (=*Shin Nihongo kōza 5/Neue Reihe Japanisch 5*)

Klann, Gisela
1978 *Weibliche Sprache – Identität, Sprache und Kommunikation von Frauen*, Andresen, H., H. Glück und S. Markmann (Hg.): *Sprache und Geschlecht 1*. Osnabrück, 9–62 (=*Osnabrücker Beiträge zur Sprachtheorie 8*)

Kontos, Sylvia und Karin Walser
1978 *Überlegungen zu einer feministischen Theorie der Hausarbeit*, *Alternative* 21: 152–158

Kramer, Cheris
1975 *Women's Speech: Separate But Unequal?*, Thorne, Barrie und Nancy Henley (Hg.): *Language and Sex: Difference and Dominance*, Rowley, Mass., 43–56
1978 *One Review of U.S.A. Language and Sex Research*, Andresen, H., H. Glück und S. Markmann (Hg.): *Sprache und Geschlecht 1*. Osnabrück, 93–101 (=*Osnabrücker Beiträge zur Sprachtheorie 8*)

Krötzsch-Viannay, Monique
1979 *Sexisme et Lexicographie. Les Mots »Femme« et »Homme« dans le Dictionnaire*, Andresen, Helga u. a. (Hg.): *Sprache und Geschlecht 2*. Osnabrück, 109–143 (=*Osnabrücker Beiträge zur Sprachtheorie 9*)

Kunida Yuriko
1964 *Nyōbō-kotoba no kenkyū* (Studien zur Frauensprache). Tōkyō
1977 *Nyōbō-kotoba no kenkyū 2* (Studien zur Frauensprache 2). Tōkyō

Lakoff, Robin
1975 *Language and Woman's Place*. New York
Lenz, Ilse
1979 *Fühlen, Einfühlen und weibliche Sprache. Zu Sprache, Klasse, Sexus und Beziehungsarbeit in Japan*, Andresen, Helga u. a. (Hg.): *Sprache und Geschlecht 2*. Osnabrück, 25–37 (= *Osnabrücker Beiträge zur Sprachtheorie* 9)
Lewin, Bruno
1959 *Abriß der japanischen Grammatik auf der Grundlage der klassischen Schriftsprache*. Wiesbaden
Makino Seiichi
1979 *Sexual Differences in Written Discourses*, Japanese Linguistics Workshop, Univ. of Southern California (Hg.): *Papers in Japanese Linguistics* 6: 195–218
Mashimo Saburō
1955 *Joseigo no shūji* (Redekunst in der Frauenspache), *Kokubungaku – kaishaku to kanshō* 6: 8–10
1967 *Joseigo ni tsuite* (Über die Frauensprache), Mashimo Saburō: *Joseigo jiten* (Wörterbuch der Frauensprache). Tōkyō, 315–334
1969 *Fujingo no kenkyū* (Studien zur Frauensprache). Tōkyō
Miller, Roy Andrew
1967 *The Japanese Language*. Chicago und London
Ryen, Else
1978 *Über Forschung und Diskussion zum Thema »Sprache und Geschlecht« in Skandinavien*, Andresen, H., H. Glück und S. Markmann (Hg.): *Sprache und Geschlecht 1*. Osnabrück 105–118 (= *Osnabrücker Beiträge zur Sprachtheorie* 8)
Satō Kiyoji (Hg.)
1977 *Kokugogaku kenkyū jiten* (Sachwörterbuch zur japanischen Sprachforschung). Tōkyō
Schulz, Muriel
1975 *The Semantic Derogation of Woman*, Barrie und Nancy Henley (Hg.): *Language and Sex: Difference and Dominance*. Rowley, Mass., 64–75
Sontag, Susan
1980 *Denken ist eine Art zu fühlen* (Interview), *Emma* 1: 37–43
Stefan, Verena
1975 *Häutungen, Autobiografische Aufzeichnungen, Gedichte, Träume, Analysen*. München
Theweleit, Klaus
1980 *Männerphantasien 2. Männerkörper. Zur Psychoanalyse des weißen Terrors*. Reinbek bei Hamburg
Tokugawa Munemasa und Miyajima Tatsuo
1972 *Ruigigo jiten* (Wörterbuch der Synonyme). Tōkyō

Toyama Shigehiko
1974 *Josei no ronri* (Frauenlogik). Tōkyō
Uno Yoshikata
1971 *Otoko to kotoba onna to kotoba* (Mann und Sprache, Frau und Sprache), *Kokubungaku* 1: 90–94
Yoshiya Nobuko
1936 *Josei no bunshō no tsukurikata* (Über den Frauenstil). Tōkyō

Flugmetapher und Frauenemanzipation
Beobachtungen zum Sprachgebrauch in den japanischen Massenmedien

In den Jahren 1981 und 1982 verbrachte ich jeweils drei Monate in Japan. Dort kam ich unmittelbar mit der in stetigem Wandel befindlichen Alltagssprache und ihrem reichhaltigen Schatz an Modewörtern in Berührung. Vielen dieser Wörter und Ausdrücke ist nur ein kurzes Leben beschieden. Nach wenigen Jahren oder auch bereits nach einer Saison werden sie von neuen Sprachschöpfungen verdrängt, die ihrerseits bald wieder Nachfolgern Platz machen.

Ein Ausdruck war mir zuvor schon in Deutschland aufgefallen, die Formulierung »*tonderu onna*« (fliegende Frau). Ihr begegnete ich in Japan als Zeitungs- und Zeitschriftenleserin und Fernsehzuschauerin, als Benutzerin öffentlicher Verkehrsmittel und Passantin von Plakatwänden, als Käuferin, Konsumentin und Gesprächspartnerin so häufig wieder, daß ich allmählich neugierig wurde und beschloß, Belege zu sammeln. Daraus erwuchs ein Interesse an der Geschichte und dem Anwendungsbereich dieses offenbar längerlebigen Modewortes.

In zweierlei Hinsicht ist es reizvoll, diese aktuelle Sprachschöpfung genauer zu verfolgen: Zum einen ist »*tonderu onna*« ein Kernbegriff eines populären Themas der Medien, denn das 1975 von der UNO verkündete *Jahrzehnt der Frau* hat auch in Japan das öffentliche und offizielle Interesse an »Frauenfragen« gefördert. Zunächst einmal handelt es sich dabei, wie in Westeuropa, um eine Modeerscheinung. Ob sie in Japan eine breitere Reflexion in Gang gesetzt hat und ob sie zum neuen Ausgangspunkt gesellschaftlichen Wandels werden konnte oder kann, läßt sich auf den ersten Blick nicht ermessen.

Doch mit dem Modethema fanden auch neue Wortprägungen Eingang in die dafür so aufnahmebereite japanische Alltagssprache. Sie spiegeln die Einstellung der Japaner, genauer: der Massenmedien, von denen sie produziert und verbreitet werden, zu diesem Themenkomplex wider und bieten daher lebendiges Anschauungsmaterial, aus dem wir den japanischen Diskussionsstand indirekt erschließen können. – Und so illustriert ein solches Beispiel, im

Zusammenhang seiner Verwendungsweisen und Variationsmöglichkeiten betrachtet, diesen charakteristischen Aspekt des japanischen »Sprachlebens« (*gengo seikatsu*) – die große Rezeptivität für den kreativen Umgang mit Neuprägungen.

Gegenstand dieses Beitrags ist, wie angekündigt, der Ausdruck »*tonderu onna*«, das mittlerweile in den allgemeinen japanischen Sprachgebrauch eingegangene Bild der »fliegenden Frau«. Die Ausführungen verstehen sich in erster Linie als Dokumentation und als Problemaufweis in Verbindung mit einer vorläufigen Analyse und Interpretationsansätzen. Da eine systematische Sammlung von Beispielen nicht existiert, war ich auf die selbst zusammengetragenen und nicht immer eindeutig datierbaren Belege angewiesen, wobei eine gewisse Zufälligkeit in Kauf genommen werden mußte. Aus diesem Grunde ist auch keine Quantifizierung möglich, so daß insbesondere die Ausführungen zum partiellen Bedeutungswandel der Flugmetapher lediglich eine Tendenz anzudeuten vermögen. Die Skizzenhaftigkeit des Beitrags erklärt sich aus der Aktualität des Materials.

1. Herkunft und Entstehung des Ausdrucks
»tonderu onna«

Von den siebziger Jahren als einer Zeit mit verstärktem Interesse an »Frauenfragen« und auch verstärkter Aktivität der Frauenbewegung war bereits andeutungsweise die Rede. In diese Phase fällt nun, ganz und gar nicht zufällig, die Entstehung des Ausdrucks »fliegende Frau«.

Ein westlicher, sprich: westeuropäischer oder nordamerikanischer Zeitgenosse, der die Frauenbewegung in seinem Lande während dieser Zeit zur Kenntnis genommen hat, wird dabei auch auf eine ihrer Leitfiguren gestoßen sein – die Gestalt der Hexe, der heilkundigen, über geheimes Wissen verfügenden Frau, die ob ihrer vermeintlichen Unabhängigkeit und Macht vom Mittelalter an systematischer Verfolgung ausgesetzt war. Im Volksglauben blieb sie immer lebendig als Nachtfahrende, am weitesten verbreitet im Bild der auf einem Besenstiel durch die Lüfte reitenden Frau. An diese »fliegende Frau« denkt unwillkürlich, wer den japanischen Neologismus »*tonderu onna*« hört, doch so erstaunlich es klingt, die beiden Begriffe haben trotz ihrer scheinbaren Verwandtschaft und trotz eines ähnlichen Anwendungsfeldes nichts miteinander zu tun. Die japanische Version ist ganz anderen Ursprungs:

Im Jahre 1977 erreicht die japanische Übersetzung von Erica Jongs Roman *Angst vorm Fliegen* unter dem Titel *Tobu no ga kowai* eine Auflagenhöhe von mehr als einer halben Million. Aus diesem Buchtitel wurde der Ausdruck »*tonderu onna*« entwickelt. So lautet jedenfalls die Erklärung, die relativ kurz nach dem Aufkommen dieser Wendung in der *Asahi Shinbun* in einem Artikel aus einer Serie über neue Modewörter am 21. 12. 1977 gegeben wurde (B 1).[1] Die gleiche Herleitung erfährt der Ausdruck in zwei Artikeln der *Tōkyō Shinbun* vom 26. 12. 1978 (B 2)[2] und vom 31. 12. 1978 (B 3).[3]

Leider geht aus den Artikeln nicht hervor, worauf der japanische Ausdruck konkret Bezug nimmt. Sucht man in besagtem Roman mit dem Originaltitel *Fear of Flying* nach Anhaltspunkten für die mögliche Kristallisation eines solchen Bildes, so muß man zumindest hinter die Oberfläche der Geschichte greifen. Der Titel scheint für sich genommen eher auf das Gegenteil zu deuten. In der Geschichte selbst geht es um die Flugangst der Ich-Erzählerin auf der Reise von New York nach Wien, die zum Anlaß der Erinnerung an eine lange Kette erotischer Abenteuer in Europa wird. Bezeichnenderweise trägt die Protagonistin jedoch den Namen Isadora Wing, mit dem die Autorin sehr deutlich auf das im Titel genannte, wenn auch negativ markierte Fliegen als einer zentralen Chiffre hinweist.[4] Wir können hier auf eine Interpretation der Flugmetapher verzichten, denn uns kümmert in diesem Zusammenhang nicht Erica Jongs Buch, sondern der japanische Ausdruck, der von diesem inspiriert wurde.

Die Möglichkeit, daß er auf einer literarischen Interpretation wie der angedeuteten beruht, in der die Heldin aufgrund ihres Namens mit der Vorstellung des Fliegens assoziiert wird, ist zwar nicht ausgeschlossen, aber sie würde die breitenwirksame Propagierung einer solchen dem japanischen Leser durchaus nicht geläufigen Leseweise durch einen bekannten Kritiker oder durch die Verlags-

---

1 *Ryūkōgo '77*, Teil 6: »*Tonderu*« – *Josei no shinri wo takumi ni.* (Die Belege werden mit einem B versehen und durchnumeriert, so daß sie bei späteren Verweisen leicht identifiziert werden können.)
2 *Onna kono ichinen – Kaku hōmen ni aratana shigeki.*
3 »*Nanchatte*« »*mijime*« *dairyūkō.*
4 Vgl. Erica Jong: *Angst vorm Fliegen*, Frankfurt/M. 1976 (Originalausgabe New York, Chicago, San Francisco 1973).

werbung voraussetzen, was sich nicht verifizieren läßt. Eher scheint der Ausdruck »*tonderu onna*« ohne Beachtung spezifischer Textsignale bei einem sehr allgemein gehaltenen Image der Heldin als einer selbständigen und sich ihre Freiheit nehmenden Frau in Verbindung mit dem im Titel gebrauchten Wort »Fliegen« seinen Ausgang zu nehmen. Diese simple Erklärung erstaunt insofern, als man angesichts der Dezidiertheit, mit der Jongs Roman zum Ausgangspunkt der Flugmetapher deklariert wurde, eine tiefer motivierte Bezugnahme erwartet hätte.

Zur Popularisierung des Wortes »fliegen« trägt außerdem ein erfolgreicher Fernseh-Werbespot mit dem Slogan »Tonderella, Cinderella« bei, präsentiert von der Schauspielerin Ken Naoko, der im Sommer 1977 in aller Munde ist. Auch hier wird eine weibliche Gestalt, die bekannte Aschenbrödel-Figur, mit der Vorstellung von freier Bewegung durch die Lüfte assoziiert (B 5).[5] Die 1978er Ausgabe des »Grundwissens im Wortschatz der Gegenwart« (*Gendai yōgo no kiso chishiki*) bringt die Verbreitung des Ausdrucks »*tonderu*« mit dieser Werbung in Verbindung (Stichwort »*tonderu*«), in der Ausgabe für 1979 wird sie zusammen mit Erica Jongs Roman unter dem Stichwort »*tonderu*« dagegen als bloße Assoziation erwähnt (B 6). Im Jahre 1981 führt dasselbe *Gendai yōgo no kiso chishiki* zwar ebenfalls noch das Stichwort »*tonderu*«, ohne aber eine mögliche Herkunft anzudeuten (B 7). Zu diesem Zeitpunkt ist es schon fest etabliert, zugleich scheint sein Ursprung mit wachsendem Zeitabstand zu verschwimmen.

Sicher ist jedenfalls, daß das Wort im Jahre 1977 in Mode kommt. Im August wird es noch als Ausdruck der Studentensprache mit der Bedeutung »schick«, »abgehoben«, »(der Zeit) weit voraus« vorgestellt (*Yūkan Fuji* v. 11. 8. 1977) (B 8), doch interessanterweise assoziiert man es auch in der allgemeinen Bedeutung »high«, aus dem amerikanischen Drogen-Slang abgeleitet (so auch in B 6), schon mit einer Frau (»*Tonderu*« [*Yano*] *Akiko, Sankei Shinbun*, Abendausgabe v. 27. 8. 1977) (B 9).

Die Werbekampagnen zweier großer Kaufhäuser im Herbst des Jahres schließlich machen den Ausdruck endgültig zum Allgemeingut. Bei Seibu heißt der Slogan »*Tobitai hito no*« (Wer fliegen

---

5 Bei dieser Reklame für ein Insektenspray handelt es sich um ein lustiges Wortspiel, zusammengesetzt aus der parallel zu »Cinderella« konstruierten Erweiterung der Verben »*shinu*« (sterben) und »*tobu*« (fliegen), so daß sich diese assoziationsreiche Nonsense-Phrase ergibt.

will ...) (B 10), das Kaufhaus Daimaru wirbt mit der Aufforderung »*Tonde minai ka*« (Wie wär's mit Fliegen?) (B 11). Die graphische Gestaltung der Werbung unterstreicht die Abstraktheit der Aussage sowie ihren hohen Unbestimmtheitsgrad, der zur Anreicherung mit positiven Assoziationen seitens des Betrachters einlädt. Seibu etwa läßt ein junges Mädchen mit europäisch angehauchten Gesichtszügen vor dem Hintergrund einer zeltartigen Konstruktion in selbstbewußter Yoga-Pose dem Betrachter ins Auge sehen.

Zielgruppe dieser Werbung sind junge Frauen. Sie machen auch laut Auskunft des Verlags Shinchōsha, der die japanische Version von *Angst vorm Fliegen* herausbrachte, die Leserschaft des Buches aus.

Die Flugmetapher erscheint also vom Beginn ihrer Popularisierung an in recht eindeutigem Bezug auf Frauen. Auch im Falle einer allgemeinen Formulierung wie »*tobitai hito*« sorgt die optische Realisierung für eine klare Identifikation: die Aufforderung zum Fliegen ergeht an die weibliche Bevölkerung. Erst auf der Basis dieser festen Kombination erfolgt auch eine zeitweilige Ausweitung des Anwendungsbereichs der Flugmetapher auf das männliche Geschlecht. So lautet eine englischsprachige Variante der Seibu-Werbung vom Frühjahr 1978, die in einer Fotomontage die Assoziation eines flügelschlagenden Mannes erweckt: »We men dream of wings, too!« (Wir Männer träumen auch von Flügeln!)

Das früheste auffindbare Beispiel einer Verwendung des Ausdrucks »*tonderu*« in der Alltagssprache stammt vom November 1977. In einem Artikel über »Neue Wörter und Modewörter« wird eine typische Situation geschildert, ein Mittagspausenklatsch unter weiblichen Büroangestellten: »Habt ihr gehört? Die A will mit dem nächsten Bonus über Neujahr nach Guam fliegen.« Darauf der bewundernd-neidvolle Kommentar einer anderen: »*Wā, tonderu.*« (Oh wie schick!) (*Shingo ryūkōgo, Hokkaidō Shinbun* v. 26. 11. 1977) (B 13).

2. Bedeutungs- und Konnotationsspektrum

Die Flugmetapher, schon sehr bald in fester Korrelation zu weiblichen Subjekten stehend, tritt vornehmlich in der Form »tonderu«, dem Imperfekt des Verbs »fliegen« (*tobu*), auf, häufig bereits in der Kombination »*tonderu onna*« (fliegende Frau). Zunächst wird dafür das gebräuchliche Zeichen 飛 verwendet, das auch im Titel des amerikanischen Romans erschien.

Ein im Dezember 1977 publizierter Artikel mit der Überschrift *Kowakunai kara tonde goran* (Nichts zum Fürchten, also fliegt doch mal!) (B 14)[6] legt dieselbe Schreibung zugrunde und verweist zugleich noch einmal demonstrativ auf den Ausgangspunkt der Flugmetapher. Bald schon findet sich daneben auch die Schreibweise mit dem weniger geläufigen Zeichen 翔, wobei zunächst noch Furigana-Lesehilfen beigefügt werden. Mittlerweile hat sich diese Schreibweise durchgesetzt. Das Zeichen wird üblicherweise »*kakeru*« gelesen und bedeutet »hoch auffliegen«, »sich aufschwingen«. Die Spezifizierung des Wortsinns durch den Austausch der Schriftzeichen verdeutlicht den semantischen Bereich der Metapher.

Man kann davon ausgehen, daß in der Vorstellung des »Durchschnittsjapaners« das Fliegen, bzw. der Wunsch zu fliegen, sich leicht mit Frauen assoziiert. Diese Vorstellung wurzelt in dem Gedanken, daß es sich bei ihnen größtenteils – schon Bezeichnungen wie »*kanai*« (die im Hause = meine Frau) und »*nyōbō*« (das Frauenzimmer = die Ehefrau) zeugen davon – um an das Haus gebundene Personen handelt, und in ihrem Fall spricht man seit Beginn des Jahrhunderts, insbesondere aber seit dem Kriegsende und in den siebziger Jahren, von »*kaihō*« (Befreiung, Emanzipation).

Bemerkenswert ist auch, daß in der Literatur das Leben der Frau häufig mit dem eines Vogels im Käfig verglichen wird, ein Bild, das sich übrigens in vielen Nationalliteraturen findet.[7] Zwei japanische Beispiele mögen dies belegen:

Das erste stammt aus *Nobuko*, dem voluminösen autobiographischen Roman von Miyamoto Yuriko (erschienen 1924 bis 1926). Thema dieses Werks, das als bedeutender Beitrag zur modernen japanischen Literatur gewürdigt wird, ist der sich über Jahre hinziehende Ablösungsprozeß der Protagonistin von ihrem Mann und ihrer Mutter. Am Ende entschließt sie sich zur Scheidung. In der Schlußszene des Buches, bei einer letzten Aussprache, zerstört

6 *Sumi Tetsuya* in: *Feminist Japan*, Nr. 3 (1977).
7 Vgl. Angela Praesent: *Frauenliteratur: weltarm in der Lebenskrise*, in: *Die Zeit*, Nr. 50, 7. 12. 1979.

ihr Mann in einem Wutanfall einen Vogelkäfig, doch einer der entflohenen Vögel kehrt sogleich wieder zurück. Während er jammert: »Sogar Tiere kommen zurück, aber du...«, ist sie nur von dem einen Gedanken erfüllt, nie ein Vogel im Käfig zu werden (B 15).[8] In dieser Szene wird die Selbstidentifikation der Frau mit dem gefangenen Vogel direkt verbalisiert.

An ebenso exponierter Stelle finden wir das zweite Beispiel. Es entstammt Tanizaki Jun'ichirōs *Shunkinshō*, dem »Porträt der Shunkin« aus dem Jahre 1933. Die Titelfigur hier ist eine blinde Shamisen-Meisterin, die den ihr ergebenen Sasuke mit sadistischer Herrschsucht dominiert. Shunkin hält sich Vögel, um sich an ihrem Gesang zu erfreuen – das Motiv des gefangenen Vogels als Sinnbild der Protagonistin, die durch ihre Musik Befreiung von ihrem Leiden findet. Sie läßt die Vögel auch, wie es Sitte ist, frei fliegen, doch am Ende der Geschichte kehrt ihre Lieblingslerche nicht in den Käfig zurück. Shunkin verfällt in eine Depression, bis sie schließlich stirbt (B 16).[9]

Ein weiblicher und ein männlicher Autor führen uns hier die Koppelung des Vogelmotivs und des Fliegens als Akt der Befreiung an Frauengestalten vor. Offensichtlich ist der Boden für die Metapher »tonderu onna« gut vorbereitet.

Doch was ist nun eigentlich mit einer »fliegenden Frau« gemeint? In einer Buchrezension, in welcher der Begriff rückwirkend auf ein Frauenleben zur Zeit des Pazifischen Krieges angewandt wird, finden wir eine prägnante Erklärung: »Eine ›fliegende Frau‹ ist [...] eine Karrierefrau (kyaria ūman), die selbständig ist und frei, großzügig und aktiv lebt« (*Shūkan Asahi* v. 22. 8. 1982, S. 109) (B 17).

Wie hier taucht auch andernorts die Flugmetapher oft in der Nachbarschaft des mittlerweile ebenfalls eingebürgerten Anglizismus »career woman« in Katakana-Schreibung auf. Der Buchtitel *»Tobu onna wo ute«* – honmono no kyaria ūman no ikikata (»Schlagt die fliegende Frau« – Wie eine echte Karrierefrau lebt, Autor: Tanada Azusa, erschienen im Juli 1979) (B 18) basiert auf der gleichen Assoziation.

Wichtigstes Merkmal der »fliegenden Frau« ist demnach ihre Be-

---

8 Zitiert nach der Taschenbuch-Ausgabe, *Shinchōsha*, 19. Aufl. 1976, S. 456.
9 Text in *Tanizaki Jun'ichirō zenshū*, Band 13, S. 493–555, hier S. 554. Vgl. auch J. Thomas Rimer: *Modern Japanese Fiction and Its Traditions*, Princeton 1978, S. 30.

rufstätigkeit. Attraktive Tätigkeitsbereiche mit Öffentlichkeitswirkung, Film, Fernsehen, Kunst und Mode werden bevorzugt als ihre Sphäre dargestellt. Mit ihr verbindet sich das Image der erfolgreichen, selbstsicheren, unabhängigen und ihr Leben genießenden Frau. Sie ist eine wesentlich von der japanischen Werbung geschaffene Figur, die an latente, von der Frauenbewegung, dem »Jahrzehnt der Frau« und anderen Faktoren stimulierte Ausbruchswünsche appelliert.

Das von ihr aktivierte Sehnsuchtspotential ist so umfangreich, daß die Formel keinerlei Abnutzungserscheinungen zeigt, sondern weiterhin in der Werbung ausgeschöpft wird. Die Kosmetikfirma Shiseidō etwa bedient sich des Slogans »*Kaori yo, tobinasai*« (Flieg, Kaori); (Kaori als Mädchenname mit der Wortbedeutung »Duft«) (B 19). Die Frauenzeitschrift More kündigt ihre erste Ausgabe mit folgenden Worten an: »*Moa yo, itsu tobu? / Sono hi made, ato nanoka*« (More, wann fliegst du? Noch sieben Tage, dann) (B 20). Große Popularität erreichte 1978/79 auch ein Schlager mit dem vielfach wiederholten Refrain »*tonde, tonde, tonde...*« (B 21).

Das Fliegen erscheint außerdem in Reklamesprüchen wie »*Sā tobe, watashi wa tori*« (So flieg, ich bin ein Vogel) (B 22) oder »*Kamome ni natte tonde miyō*« (Laßt uns einmal Möwen werden und fliegen) (B 23), letzteres in Anspielung auf das ebenfalls 1977 in der Taschenbuchausgabe bei Shinchōsha erschienene »*Kamome no Jonasan*« (Richard Bach: Jonathan Livingston Seagull, deutsch als: die Möwe Jonathan).[10]

Festzuhalten bleibt, daß sich das Fliegen als Sinnbild der Freiheit im Begriff der »fliegenden Frau« als einer wirtschaftlich selbständigen, berufstätigen, emanzipierten Person bei japanischen Lesern und Sprechern in den Jahren 1977 bis 1978 durchgesetzt hat.

3. Anwendungsbereiche

Zwar enthält der Ausdruck eine emanzipatorische Komponente, doch er gehört, seiner Herkunft aus der Werbesprache gemäß, nicht zum Vokabular der japanischen Frauenbewegung. Häufig wird er dagegen in Massenmedien, die ein allgemeines Publikum

---

10 Weitere Reklameslogans mit dem Stichwort »fliegen« bringt das *Kōkoku bun'an jiten*, hg. v. Sendenkaigi, Tōkyō, 3. Aufl. 1980, Stichwort »*tobu*«.

ansprechen, aufgegriffen. Ein Sonderteil des *Asahi Jānaru* vom 3. 3. 1978 ist den »Frauen, die zum Flug in die achtziger Jahre aufbrechen« (80 *nendai ni tobitatsu onnatachi*) gewidmet und behandelt unter diesem Generalthema in einzelnen Artikeln Aspekte wie Arbeit, Frauenbewegung und Sexualität (B 24). Besonders Hausfrauen vermutet man unter den Flugwilligen, d. h. unter solchen, die von einer befriedigenden Berufstätigkeit träumen, während man bei jüngeren Frauen davon ausgeht, daß der Heiratswunsch den Mittelpunkt ihrer Lebenspläne ausmache (Sodei Takako: *Wakai josei no shokugyōkan wa henka shita ka*, in: *Chūō Kōron* 5/1980, S. 70 f.) (B 25).

Auch Zeitungsserien stellen solche »fliegenden Frauen« vor, wobei die Metapher z. T. abgewandelt wird. In der *Mainichi shinbun* wird eine mehrteilige Folge im Januar 1981 mit »*Habataku onnatachi*« (flügelschlagende Frauen) überschrieben (B 26). Dasselbe Verb »*habataku*«, interessanterweise als Furigana-Setzung mit dem Schriftzeichen der Flugmetapher (翔) kombiniert, verwendet auch ein Artikel über die vielfältigen, für weibliche Hauptrollen verfaßten Fernsehdrehbücher, überschrieben mit »*Habatake! Joyū!*« (Schlagt mit den Flügeln / fliegt, ihr Schauspielerinnen!, in: *Shūkan TV gaido* v. 30. 1. 1981, S. 28–33) (B 27).

Die Frauenzeitschrift *Fujin kōron* läßt Amazawa Taijirō, den Ehemann einer berufstätigen Frau, unter der Überschrift berichten: »*Tonderu nyōbō, rusuban teishu no ki*« *Aufzeichnungen eines haushütenden Ehemanns, verheiratet mit einer fliegenden Frau* (*Fujin kōron* 1/1980) (B 28). Eine andere Frauenzeitschrift, *Fujin no tomo*, bringt im April 1979 das Porträt: »*Kaigai he hiyaku suru Meiji umare! Āto furawā no joō Iida Miyuki-san wa ›tonderu onna‹*« (Eine Frau aus der Meiji-Generation, die nach Übersee springt! Die Königin der Kunstblumen, Iida Miyuki, ist eine »fliegende Frau«) (B 29). Hier wird das Fliegen, im ersten Teil der Zusammensetzung »*hiyaku*«, zunächst in seiner Grundbedeutung angesprochen, dann folgt die Einführung der Flugmetapher.

Als »fliegende Frau« wird auch eine Japanerin beschrieben, die erst nach dem Tode ihres Vaters studieren und nach Amerika gehen konnte, wo sie für japanische Firmen arbeitet und sich in einem Freundeskreis aus Künstlern verschiedener Hautfarben bewegt (B 30).[11] In diesem Fall wird die Flugmetapher semantisch entspe-

11 *Jiyū honpō. Tonderu onna no keikendan*, Rez. von Miyamoto Michiko: *Amerika ga kirai datta chichi e*, in: *Shūkan Yomiuri* v. 30. 5. 1982.

zifiziert: Von der Bedeutung »einen (interessanten, befriedigenden) Beruf ausüben« tendiert sie in Richtung einer allgemeineren Charakteristik im Sinne von »ein aktives Leben führen«.

Diese referentielle Verallgemeinerung läßt sich auch im folgenden Beispiel beobachten. Die literaturwissenschaftliche Zeitschrift *Kokubungaku: Kaishaku to kanshō* (6/1980) betitelt einen Sonderteil über zwei junge Schriftsteller, Nakagami Kenji und seine Kollegin Tsushima Yūko, mit *»Hishō suru dōsedai«* (die fliegende Generation) (B 31). Das Bigramm »hishō« (飛翔), aus den beiden auch für die Flugmetapher gebrauchten Zeichen für »fliegen« zusammengesetzt, spielt recht eindeutig auf den modischen Begriff an. Auch hier ist »fliegen« aber im erweiterten Sinne als »(gegenwärtig) aktiv sein« zu verstehen.

Der Titel eines von der Fernsehanstalt *Nihon terebi* produzierten und im April 1981 gesendeten Fernsehfilms spielt mit den zwei Sinnebenen des Verbs: *»Musume yo, ai to namida no tsubasa de tobe«* (Meine Tochter, flieg auf den Schwingen von Liebe und Tränen) (B 32) ist nicht nur auf den Beruf der Heldin – sie ist Flugpilotin – gemünzt, sondern er enthält auch die Flugmetapher, worauf die entsprechende Schreibweise hinweist. Die gesamte Aussage ist vom Inhalt her jedoch so allgemein und konventionell, daß der Ausdruck *»tonderu onna«* auch hier nur noch entfernt realisiert wird.

Noch schwächer wird diese Verbindung in der Vorankündigung für eine Fernsehproduktion von *Terebi Asahi* im Januar 1981, in der ebenfalls eine Frau die Hauptrolle spielt. »Hier war eine Frau, die, eine Romanze im Arm, fliegen wollte« (*Koko ni roman wo idaite tobidatō to suru hitori no onna ga ita*) (B 33). Zwar klingt auch hier, trotz der Normalschreibung des Verbs »fliegen« (飛), die bekannte Flugmetapher an, doch bleibt in diesem vagen Kontext kaum noch etwas von ihrer Kernbedeutung erhalten. Ihr Sinn wird zunehmend verallgemeinert, und wir treffen mit der Zeit vermehrt auf eine vulgarisierte Verwendung der Flugmetapher.

4. Parodierung, Trivialisierung und Vulgarisierung

Je leichter sich ein neuer Ausdruck durchsetzt und je mehr sich sein Sinn verfestigt, desto stärker fordert er zu Verfremdungen und Parodierungen heraus.

Eine Verwendung wie die folgende läßt sich noch halbwegs auf die »Standard-Bedeutung« der Flugmetapher – »(wirtschaftlich) unabhängig sein und einen (interessanten) Beruf ausüben« – beziehen, obwohl durch die Doppeldeutigkeit bereits ein stark parodistisches Element spürbar wird: Die Zeitschrift für Unterhaltungsliteratur *Ōru yomimono* wirbt für die Mai-Ausgabe 1982 mit folgender Titelerzählung: *»Wakai josei ni daikōhyō no suchuwādesu shōsetsu dainidan: ›Mata tonda‹ – Kawamoto Motoko«* (Die zweite der bei jungen Frauen so außerordentlich beliebten Stewardeß-Erzählungen: »Ich/sie flog wieder einmal« von Kawamoto Motoko) (B 34).

Das Verb »*tonda*« wird hier mit dem für die Flugmetapher gebräuchlichen 翔 geschrieben. Zweifellos ist in diesem Beispiel auch noch eine zusätzliche Konnotation unüberhörbar – die erotische. Diese Bedeutung hat das Flugmotiv übrigens nicht nur in Erica Jongs Roman, sondern es handelt sich um eine im Amerikanischen geläufige Nebenbedeutung von »to fly«, worauf bereits in dem Asahi-Shinbun-Artikel vom 21. 12. 1977 (B 1) hingewiesen wurde.

Während der Phase der allgemeinen Etablierung der Flugmetapher war diese Komponente allenfalls von untergeordneter Bedeutung. Der Ausdruck »*tonderu onna*« mußte sich erst in einem seriösen Sinn etablieren, um dann zunehmend verallgemeinert oder wie hier auf den sexuellen Bereich übertragen zu werden. In der Reklamesprache (vgl. etwa B 10, B 11, B 12, B 19) wurde die Flugmetapher allerdings immer besonders »offen« eingesetzt, so daß auch für erotische Konnotationen Platz blieb. Beispiel 34 scheint mit diesem appellativen Verwendungstyp verwandt zu sein.

Etwas anders liegen die Dinge beim nächsten Exempel. In einer Fernsehsendung über Hausfrauenprostitution vom 25. 2. 1981 wird abschließend über Beweggründe spekuliert. Dahinter stecke das Verlangen nach Selbständigkeit, lautet die Erklärung, und wörtlich, es handele sich um »Frauen, die aus dem Hause/der Familie heraus, die fliegen wollen« (*ie wo detai, tobitai onna*) (B 35). In diesem Fall wird zunächst der »orthodoxe« Sinn der Flugmetapher bemüht. Erst auf der Ebene der Konkretisierung von »einen (interessanten) Beruf ausüben, (wirtschaftlich) selbständig sein« findet die Degradierung statt, indem Prostitution als eine solche Realisierungsmöglichkeit vorgestellt wird. (Bei der Interpretation kann hier von möglichen Auffassungsunterschieden zwischen den Betroffenen und dem Medium, das über sie berichtet, abgesehen werden.)

Eine offene Vulgarisierung erfährt die Flugmetapher in der Werbung für pornographische Produkte, wobei aber auch hier die inzwischen etablierte Grundbedeutung des Ausdrucks konnotiert bleibt. Der Reklametext für ein im Frühjahr 1982 vom Verleih *Tōei-centralfilm* vertriebenes Produkt mit dem Titel »*Chikan onna kyōshi*« (Die nymphomanische Lehrerin) lautet: »*Tonderu bijin sensei, hitonatsu no amai SEX taiken…*« (Eine fliegende Lehrerinnen-Schönheit – die süßen Sex-Erlebnisse eines Sommers…) (B 36). Immerhin ist die Dame eine Lehrerin, so daß das Attribut »fliegend« auch hinsichtlich der Berufstätigkeit sinnvoll angewendet werden könnte.

Ein Kuriosum stellt ein anderer Filmtitel dar: Er heißt *Tonda kappuru* (Das Paar, das flog) und steht an vierter Stelle einer japanischen Bestenliste für 1980 (B 37).[12] Geschildert wird darin die Liebesromanze eines sehr jungen Paares – beide sind Schüler und wollen heimlich und unerlaubt zusammenleben. Das »Fliegende« an dieser Geschichte ist zum einen die Selbständigkeit der jungen Leute, die sich über gesellschaftliche Konventionen hinwegsetzen, zum anderen wird auf die erotische Seite angespielt. Die hier gebrauchte Form des Perfektivums ist zugleich als Attributivform lexikalisiert und bedeutet »verwunderlich«, »außerordentlich«, »fürchterlich«. So ist es wohl nicht nur der Popularität des Films, sondern auch dem eingängigen Doppelsinn dieser Form zu verdanken, wenn der Ausdruck »*tonda kappuru*« auch in anderem Zusammenhang wieder auftaucht. Es scheint sich dabei um eine Art stereotyper Kollokation zu handeln, denn ich konnte kein Beispiel für »*tonda onna*« finden.

Ein »Flug-Paar« besteht aus zwei berufstätigen Partnern, wobei aber, wie im Falle der Amerikanerin Ann Louis und ihres japanischen Mannes, auf die der Ausdruck angewendet wird, nicht nur internationales Flair und schillerndes Ambiente – beide sind im Showgeschäft tätig, dem Muster eines »interessanten« Berufs –, sondern, wie aus dem Textzusammenhang erschließbar, auch der unkonventionelle Charakter ihrer Eheführung zu dieser Typisie-

12 Vgl. *80 nendo eiga geijutsu Nihon eiga besuto ten,* in: *Eiga geijutsu,* Nr. 336, 2/1981.

rung führen (B 38).[13] Der Ausdruck »*tonda kappuru*« markiert somit eine weitere Stufe der Trivialisierung der Flugmetapher.

5. Wachsende Kritik am Konzept der »fliegenden Frau«

In diesem Abschnitt soll genauer beleuchtet werden, in welchem Zusammenhang die »orthodox« verwendete Flugmetapher erscheint. In einem groben Überblick läßt sich beobachten, daß der zunächst wertneutral oder eher positiv konnotierte Ausdruck immer öfter im Zusammenhang mit Einschränkungen, Warnungen und Kritik an der Vorstellung der »fliegenden Frau« genannt wird, so daß sich das Image allmählich zu verschieben beginnt. Einige chronologisch angeordnete Beispiele sollen dies illustrieren.

Am 16. 9. 1979 bringt die Zeitschrift *Sandē Mainichi* den zweiten Teil der Serie »Japan in den achtziger Jahren«, diesmal unter der Überschrift: »*‹Josei›, tobu nara jibun no hane de tobe*« (»Frauen«, wenn ihr fliegen wollt, dann bitte mit eigenen Flügeln), verfaßt vom berühmten Fernsehkommentator Takemura Ken'ichi (B 39). Es handelt sich um einen nur oberflächlich liberal klingenden Artikel mit Allerweltsschmeicheleien an den Zeitgeist (»Internationales Jahrzehnt der Frau«), hinter dem sich außerordentlich zynische Ansichten zur Frauenfrage verbergen.

Auch in der Überschrift zu einem Artikel im *Asahi Jānaru* vom 4./11. 1. 1980, der das immer häufigere Verschwinden von Hausfrauen und Müttern, die sogenannte »Hausfrauen-Verdampfung« (shufu jōhatsu) zu dokumentieren sucht, erscheint die Flugmetapher: *Kanashimi wo haritsukete shufu wa tobu*« (Kummer tragend, fliegen die Hausfrauen) (B 40). Der Titel des Artikels suggeriert, daß der in einer Nebenüberschrift genannte »Verfall der japanischen Familie« (»*ie*« no hōkai) auf das Konto der »flugwilligen« Frauen geht, eine Tendenz, die sich übrigens in einer Reihe weiterer Essays und Artikel, die große Beachtung fanden, verfolgen läßt.[14]

Ein demonstrativer Selbsttröstungsversuch ist der Essay der

13 Vgl. *Ann Louis ni geinōkai fukki*, in: *Shūkan Yomiuri* v. 6. 6. 1982.
14 Vgl. etwa den mehrfach abgedruckten und gekürzt auch ins Englische übersetzten Aufsatz von Etō Jun: »*Haha*« *no hōkai ga kodomo wo dame ni shita*, in: *Gendai* 8/1979; englische Version: *The Breakdown of Motherhood is Wrecking Our Children*, in: *Japan Echo* VI, 4, 1979. Die gleiche Tendenz enthält Kimura Shōsaburō: *Married Women: Weak Link in Japan's Family*, in: *PHP* 5/1978.

Hausfrau Kunisawa Shizuko mit dem Motto *Tobenakute yokatta jūnenkan no sōkatsu* (Überblick über zehn Jahre, in denen es gut war, nicht fliegen zu können, in: *Gendai no me* 4/1980) (B 41).

Als Trost ist offenbar auch die Nebenüberschrift einer Diskussion zwischen einer Universitäts-Dozentin und der Leiterin einer biochemischen Forschungsabteilung gemeint, welche die *Mainichi Shinbun* am 1. Januar 1981 abdruckte. Dort heißt es: »*Tobanakutomo...*« (auch ohne zu fliegen), weitere Nebentitel lauten: »*Daiji na no wa shutaisei*« (Wichtig ist innere Selbständigkeit) und »*Mizukara ga ›shigeki‹ tsukutte*« (Selbst einen »Anreiz« herstellen) (B 42).

Der drohende Ton, der schon bei Takemura Ken'ichi (B 39) anklang, wird unüberhörbar im Artikel von Sakaiya Ta'ichi, der die Überschrift trägt: »*Tonderu onna* « *yori* »*chi wo hau*« *doryoku wo* (Von wegen »fliegende Frauen« – viel eher »mühsames Auf-dem-Boden-Kriechen«, in: *Burēn* [Brain], Sonderheft: *Shinguru ūman* [Single woman], 25. 2. 1981) (B 43). Sakaiya stellt die Frauen vor die Entscheidung, auf den »Schutz der Gesellschaft« zu verzichten und sich in den einigermaßen aussichtslosen Konkurrenzkampf mit Männern zu begeben, oder den Schutz auch weiterhin in Anspruch zu nehmen. Auch bei ihm fehlt nicht der Hinweis auf die außerordentlich gesellschaftsschädigende Wirkung des Frauen-Fliegens. Als abschreckendes Beispiel führt er die in dieser Hinsicht weiter entwickelten Vereinigten Staaten an, wo mit der Emanzipation auch die Scheidungsrate sowie die Kriminalität und der Alkoholismus unter Frauen angestiegen sei.

Vollends mit negativen Assoziationen versehen wird die »fliegende Frau« in einem kurzen Artikel des bekannten Filmkritikers Mizuno Haruo, der dem japanischen Publikum den amerikanischen Streifen *Making Love* vorstellt (*Shūkan Yomiuri* v. 19. 9. 1982) (B 44). Unter den Personen des Films »ein Mann, der als junger Arzt seinen geraden Weg geht. Seine Frau ist Chefin der Planungsabteilung einer Fernsehgesellschaft. Eine der modernen ehrgeizigen Karrieredamen« (*gendairyû baribari no kyaria redi*). Dieser Mann verliebt sich in einen anderen. »Es ist auch bedeutungsvoll für die Konstellation, daß die Frau des Arztes eine fliegende Frau ist. Der gegenwärtige Zusammenbruch der Familie in Nordamerika unter dem Euphemismus der Selbständigkeit der Frau. Hier wird den amerikanischen Frauen, die das Wesen der Liebe vergessen haben, das Problem in schmerzlich scharfer Form vorgeführt.«

Das »Fliegen« wird mehr und mehr als Angriff auf zentrale Werte der Gesellschaft, als destruktiver, egoistischer Akt empfunden, wobei nicht auszumachen ist, ob die veränderte Präsentation der »fliegenden Frau« durch die Medien diese negative Reaktion nicht erst hervorgerufen hat. Die hier versammelten Beispiele sind immer zugleich meinungsbildend wie meinungs-reproduzierend.

Selbst unter den Feministinnen hat die »fliegende Frau« einen schlechten Ruf. Sie wird laut Auskunft von Mizuta Tamae, Professorin für Women's Studies an der Ichimura Gakuen Universität, beschuldigt, selbstsüchtig, narzißtisch und schein-emanzipiert zu sein.

Die Filmschauspielerin Ōgusu Michiyo schließt sich dieser kritischen Meinung an: »Ich mag die fliegenden Frauen nicht. Denn man redet zwar vom Fliegen oder von Selbständigkeit, aber es gibt unter diesen Frauen keine, die wirklich gegen die Gesellschaft kämpft« (*seken wo teki ni mawashite ikiteru hito ga inai. – Ima wo sakari no ii onna retsuden*, 2, in: *Shūkan Asahi* v. 9. 4. 1982) (B 45). – Nur nebenbei sei bemerkt, daß der »Kampf gegen die Gesellschaft« in dieser Form nie mit der Vorstellung der »fliegenden Frau« verknüpft war. Völlig ungerecht erscheint diese Kritik, abgesehen von der Schizophrenie der Situation – die Sprecherin selbst hat ja als typische »fliegende Frau« zu gelten – angesichts der positiven Alternative, die Ōgusu anbietet, denn ihr Ideal ist die »Hausfrau, die nichts anderes tut, als ganz im stillen ihre Kinder aufzuziehen«.

Eine insgesamt gesehen eher untypische Kritik am Konzept der »fliegenden Frau« äußert Shimoshige Akiko in ihrem Artikel »*Tonderu onna« ga satte onna no jidai wa kuru* (Die »fliegende Frau« geht, es kommt das Zeitalter der Frau*, in: *Jiyū* 11/1979) (B 46), denn sie faßt das Phänomen als eine von Männern listig lancierte Modeerscheinung auf, um beim vorhersehbaren Scheitern der »fliegenden Frau« künftig weibliche Berufsinitiativen um so leichter ablehnen zu können.

Erwähnung verdient an dieser Stelle darüber hinaus die Ironiegeladene Ausmalung der Flugmetapher, mit der das Scheitern bezeichnet wird: »tobisokone onna« – die Frau, die »sich verflogen« hat, die einen Fehlstart hatte bzw. abgestürzt ist (B 47).[15]

15 *'80 watakushi ga erabi kyohi shita eiga: Eiga geijutsu dai16kai besuto 10, wāsuto 10, sono senkō riyu*, in: *Eiga geijutsu*, Nr. 336, 1/1981.

6. Die neue alternative Formel »ii onna«

Nachdem die Flugmetapher in ein negativ gefärbtes Konnotationsfeld gerückt ist – der Reiz des Neuen, Modernen, Fortschrittlichen hat sich abgenutzt, der Konflikt zur traditionellen Rollenauffassung dagegen ist den japanischen Benutzern um so deutlicher ins Bewußtsein getreten –, entsteht Raum für eine neue, wieder eindeutiger positive Bezeichnung. Sie scheint mir in der seit 1982 in einem solchen alternativen Sinne angewandten Formel »*ii onna*« gegeben zu sein. Diese aus dem Basiswortschatz kombinierte Fügung hat eine vorwiegend evaluative, stark affektive Bedeutung und ist insofern für den Hörer klar einzuordnen, auch wenn ihre Referenz noch vage bleibt, wozu auch die Hiragana-Schreibung des Qualitativums beiträgt.

Der Ausdruck »*ii onna*« ist allerdings nicht neu. In salopper Umgangssprache bezeichnet er eine gutaussehende Frau. Das Qualitativum zeigt hier ausschließlich physische Attraktivität an. Es besitzt keine ethische Komponente.

Bemerkenswert, wenn nicht gar symptomatisch ist nun, daß dieser auf dem herkömmlichen Rollenverständnis basierende Ausdruck als Alternative und z. T. als Ersatz für die Fügung »*tonderu onna*« reaktiviert wird. Da es sich um eine sehr aktuelle Entwicklung handelt, kann die Verwendungsweise erst an einer relativ geringen Zahl von Beispielen überprüft werden, doch es schält sich bei genauerer Kontextanalyse das folgende Bedeutungsspektrum heraus: Der Ausdruck »*ii onna*« behält seine Bedeutung »physische Attraktivität« bei, wird jedoch mit weiteren Aspekten angereichert, die in den Vordergrund treten. Im Kontrast zu »*tonderu onna*« betont er die harmonische Verbindung von Beruf und Familie im Leben einer aktiven, reizvollen Frau. Ihr Reiz scheint teilweise in der traditionellen Zurücknahme ihrer Person und der damit konfliktfrei erscheinenden Existenzform zu liegen, die Modernität und konservative Rollenauffassung kombiniert.

Dies jedenfalls legen die untersuchten Beispiele nahe. Im April 1982 begann die Wochenzeitschrift *Shūkan Asahi* eine Serie über »Biographien guter Frauen, die jetzt ihre Blütezeit erleben/en vogue sind« (Ima wo sakari no ii onna retsuden). Eine ähnliche, nach Jahrgängen geordnete Artikelreihe brachte *Shūkan Yomiuri* im Sommer des Jahres. Vorgestellt werden vor allem Schauspielerinnen und andere attraktive Frauen in publikumsorientierten

Berufen. Sie äußern sich über Zukunftspläne, Familienangelegen-
heiten, Schönheitsrezepte und Gewichtsprobleme. Da diese
Selbstdarstellungen durch die Aufforderung initiiert wurden, sich
für die Rubrik »*ii onna*« zu präsentieren, enthüllen sie mit ihrer
konventionellen Thematik auch das Begriffsverständnis der betreffenden Frauen. Eine »gute Frau« ist demnach die sympathische
Person »wie du und ich«, die in zufriedenem Einklang mit ihrer
Umwelt lebt.

Wo der Ausdruck selbst zum Gegenstand wird, stoßen wir auf
besonders aufschlußreiche Äußerungen:

»Ich möchte eine gute Frau werden. Nicht ein guter Mensch im moralisch-
ethischen Sinn, sondern eine qualitativ gute/edle Frau (*Zennin to iun ja
nakute, jōshitsuna onna*). Ja, das ist es, ich möchte eine für Männer gute
Frau sein.« (Hara Chisako in: *Shūkan Yomiuri* v. 29. 8. 1982) »Ich bin eine
gute Frau? Das freut mich. Es freut mich viel mehr, als wenn man mich
schön oder attraktiv nennt.« (Okada Mariko, ebd.)

In einer Diskussion von vier »guten Frauen« wird folgendermaßen
darüber reflektiert:

»Was ist das Kriterium einer ›guten Frau‹? Eine Frau, die/bei der man alles
akzeptiert? (*Dō demo ii onna?*)
– Im Edo-Dialekt war ›gute Frau‹ doch das höchste Lob, nicht wahr?
– Was bedeutet denn ›gute Frau‹ aus der Sicht des Mannes? Ist die ›gute
Frau‹ vielleicht eine, die für den Mann am praktischsten ist? Eine, die ihm
alles nachsieht?
– Ich weiß nicht, aber ich freue mich trotzdem allein schon deshalb, weil
ich in die Kategorie gehöre.«
 (Asaoka Yukiji, Sawa Tamaki, Muramatsu Eiko u. Maya Junko: *Zadankai
»Ima ga saikō watashitachi gen'eki baribari yo«*, in: *Shūkan Yomiuri* v.
29. 8. 1982).

Der Komponist Dan Ikuma belegt Typen von ihm als »gute
Frauen« bezeichneter Schauspielerinnen und Sängerinnen in den
Vierzigern mit den Attributen Schönheit, Sanftheit, geheimnis-
volle Stille (*yūgen*), alterslose Attraktivität und reife Zurückhal-
tung.[16] Ein anderer Mann, der Karikaturist Fukuji Hōsuke,
entdeckt an einer »guten Frau« Eigenschaften, die so positiv und
angenehm sind, daß sie eigentlich sogar ein Mann sein könnte
(*otoko ni shitemo ii*).[17] Die Schauspielerin Muramatsu Eiko
schließlich fügt, auf sich selbst bezogen, die Version hinzu: »*Ii*

16 *Dan Ikuma no tokubetsu kōjō*, in: *Shūkan Yomiuri* v. 29. 8. 1982.
17 *Mangaka ni chokugeki! Kono hito no koko ga daisuki*, in: *Shūkan Yomiuri* v.
 25. 7. 1982.

haha de wa aru to omou kedo...« (Eine gute Mutter jedenfalls bestimmt...)[18]

In allen diesen Beispielen also ist das Assoziationsfeld der »guten Frau« ausschließlich mit konventionellen Wertvorstellungen besetzt.[19] Fast wie eine Rückschau in die (liberalere) Vergangenheit will es einem da erscheinen, wenn eine der in Mode gekommenen »guten Frauen« ihre Schwiegermutter scherzend eine »fliegende Frau« nennt (Asaoka Yukiji u. a.: *Zadankai,* in: *Shūkan Yomiuri* v. 29. 8. 1982) (B 48).

Abschließend sei daher die folgende Hypothese gewagt: Im partiellen Ersatz der Flugmetapher durch die konventionell geprägte Formel von der »guten Frau« deutet sich eine Gegenreaktion auf allzu prononciert wirkendes weibliches Unabhängigkeitsstreben an. Das Image der unabhängigen Frau wird verdrängt vom Bild der sympathischen, häuslichen Berufstätigen, in dem alle vorstellbaren Widersprüche harmonisiert sind. Ein solches Frauenbild kann eindeutiger positiv bewertet werden. Es behagt den Medien, der öffentlichen Meinung eher als die problematisch gewordene Vorstellung von der »fliegenden Frau«.

18 Vgl. *Shūkan Yomiuri* v. 22. 8. 1982.
19 Lediglich im Fall einer in Japan ansässigen Amerikanerin wird anerkennend auf ihren Einsatz für Amnesty International hingewiesen, was darauf schließen läßt, daß Aktivitäten dieser Art das Image der »*ii onna*« nicht stören, vgl. *Dan Ikuma* (Anm. 16).

Sprache und Nation
Zur aktuellen Diskussion um die sozialen Funktionen des Japanischen

Die siebziger Jahre erlebten einen beispiellosen Boom an Japan-Interpretationen, an Deutungen »spezifisch japanischer« Wesenszüge und Verhaltensweisen oder Studien zum sogenannten Nationalcharakter, die sich allesamt unter dem Etikett »Nihonjinron« (etwa: Japaner-Theorien) einordnen lassen. Historisch gesehen erklärt sich diese Entwicklung als Reaktion auf die in den späten sechziger Jahren im In- und Ausland lauter werdenden Fragen zur nationalen Identität. War es in der Nachkriegszeit, einer Phase des Wiederaufbaus und wirtschaftlicher Expansion, auch möglich gewesen, eine Auseinandersetzung mit der eigenen Kultur und Geschichte weitgehend zu vermeiden, die unweigerlich auch die Phase des japanischen Militarismus und die Kriegsniederlage hätte einbeziehen müssen, so führte die zunehmende internationale Einbindung Japans dazu, das Defizit an nationaler Selbstverständigung sichtbar werden zu lassen, zumal sich im Ausland schon bald kritische Stimmen meldeten, die die Nation eines skrupellosen Wirtschaftsimperialismus bezichtigten. Wollte man der Kritik an der »Japan AG« und an seinen Bürgern als dumpfen »economic animals« begegnen, so galt es, das Versäumte nachzuholen und die eigene Gegenwart aus Tradition und Geschichte heraus zu reflektieren und, wo nötig, im Bewußtsein zu transzendieren.

Im ungewöhnlich großen Interesse an Japan-Interpretationen spiegelt sich auch die für Inselbewohner offenbar typische Annahme besonders großer Unterschiede zwischen sich und den anderen. Nicht von ungefähr tendieren so viele »Nihonjinron« dazu, bloße Bestätigung des japanischen Einmaligkeitsmythos zu sein. Doch gewiß spielt noch ein weiterer Faktor eine Rolle – die durch die japanische Sozialstruktur und ihre Repräsentation in der Sprache vorgegebene Notwendigkeit des Individuums, sich in einem Prozeß wechselseitigen sozialen Taxierens korrekt zu positionieren. Die Zulässigkeit einer Übertragung dieses Phänomens auf das Kollektiv einer ganzen Nation vorausgesetzt, könnte dies zur Erklärung des großen Bedarfs an Japan-Deutungen beitragen, die das Eigene im Verhältnis zum Fremden erschließen.

Der japanischen Sprache fällt im Rahmen solcher Identitätssuche eine Schlüsselrolle zu, wie sich bereits an der ungewöhnlich großen Zahl auflagenstarker Publikationen zu diesem Thema in den siebziger Jahren ablesen läßt (Hijiya-Kirschnereit 1989). Da ist zum einen die Frage nach dem Ursprung der japanischen Kultur, über die man sich mittels sprachgenetischer Studien Aufschluß zu verschaffen hofft (Miller 1974). Das breite öffentliche Interesse an solchen eigentlich eher trocken-fachwissenschaftlichen Themenstellungen belegt, daß sie im allgemeinen Bewußtsein offenbar mit aktuellen Fragen von vitaler Bedeutung assoziiert werden. Nach verbreiteter Vorstellung verbindet sich die Suche nach frühen oder Urformen des Japanischen nahtlos mit der Suche nach ethnischer, kultureller und nationaler Identität, und dies wiederum zieht ebenso unmittelbar Konsequenzen für das Selbstverständnis in der Gegenwart nach sich. Insofern hat die vor den Augen einer aufmerksamen Öffentlichkeit geführte sprachwissenschaftliche Diskussion immer auch eine politische Komponente, was umgekehrt betrachtet wiederum nur der Grund dafür sein dürfte, daß diese Themen auf ein derart breites Interesse stoßen. Zu erfahren, welche Aspekte in den Publikationen zur japanischen Sprache aus den siebziger und achtziger Jahren bevorzugt behandelt oder kontrovers diskutiert werden, bedeutet daher gleichzeitig, Aufschlüsse zu erhalten über das intellektuelle Klima, über geistige Fragen der Zeit und Modi der Auseinandersetzung mit ihnen.

Die folgenden Ausführungen bezwecken, einige thematische Schwerpunkte in den Veröffentlichungen japanischer Linguisten vorzustellen und dabei die Bandbreite der Auffassungen zu belegen.[1] Die Auswahl der behandelten Themen und ihrer Protagonisten ist gewiß nicht frei von Subjektivität, doch wird sie dadurch legitimiert, daß hier der Widerhall – sei es in Form zahlreicher fachwissenschaftlicher und allgemeiner Rezensionen oder im Sinne fortgesetzter Beschäftigung oder Übernahme in andere Diskussionszusammenhänge – besonders ausgeprägt war. Ebenfalls zu Worte kommen werden nicht-japanische Fachleute, deren Diskussionsbeiträge einen Teil des Gesamtdiskurses bilden.

---

1 Ausgeklammert wird hier der Komplex der etymologischen Studien, zu denen von nichtjapanischer Seite bereits eine Anzahl von Kommentaren und Beiträgen vorliegt, vgl. etwa Miller 1974.

Wissenschaftsgeschichte als Eurozentrismuskritik

Die kritische Rückschau auf die Entwicklung der eigenen Disziplin ist gewiß kein orthodoxer Bestandteil der Tradition japanischer Humanwissenschaften. Wenn daher in den linguistischen
Publikationen neuerdings häufig unter analytisch-metakritischem
Blickwinkel auf die Geschichte des Fachs eingegangen wird, so
darf dies als Indiz für das Erreichen einer neuen Reflexionsstufe
und das Bemühen um eine Neuorientierung gedeutet werden.

Worauf richtet sich nun das Augenmerk japanischer Linguisten
bei der Betrachtung ihres Fachs? Der Soziolinguist Suzuki Takao
hat als einer der profiliertesten Kritiker des im japanischen Denken mittlerweile tief verwurzelten Eurozentrismus zu gelten, den
er gerade in der Wahl des Gegenstands und der Methoden japanischer Sprachwissenschaft seit ihren Anfängen als akademischer
Disziplin aufdeckt. Aufgrund ihrer allzu starken Orientierung
an der westlichen Linguistik habe die einheimische Forschung
deren Interessenschwerpunkte und Methoden einfach übernommen:

»Japanese linguists have only looked for topics in Japanese which are the
same as, or similar to, the ones already treated in Western linguistics, and
thus they have discussed the differences between Japanese and Western
languages while weighing the values of phenomena in the former by criteria
applicable to the latter.«

(»Japanische Linguisten haben sich ausschließlich Gegenstände ausge-
sucht, die denen entsprechen, mit denen sich die europäischsprachige
Linguistik befaßt, und sie haben daher die Unterschiede zwischen dem
Japanischen und europäischen Sprachen erörtert, indem sie auf das Japanische Kategorien anwandten, die jenen entnommen sind.«) (Suzuki 1978 b:
128, ebenso 1973: 179 und 1984: 150)

Man habe sich etwa intensiv mit Sprachdeskription, Etymologie
und Dialektologie befaßt, doch seien dies eher von der westlichen
Wissenschaft her diktierte Betätigungsfelder, die an völlig anders-
gearteten Gegenständen entwickelt worden und daher in einem
japanischen Kontext oft nur von begrenztem Erkenntniswert
seien.

Mit solchen von außen vorgegebenen Themenstellungen sind zu-
dem laut Suzuki oft eurozentrische Wertungen verknüpft, ein
Phänomen, das er an Beispielen aus dem Alltag zu belegen versucht. Im fünften Kapitel seines Buches »Sprache und Kultur«

(Kotoba to bunka)[2] erläutert er die Kulturgebundenheit der Vorstellungen von Tierschutz bzw. von Grausamkeit gegenüber Tieren in einem Vergleich japanischer und angelsächsischer Auffassungen und Verhaltensweisen, um daran seinen Landsleuten die Relativität einiger als universal betrachteter Werte vor Augen zu führen. Leider sind seine Beispiele für diese Demonstration nur sehr bedingt geeignet, da »Grausamkeit« beim Halten oder Töten von Tieren eben nicht, wie Suzuki meint, gänzlich arbiträr – »was grausam ist und was nicht, entscheidet der Mensch« (Suzuki 1984: 102) –, sondern sehr wohl auch bis zu einem gewissen Grade objektivierbar ist. Besonders unglücklich an seinem Beispiel scheint mir dabei die Verbindung zu sein, die er zwischen japanischer Tierbehandlung und japanischen Kriegsgreueln herstellt. Indem er zunächst die diesbezüglichen Anklagen der amerikanischen Siegermacht andeutet, denen sich die japanische Bevölkerung in einem allgemeinen Schuldbekenntnis sogar noch angeschlossen hätte, und sodann ausländische Vorwürfe bezüglich japanischer Grausamkeit gegenüber Tieren als ungerechtfertigt, da ethnozentrisch, zurückweist und die Japaner auffordert, Aussagen von Nicht-Japanern immer auf deren kulturelles Wertesystem zu beziehen, so daß sie für Japan allenfalls eingeschränkte Gültigkeit hätten, nimmt er äußerst gefährliche politische und moralische Implikationen in Kauf.

Die starke emotionale Färbung dieser Argumentation beleuchtet zwar das Exemplarische an der psychologischen Situation des Autors, schwächt die Aussage jedoch auch wesentlich. Im hiesigen Diskussionszusammenhang dürfte ihre Undifferenziertheit und ideologische Problematik ohne weiteres zu durchschauen sein, so daß sich eine Auseinandersetzung mit diesem Aspekt erübrigt. Als wichtig ist hier jedoch festzuhalten, daß Suzuki seine Exkurse in das kulturelle Wertesystem als Illustration der theoretischen Problematik versteht, des Problems nämlich, daß man auf dem Gebiet seiner Disziplin, der Linguistik, »wohin man auch schaut, auf Aussagen und Forschungen stößt, die auf der Manipulation mittels fremder, der japanischen Realität unangemessener Begriffe beruhen« (Suzuki 1973: 127).

Die japanische Tendenz im Alltagsdenken wie in der Wissen-

2 Das Original Suzuki 1973 wurde unter Auslassung dieses Kapitels ins Englische übersetzt (1978). 1984 erschien unter neuem Titel die vollständige englischsprachige Version.

schaft, westliche Wertvorstellungen wie selbstverständlich als universal zu betrachten und zu übernehmen, nennt er das »Phänomen einer Identifikation mit dem falschen Modell« (*ayamareru taishō e no jikodōka genshō*, 1973: 128, 1984: 109). Der Maßstab zur Erforschung des Japanischen könne nur das Japanische selber sein, Verallgemeinerungen seien daher erst auf einer Meta-Ebene möglich, nachdem die einzelnen Sprachen zuvor mit einem jeweils eigenen Kategoriensystem erforscht worden sind. Fragen der theoretischen Begriffsbildung, der Durchführbarkeit von Vergleichen oder der Differenzierung zwischen kontextabhängigen und universalen Konzepten bleiben ausgeklammert. Suzuki zieht es vor, am praktischen Beispiel eine Arbeitsweise zu demonstrieren, die seinem Verständnis einer aus der japanischen Sprache heraus entwickelten Fragestellung entspricht.

In *Kotoba to bunka* wählt er die teknonymischen Selbst- und Partnerbeziehungen und ihre Funktion der Spezifizierung und Vergewisserung der jeweiligen Rolle des Sprechers und des Adressaten zum Gegenstand (1973, Kap. 6). Ebenfalls in der erklärten Absicht, die durch Auffassungen in der westlichen Linguistik irregeleitete einheimische Forschung kritisch zu reflektieren und ihr einen neuen Ansatz entgegenzustellen, behandelt Suzuki an anderer Stelle das Problem von Sprache und Schrift, auf das später noch ausführlicher einzugehen sein wird.

Auch für den Mongolisten und Soziolinguisten Tanaka Katsuhiko ist die Kritik am – oftmals unbewußten – Eurozentrismus ein Ausgangspunkt seiner Auseinandersetzung mit der Geschichte des Fachs und der japanischen Sprachpolitik seit der Meiji-Zeit. In seiner 1981 erschienenen Studie über »Sprache und Staat« (*Kotoba to kokka*) etwa weist er auf Probleme hin, die sich bereits an dem die Sprache betreffenden Kernwortschatz im Alltagsgebrauch wie in der Fachterminologie ablesen lassen. Die im Japanischen allgemein übliche Verwendung von *bokokugo* (wörtlich: Mutterlandsprache) im Sinne von Muttersprache beruht auf der unreflektierten Gleichsetzung von Nation und Sprachgemeinschaft. Zu welch grotesken Unstimmigkeiten dieser Sprachgebrauch führen kann, zeigt Tanaka am Beispiel eines Zeitungsberichts über eine auf Okinawa abgehaltene Konferenz, in deren Sektion »Frieden und ethnische Gruppen« ein Angehöriger der auf Hokkaidō ansässigen Minorität der tungusischen Oroke die Unterdrückung seiner Volkskultur beklagte. Der Journalist der *Asahi Shinbun* meint dazu, daß der von dem Betreffenden in der »Mutterlandsprache« *(bokokugo)* vorgetragene Bericht die in Japan allgemein verbreitete Vorstellung von der ethnischen Homogenität der Nation fraglich werden lasse.

Was laut Tanaka offenbar niemand bemerkte, war der Denkfehler im Gebrauch des Begriffs »Mutterlandsprache« – in der Tat eine verblüffende Fehlleistung, wenn man bedenkt, daß es in diesem Zusammenhang ja gerade um die Differenzierung von Staatsangehörigkeit – der Sprecher war offenbar japanischer Nationalität – und Sprache ging. Orokisch kann aus japanischer Sicht weder als »ausländische = Fremd-Sprache« *(gaikokugo)* noch als ein Dialekt des Japanischen bezeichnet werden. Denkbar wäre statt dessen ein Begriff wie *minzokugo* (Volkssprache) oder *idiōmu* bzw. *koyūgo* (Idiom). Die Tatsache, daß auch im heutigen Sprachgebrauch noch keine Differenzierung erfolgt, so daß eine Frage wie: Wie viele Sprachen sprechen Sie? auf Japanisch immer lautet: Wie viele Landessprachen *(nankakokugo)* sprechen Sie? und man auch im Falle des Ainu oder Eskimo von »Landessprachen« redet, obwohl ihnen gar kein so bezeichneter Staat entspricht (Tanaka 1981: 108 f.), deutet auf blinde Flecken im Bewußtsein der Sprecher hin, deren praktische Folgen im politischen Alltag, in Schulen, Ämtern und Gerichten Tanaka ebenfalls wiederholt aufgezeigt hat (etwa Tanaka 1978, 1984).

Die fatale Fehlbezeichnung beschränkt sich indessen nicht auf den allgemeinen Sprachgebrauch, sondern sie ist selbst in linguistischen Publikationen verbreitet und findet sich, wie Tanaka zeigt, auch in der Mehrzahl der gängigen Fremdsprachen-Wörterbücher als falsche Übersetzung von »mother tongue«, »Muttersprache« und »langue maternelle« (Tanaka 1981: 44 ff.).

Heutzutage ist *kokugo* (Landessprache) die übliche Bezeichnung für das Japanische. Analog dazu werden etwa Begriffe wie *kokugogaku* (Wissenschaft von der japanischen Sprache) oder *kokubungaku* (Wissenschaft von der japanischen Literatur) gebildet. Das von dem Landesnamen abgeleitete *nihongo* klingt moderner, auch ein wenig distanzierter, so daß es vor allem auch für das von Ausländern gesprochene Japanisch verwendet wird, das man niemals als *kokugo* bezeichnen würde. Tanaka weist jedoch nach, daß *nihongo* in der frühen Meiji-Zeit die gebräuchliche Benennung, *kokugo* dagegen ein damals entstandener Neologismus ist, der um die Mitte des 19. Jahrhunderts zunächst in Abgrenzung zu *kan-*

bun, also in einem anderen Sinnzusammenhang, verwendet wird (Tanaka 1981: 111). Zur Bezeichnung der eigenen im Gegensatz zu den europäischen Sprachen kursiert neben anderen der Begriff hōgo 邦語, der aufgrund von Ōtsuki Fumihikos Festlegung im Wörterbuch »Genkai« (Meiji 17, d. h. 1984) durch *nihongo* ersetzt wird. *Kokugo* taucht als Neuprägung im Sinne von »Landessprache unseres Japan« *(waga Nihon no kokugo)* erstmals 1885 auf und wird in der dritten Auflage von Hepburns Japanisch-englischem Wörterbuch mit großem spachlichen Feingefühl als »the language of a country; national language« übersetzt.

Die definitive Entscheidung für *kokugo* aus einem Satz konkurrierender Bezeichnungen fiel durch Ueda Kazutoshi, der, 1894 aus Europa zurückgekehrt, seine erste Vorlesungsreihe programmatisch mit *»Kokugo to kokka to«* (Landessprache und Staat) betitelte, angesteckt vom deutschen Sprachnationalismus jener Zeit, weswegen auch sein glühend patriotischer Stil an deutsche Texte erinnert (Tanaka 1981: 113). Uedas Wortgebrauch ist nun aber nicht einfach im Sinne von »Sprache des Landes« *(kuni no kotoba)* zu verstehen, sondern er enthält eine modernere, politische Deutung, indem das Japanische als Nationalsprache begriffen wird. Dem entspricht sein konkret-politisches Verständnis des deutschen Wortes »Muttersprache«, das für ihn keine supra-nationale Dimension besitzt. Bezeichnenderweise schweigen sich einschlägige Lexika zur Entstehung des Begriffs *kokugo* aus, der, so Tanaka, doch als historisches Schlüsselwort zum Verständnis des modernen japanischen Staats fungiert.

Uedas *kokugo*-Theorie ist, wie Tanaka zeigt, durchzogen von einer eigenartigen Mischung aus dem elitären Denken im Stil der Académie Française und deutschen Vorstellungen von »Sprachrecht und Heimatrecht« (Tanaka 1981: 117).

Von europäischen »Vorbildern« angeregt wurden offenbar auch die demütigenden Praktiken der Sprachzentralisierungs-Politik, etwa das auf den Ryūkyū-Inseln übliche Umhängen von »Straftafeln«, das Schüler bloßstellt, die sich im einheimischen Idiolekt artikuliert haben, eine das Denunziantentum fördernde Praxis, die von der Einführung der Schulpflicht an bis zum Ende des Zweiten Weltkriegs nachgewiesen ist (Tanaka 1981: 118 ff.).

Interessanterweise greift Tanaka als weiteres Beispiel für die unkritische und seither immer noch nicht reflektierte Übernahme europäischer Einstellungen und Wertungen eine Episode heraus, die schon in Suzukis Buch *Tozasareta gengo* (Eine verschlossene Sprache, Suzuki 1975 a) zu lesen war. Um so klarer werden in der Gegenüberstellung die Differenzen im Zugriff beider Autoren sichtbar. Es handelt sich um eine von Daudets *Montagsgeschichten* mit dem Titel *La dernière classe,* eine kurze Erzählung über einen Französischlehrer in einem elsässischen Dorf, der nach dem Sieg der Deutschen sein Amt verliert und in seiner letzten Unterrichtsstunde ein patriotisches Bekenntnis zu Frankreich und der französischen Sprache ablegt. Dieser in die japanischen Schulbücher aufgenommene Text wird von Suzuki als Exempel wahrer Liebe zur Muttersprache hervorgehoben, wie es sie bei den Japanern der Gegenwart stärker zu verankern gelte (Suzuki 1975a: 195). Er befindet sich somit im Einklang mit dem Kommentator der 1939 erstmals erschienenen Übersetzung, der sich eine entsprechende stimulierende Wirkung auf die Jugend des Landes wünscht (Tanaka 1981: 122).

Was Tanaka dagegen an Daudets Text auffällt, ist symptomatisch für seine »gegen den Strich« gerichtete Betrachtungsweise, denn er legt anhand eines historischen Rückgriffs dar, daß die Bevölkerung des Elsaß seit jeher deutschsprachig war und dies ebenso für die Schüler des alten Französischlehrers gegolten haben muß, was sich im übrigen bereits an den Personennamen – sie lauten Franz, Wachter, Hamel und Hauser – ablesen läßt. Das von dem Lehrer so gepriesene Französisch ist also nicht die Muttersprache seiner Schüler. Für Tanaka scheint hier eine makabre Parallele zu den in eben jener Zeit, als diese Geschichte die »Liebe zur Landessprache« *(kokugo-ai)* fördern sollte, von Japan besetzten asiatischen Staaten auf, deren Bevölkerung entsprechend den als Franzosen betrachteten Elsässern zu Untertanen des Tennō erklärt wurden.

Suzuki und Tanaka, die beide Kritik an der unreflektierten Übernahme westlicher Vorstellungen und Verhaltensweisen üben, demonstrieren hier auf eine für uns exemplarische Weise das Spektrum der Interpretationen.

Eine »große« Sprache

Suzuki Takao ist als Repräsentant jener seit den mittleren siebziger Jahren immer größer werdenden Fraktion von Wissenschaftlern,

Intellektuellen, Publizisten und Politikern zu sehen, die im Gefolge des wachsenden internationalen Gewichts ihres Landes Japans Selbstbewußtsein von innen heraus stärken wollen. Die Kritik am eigenen Eurozentrismus und die Relativierung vieler westlicher Konzepte, die bislang für Japan Vorbildcharakter hatten, ist ein wesentliches Element dieser Bewegung.

Es waren in der betreffenden Phase interessanterweise gerade die so zahlreichen Bücher über die japanische Sprache, denen eine wichtige Rolle im Prozeß der nationalen Selbstfindung zukam – so war es die Absicht der Autoren, und so verstand es auch das Publikum. Bestätigt wird dies etwa durch Ōno Susumus Deutung des gewaltig gewachsenen Interesses am Japanischen als Mittel »zur Selbst-Vergewisserung des Japaner-Seins« (Ōno 1975).

Suzukis erklärtes Ziel mit einem Buch wie *Tozasareta gengo: Nihongo no sekai* (Eine verschlossene Sprache: Die Welt des Japanischen) war es, die Japaner »stolz auf ihre Sprache« zu machen (Suzuki 1975 d), und seine Absicht fiel, wenn man den Rezensenten glauben darf, auf fruchtbaren Boden. In dem für japanische Äußerungen dieser Art oft so charakteristischen Hang zu Superlativen meint denn auch der Kommentator der *Kyōto Shinbun*, keine Kulturnation der Welt schätze die eigene Landessprache wohl so gering wie die Japaner. Um so größer ist die Zustimmung zu Suzukis Thesen.

Den Stolz auf die eigene Sprache will Suzuki vor allem mit dem Hinweis auf die »Größe« des Japanischen wecken. Seine Landsleute, so meint er, seien sich der Tatsache viel zu wenig bewußt, daß das Japanische von der Zahl der Sprecher her gesehen an sechster Stelle in der Welt hinter Chinesisch, Englisch, Russisch, Spanisch und Hindi rangiere (Suzuki 1975 a: 111). Ob nun aus Überraschung über ein nicht gewußtes Faktum oder aus anderen Gründen – in den Besprechungen von *Tozasareta gengo* wird diese Information tatsächlich besonders häufig aufgegriffen.

Kindaichi Haruhiko stimmt wie viele andere Suzukis Ausführungen zu, ja, er erweitert sie sogar um einen bemerkenswerten Aspekt: Das Japanische, das als isolierte Sprache ohne genetische Verwandte dastünde, lasse sich auch als Sprachfamilie begreifen, wenn man die einzelnen Dialekte als jeweils verschiedene Sprachen auffaßte: »Dann wäre das Japanische im Gesamt als eine große Gruppe zahlreicher Sprachen mit gemeinsamer Genealogie zu bezeichnen.« (Kindaichi 1982: 11) Der Unterschied zu anderen

Sprachfamilien bestünde lediglich darin, daß es in der japanischen Sprachfamilie eine von allen verstandene Verkehrssprache Japanisch gebe, was aber nicht nur praktischen Wert habe, sondern auch das Zusammengehörigkeitsbewußtsein unter allen japanischen Sprachen stärke.[3]

Derselbe Kindaichi, der zum Beweis der »Größe« des Japanischen von einer Vielzahl japanischer Einzelsprachen ausging, hebt allerdings wenig später schon wieder die außergewöhnliche sprachliche und ethnische Homogenität Japans hervor und meint, das Bild werde auch nicht durch koreanische und Ainu-Minoritäten beeinträchtigt (Kindaichi 1982: 14 f.). Beides – Vielfalt und Uniformität – belegt für ihn das internationale Gewicht des Japanischen.

Für Tanaka ist das Lob der Sprache Indiz eines mangelnden Selbstbewußtseins, und er hält die quantifizierende Argumentation, welche die Bedeutung des Japanischen von der Zahl seiner Sprecher her begründen möchte, für gänzlich ungeeignet (Tanaka 1981: 131). Andererseits konstatiert er im Verhältnis der Japaner zu ihrer Sprache durchaus eine Entwicklung. Der bekannte Schriftsteller Shiga Naoya, der nach dem verlorenen Krieg für die Einführung des Französischen plädierte, markiert den Tiefpunkt, Maruya Saiichi dagegen halte in seinem Buch »Um des Japanischen willen« (*Nihongo no tame ni*, 1974) die »Landessprache« schon ganz selbstverständlich für »die beste Landessprache«, eben weil sie einem am nächsten stehe, und so ist dieses wie viele ähnliche Bekenntnisse mitsamt Suzukis sachlicherer Verbrämung des Arguments ein Zeichen neuen nationalen Selbstbewußtseins. Tanaka läßt es sich allerdings nicht nehmen, Suzukis Zahlenstolz den Hinweis entgegenzuschleudern, daß »die große Sprache Japanisch« womöglich, »wenn wir uns etwas mehr angestrengt« und Korea in den Griff bekommen hätten, auch noch auf dem Kontinent Fuß gefaßt hätte (Tanaka 1975: 19).

Tanakas Sarkasmus rührt von seiner Skepsis gegenüber dem ungebrochenen Sprachpatriotismus seiner Kollegen her. Er bemerkt einen agitatorischen Tonfall in ihren Schriften und fragt sich, wodurch eigentlich dieser Stolz gespeist werde. Er selbst verbindet mit der Vorstellung vom Japanischen als »großer Sprache« imperialistische Ansprüche und erinnert sich daran, daß Japan den Koreanern mit seiner Sprache auch das »Kaiserliche Erziehungs-

---

3 An Kindaichis Formulierungen läßt sich übrigens sehr gut die von Tanaka aufgedeckte Problematik des Begriffs *kokugo* studieren, vgl. ebd., S. 11.

edikt« aufgezwungen hat, nichts jedenfalls, das als geistiges Kulturgut Respekt beanspruchen könne (Tanaka 1975: 25 ff.). Doch einmal abgesehen von der Problematik, sich beim Appell an die Liebe zur Muttersprache auf Werke von Daudet oder Turgenjew zu berufen, ohne die jeweiligen Hintergründe zu kennen (Tanaka 1975: 21–22), und abgesehen auch von dem in diesem Falle völlig ignorierten Prozeß der Durchsetzung der Standardsprache, die auf dem erzwungenen Verzicht auf ein dem Betreffenden noch näher stehendes Idiom, den Dialekt, beruht (Tanaka 1975: 23–24), wäre es in den Augen Tanakas weiser, wenn die einheimische Linguistik das Japanische als »kleine Sprache« begriffe, die im wesentlichen nur im eigenen Land gesprochen wird und deren Sprecher daher einen ganz anderen Erfahrungshintergrund besitzen als jene Sprecher »großer Sprachen«, in deren Kontext die moderne Sprachtheorie entstanden sei, eine Theorie, die die (tiefenstrukturelle) Universalität der Sprache postuliert (Tanaka 1975: 29). »So könnten wir womöglich«, schreibt Tanaka, »ausgerechnet hinter der japanischen Linguistik mit ihrer Modernitätsmaske den eigentlichen Gegenstand der Linguistik entdecken, der nicht mehr in ›Imitation‹ besteht« (Tanaka 1975: 29).

Hier erweist sich die Fruchtbarkeit einer wissenschaftsgeschichtlichen Reflexion in der Aufdeckung theoretischer Ansätze, die u. U. tatsächlich ethnozentrische Züge tragen. Auf jeden Fall aber greift Tanakas Analyse noch tiefer als die Kritik an eurozentrischer Gegenstandskonstitution und entsprechenden Forschungsschwerpunkten.

Sprache und Schrift

Der Zusammenhang zwischen Sprache und Schrift ist laut Suzuki ein Bereich von besonderer Ergiebigkeit für die Erforschung des Japanischen. Allerdings sei er aufgrund der Orientierung an westlichen Fragestellungen von der japanischen Linguistik sträflich vernachlässigt worden. So setzt sich Suzuki zur Aufgabe, diese Forschungslücke aufzuzeigen und dabei nicht nur seiner Ansicht nach fehlerhafte, da einseitige Ansichten europäischer Linguisten zurückzuweisen, sondern auch die besonderen Funktionen der Schrift im Japanischen zu erhellen. Seinen Landsleuten will er mit der außerordentlichen Funktionalität des japanischen Schriftsystems zugleich die Überflüssigkeit von Schriftreformen vor Augen führen.

Suzuki weist zunächst anhand eines Vergleichs mit dem Englischen nach, daß die Silbenstruktur des Japanischen ungewöhnlich einfach ist und sich die daher geringe Anzahl von wenig mehr als einhundert Silben mittels der beiden Kana-Systeme besonders ökonomisch repräsentieren lasse (Suzuki 1975 a: 39–46). Die Funktionalität der Kanji im Japanischen wird auf verschiedene Weise belegt. Orthographische Aussprache, Volksetymologien und Homonymenkonflikt sind linguistische Themen, die ihm dazu dienen, die besondere Funktion der Schriftzeichen »auf dem Kreuzpunkt zwischen gesprochener Sprache und Schrift« zu erläutern (Suzuki 1975 a: 51–78). Dabei stellt er etwa die in der westlichen Linguistik formulierte Regel in Frage, die besagt, daß – um Doppeldeutigkeit zu vermeiden – eines von zwei homophon realisierten Wörtern in semantisch verwandten Bereichen durch ein anderes ersetzt wird. Im Japanischen werden Homophone jedoch nicht nur nicht gemieden, sondern ständig vermehrt – es ist dies ein sehr produktiver Bereich der Alltags- und Werbesprache. Mir will allerdings scheinen, daß solche Neologismen wie *nyūjōryō* 入城料 (Eintrittsgeld für ein Schloß) statt *nyūjōryō* 入場料 (Eintrittsgeld) oder *yūenchi* 遊園池 (Vergnügungsteich) analog zu *yūenchi* 遊園地 (Vergnügungspark), die »nach dem Wortbildungsprinzip operieren, das Gemeinsame an zwei Begriffen durch gleiche Lautform und den Unterschied zwischen ihnen durch eine andere Schreibung anzuzeigen« (Suzuki 1975 a: 74), nur in sehr spezifischen Situationen Verwendung finden können. Voraussetzung muß etwa sein, daß man ihnen in schriftlicher Form begegnet, denn sonst würde die Verfremdung aufgrund der großen semantischen Nähe gar nicht wahrgenommen. Bezeichnend an diesen Wortbildungen ist jedenfalls ihr starker Sprachspielcharakter.

Suzuki verzichtet in seinem Bestreben, die Vorzüge des japanischen Notationssystems zu veranschaulichen, nicht ganz auf verzerrende Manipulationen, denn indem er beispielsweise Kana und Kanji getrennt verteidigt, verschleiert er die Tatsache, daß es bei den Vorschlägen zur Schriftenreform um eine Vereinfachung des komplexen Mischsystems geht (z. B. Suzuki 1975 a: 47 f.). Besonders hebt er die Eigenständigkeit der Kanji im Japanischen hervor: »Die ins Japanische übernommenen Kanji haben sich hinsichtlich ihrer Funktion usw. bereits so weit von den Kanji im Chinesischen entfernt, daß es besser wäre, sich vorzustellen, sie hätten nichts miteinander zu tun.« (Suzuki 1975a: 52) Für ihn liegt die Besonderheit der Kanji auf japanischem Boden in ihrer doppelten Lesbarkeit *(on – kun)*. Worauf er erstaunlicherweise nicht zu sprechen kommt, ist die Tatsache der Polylexie, die besagt, daß Kanji im Japanischen nicht Wörter, sondern Bedeutungen repräsentieren. Dieses Faktum wäre m. E. zur Erläuterung ihrer spezifisch japanischen Funktion genauso wichtig wie die Doppellesung.

Eine Gelegenheit dazu hätte sich für Suzuki etwa im Anschluß an Umesao Tadao ergeben, den er mit Ausführungen zur Schwierigkeit der Umsetzung von gesprochener in geschriebene Sprache zitiert. Umesao, der nicht etwa für die Abschaffung der Kanji plädiert, stellt dennoch fest, daß ein Text, von zehn verschiedenen Hörern schriftlich fixiert, zehn unterschiedliche Versionen ergäbe (Suzuki 1975a: 87ff.). Hinsichtlich der Variationsbreite im Ausmaß der Verwendung von Kanji oder im Einsatz grammatisch-morphologischer Wortteile *(okurigana)* mag Suzuki Umesaos Bedenken noch erfolgreich bagatellisieren können, doch der wohl wesentlichste Punkt wird von Suzuki gar nicht berührt – das Problem nämlich, daß ein und dasselbe Lexem mit verschiedenen Kanji geschrieben werden kann[4], und selbst bei zusammengesetzten Wörtern ist diese Möglichkeit vorhanden: Die Realisation von *furusato* (Heimat) als 故郷 oder als 古里 ergibt jeweils unterschiedliche Konnotationen. Der außergewöhnliche Reichtum an Enkodierungsmöglichkeiten, der durch die prinzipiell freie Verfügbarkeit über die Kanji im Japanischen gegeben ist, läßt sich vor allem in Literatur und Werbung gestalterisch einsetzen, wie Ekkehard May in einem sehr informativen Aufsatz zur Furigana-Doppelschreibung gezeigt hat (May 1982). Andererseits ist aber der verkomplizierende Effekt dieser Vielfalt an Notations- und Lesungsalternativen in der Alltagskommunikation – Umesao spricht in diesem Zusammenhang nicht zu Unrecht von »totaler Verwirrung« – nicht von der Hand zu weisen. In seinem Bemühen, das bestehende Schriftsystem zu verteidigen, konzentriert sich Suzuki ganz auf den Nachweis seiner besonderen Funktionalität, ohne auf Schwierigkeiten einzugehen, was ein etwas einseitig idealisiertes Bild entstehen läßt.

Das Beispiel einer englischen Sekretärin, die den Begriff »anthro-

4 Oder spräche man in einem Fall wie *atatakai* (warm), das mit den Kanji 温 oder 暖 geschrieben werden kann, besser von Homophonen statt von Polysemen?

pology« nicht kennt, führt Suzuki zu der Schlußfolgerung, daß es im Japanischen kaum jene Barrieren zwischen gebildeten und weniger gebildeten Schichten gebe wie in europäischen Sprachen, wo ein Hochschulstudium erforderlich sei, um mit fremdsprachigen Termini des gehobenen Wortschatzes umgehen zu können. In Japan dagegen könne jeder von der Schreibung des entsprechenden japanischen Begriffs *jinruigaku* 人類学 auf seine Bedeutung schließen (Suzuki 1975 a: 86 f.).

Einwände gegen diese Darstellung kamen aus mehreren Richtungen. Roy A. Miller etwa widmet sich ausführlich der problematischen Verwechslung von Etymologie und Bedeutung, die hinter der Vorstellung steckt, man wisse, worum es in der wissenschaftlichen Disziplin gehe, die sich *jinruigaku* nennt, wenn man diese analog zu den europäischen Sprachen gebildete Wortneuschöpfung in ihren einzelnen Bestandteilen erkenne (Miller 1982: 189 f.). Ryūfu Akira weist in seiner Rezension anhand einer Metapher auf das Problem hin: So wenig, wie eine Landkarte Realität sei, so wenig sei ein Kanji Bedeutung, doch verleiteten die Grapheme leicht dazu, diesen Unterschied zu übersehen (vgl. Ryūfu 1975).

Tanaka wiederum gibt zu bedenken, daß sich keinesfalls alle unbekannten Begriffe im Stile Suzukis – durch Erkennen der Bedeutung der einzelnen Zeichen, aus denen sich das Wort zusammensetzt – entschlüsseln lassen: »Japaner verstehen ein Lexem wie *tetsugaku* 哲学 (Philosophie) nicht etwa, weil sie die Bedeutung von 哲 verstünden« (Tanaka 1975: 220). Darüber hinaus wendet Tanaka gegen Suzukis Beispiel ein, daß lateinische und griechische Termini in den europäischen Sprachen oftmals bewußt zur Abhebung vom Alltagswortschatz eingesetzt würden.

Der »Demokratisierungseffekt« der Kanji im Japanischen, den man mit Suzuki durchaus konstatieren könnte, zieht allerdings auch spezifische Probleme nach sich, die sich hier nur grob andeuten lassen: Mir will scheinen, daß die vermeintliche Verständlichkeit der Kanji-Realisierung von Fremdwörtern und Neologismen in den verschiedensten Wissensbereichen ihren fachterminologischen Charakter verschleiert, was oftmals auch im wissenschaftlichen Kontext einen ungenauen Sprachgebrauch zur Folge hat. Vielleicht liegt hier ein Grund dafür, daß man sich in den Humanwissenschaften kaum je um Begriffserklärungen bemühte, da ja schon aufgrund der optischen Information durch die Schreibung die Bedeutung gegeben schien.

Wie irreführend dieser Glaube sein kann, beweist Tanaka am Beispiel von Wörtern, die in Form von Kanji-Zusammensetzungen als Fremdwörter etwa im Bereich der Politsprache direkt aus dem Chinesischen übernommen wurden (Tanaka 1975: 221 ff.). Die chinesische Bedeutung deckt sich allenfalls partiell mit dem japanischen Verständnis, die Konnotationen mögen vollends divergieren, doch wird dies alles durch den Umstand verschleiert, daß man die Lexeme ganz unbefangen einbürgert, indem man die Kanji (sino-)japanisch ausspricht und ihre einheimischen Bedeutungen und Konnotationen zugrunde legt. Statt dessen sollte man die chinesischen Kanji übersetzen, zumindest aber durch eine chinesische Aussprache den Fremdwort-Charakter zu erkennen geben.

Homophone – Segen und Fluch

Suzukis Widerlegung von Gilliérons Regel zum Homonymenkonflikt lenkt den Blick auf ein zum Verständnis des Japanischen grundlegendes Faktum – den engen Zusammenhang zwischen Sprache und Schrift, da zur Desambiguierung von Homonymen die Graphem-Form unentbehrlich ist. Einen Nicht-Japaner und Benutzer eines phonetisch orientierten Schriftsystems erstaunt es immer wieder, in welchem Maße in die mündliche japanische Rede Hinweise auf die Schreibung von Wörtern einfließen, um das Verständnis zu sichern. Suzuki hebt diese Doppelgleisigkeit sprachlicher Kommunikation immer wieder als Positivum hervor (vgl. auch Suzuki 1975 b: 88–106, 1978 a: 167–86), während Tanaka deren Nachteile herausstreicht. Letzterem zufolge führte die einseitige Bevorzugung der Kanji zum Beweis von Bildung und die übertriebene Sensibilität gegenüber Verschriftungsformen, die eine besondere Ästhetik hervorbrachte, zur Vernachlässigung des akustischen Moments des Japanischen. Kanji sind, so seine These, nicht etwa eine eigens für das Japanische geschaffene Schriftform, sondern Wortzeichen, die man als Entsprechungen für japanische Lexeme gesucht habe. Sie seien also, um einen Ausdruck von Kamei Takashi zu gebrauchen, gewissermaßen »Furikanji«, das heißt »zugeteilte Kanji«, die sekundär seien im Vergleich zu den Furigana, der in Kana-Silbenschrift angegebenen Lautform des Lexems (Tanaka 1975: 207). Unglücklicherweise habe man aber den Kanji ein ungebührlich großes Gewicht zugemessen, obgleich sie nicht einmal immer semantische Mehrinformation verbürgten, sondern oft nur das narzißtische Geltungsbedürfnis ihrer Verwender belegten.[5] Das akustisch orientierte Sprachgefühl von Kindern, das sich in westlichen Sprachen auch im Erwachsenenalter nicht verliert, verkümmert laut Tanaka im Japanischen, sobald man sich der sprachlichen Funktionsweise der Kanji bewußt geworden sei. Infolgedessen nimmt ein Erwachsener, der in den Nachrichten von »Fahrpreis(erhöhungen)« – *unchin(-neage)* hört, die peinlichen akustischen Assoziationen von Kindern gar nicht mehr wahr. (Zur Erläuterung: In der japanischen Kindersprache bedeuten *unko* und *unchi* »Haufen«, *o-chinchin* »Schwänzchen«.) Wäre das Japanische akustisch sensibler, so könnte sich gewiß auch kein Wort wie *chin* als Selbstbezeichnung des Kaisers halten (Tanaka 1975: 211), das alles andere als majestätisch klingt!

Aufgrund des den Kanji zugemessenen Gewichts heißt Japanischlernen in Japan vor allem Schrifterziehung, nicht Spracherziehung (Tanaka, 1975: 215). Im Kontrast zum apologetischen Enthusiasmus Suzukis, der die Beherrschung eines umfangreichen Kanji-Repertoires als selbstverständlich voraussetzt, beklagt Tanaka die deprimierende Erfahrung eines Universitätsprofessors, der ohne Zeichenlexikon – als solches fungieren japanische Wörterbücher – nicht leben kann und ständig von Verlagslektoren auf Fehlschreibungen in seinen Manuskripten hingewiesen wird. Ähnlich mühevoll und Zeit sowie kreative Kräfte raubend wie für junge Japaner sei es auch für Ausländer, wenn sie einen großen Teil des Arbeitsaufwandes bei der Aneignung des Japanischen in das Erlernen der komplexen Schrift investieren müßten (Tanaka 1975: 216).

Die Positionen von Suzuki und Tanaka markieren keine Extreme, zumindest konzediert Tanaka durchaus auch die Funktionalität der Kanji, plädiert also keineswegs für deren Abschaffung. Er konzentriert seine Betrachtung lediglich auf die aus seiner Perspektive problematischen Aspekte wie etwa den Statussymbol-Charakter der Kanji (Tanaka 1975: 217). Die Schwierigkeiten des japanischen Schriftsystems für die technische Kommunikation, die Umesao 1969 noch befürchtete (Suzuki 1975 a: 87 ff.), dürften mittlerweile angesichts neuer Bildübertragungsmöglichkeiten und der Verbreitung des *wāpuro* (»word processor«, japanisches Text-

---

5 Auf den spielerischen, Bildung demonstrierenden und semantisch nicht immer erforderlichen Gebrauch der Kanji hat erst kürzlich auch Donald Keene die Japaner hingewiesen, vgl. Keene 1985 b.

verarbeitungsgerät) in der Tat überwunden sein. Andererseits wäre Suzukis Kanji-Optimismus die Tatsache entgegenzuhalten, daß nur eine relativ kleine Gruppe der japanischen Bevölkerung über volle Schriftkompetenz verfügt (Foljanty 1984: 61 f.). Andere Autoren, z. B. Mizutani Osamu, beobachten, daß neue Medien, sozialer Wandel und die Tendenz zur Bildinformation mit reduziertem Textanteil in regelmäßig erscheinenden Publikationen den aktiven und passiven Schriftgebrauch im japanischen Alltag zurückdrängen (Mizutani 1981: 148 ff.). Auch wenn Suzuki zum Kontrast die westliche Position vereinfachend überzeichnet – denn auch hier weiß man von Einflüssen der Schrift auf die Sprache (Coulmas 1981: 109–26) –, scheint mir Suzukis Hinweis auf den engen Zusammenhang zwischen Sprache und Schrift im Japanischen ein wesentlicher Schlüssel zum Verständnis der Problematik zu sein.

Suzukis Ausführungen zu Lehnwörtern aus westlichen Sprachen, die seiner Ansicht nach im Japanischen nicht produktiv sein könnten, da ihre Etymologie in der Katakana-Schreibung nicht zu erkennen sei, leuchten nicht recht ein. Das von ihm dargestellte Problem, daß viele im Englischen ursprünglich identische Wörter im Japanischen als lediglich homophone Lexeme aufgefaßt werden[6] – er gibt die Beispiele »driver« in den Anwendungsbereichen »Fahrer«, »Schraubenzieher« und »Schläger(sorte beim Golf)« sowie »pipe« als »Pfeife« und »Rohr« (Suzuki 1975 a: 98 f.) – erscheint mir relativ gering, denn auch ein Englischsprechender braucht sich dieser Zusammenhänge nicht ständig bewußt zu sein. Das Problem, homophone Lexeme nicht als identisch zu erkennen, stellt sich im übrigen wohl nur vor dem Hintergrund der so

6 Imamichi Tomonobu macht auf einen ähnlichen Effekt bei den Kanji im Japanischen aufmerksam: »... ein Negativum der chinesischen Zeichen ist beispielsweise, daß sie den Wortzusammenhang im rein Japanischen dort zerstören, wo es Bedeutungsbeziehungen gibt. Das Schriftsystem des anderen Landes hat dazu geführt, daß die Verbindung von Wörtern, die zur selben Gruppe gehören, zerrissen wird. Nehmen wir zum Beispiel die Wortgruppe ›koto‹: koto (Sache, Wort), makoto (Wahrheit), shigoto (Arbeit), migoto (Schönheit), kotoba (Wort, Sprache), kotowari (Ablehnung), yogoto (jede Nacht), magoto (Übel) etc. Alle diese Wörter werden mit vollkommen verschiedenen chinesischen Schriftzeichen geschrieben. Aber ich habe mich bei japanischen Sprachwissenschaftlern vergewissert, daß all diese zitierten ›koto‹ im Japanischen zusammenhängen. Die Verbindung gleichartiger Termini im Sinne des griechischen ›logos‹ gerät jedoch in Vergessenheit, wenn man rein japanische Wörter mit chinesischen Zeichen schreibt.« (Nakamura/Imamichi 1982: 84)

homonymenreichen japanischen Sprache: Daß man Wörter mit gleicher Lautung nicht ohne weiteres identifizieren darf und kann, lernt man erst angesichts der riesigen Zahl homophoner Kango (d. h. sinojapanischer Lexeme)!

Problematisch erscheint mir dagegen die große Zahl auf japanisch homonym erscheinender Lehnwörter, die nichts miteinander zu tun haben. Mir fallen etwa *sōsu* als »sauce« (Soße) und »source« (»Quelle« im Audio-Fachwortschatz), *basu* als »bus« (Bus) und »bath« (Bad) oder *weā* als »wear« (Kleidung) und »ware« (Ware, besonders Keramik oder Porzellan) oder gar *gū* als »goût« (Geschmack, Vorliebe) und als japanische Verschleifung von »good« (gut, etwa in *berīgū* = »very good«) ein. Auch hier wird es jedoch kaum zu Verständnisschwierigkeiten bzw. Verwechslungen kommen, da der jeweilige Anwendungsbereich semantisch klar abgegrenzt ist.

Suzuki nennt noch eine weitere Gruppierung: jene Lehnwörter, die zu verschiedenen Zeiten in unterschiedlicher Kana-Realisierung importiert wurden wie *sutoraiki* (Streik) und *sutoraiku* (Schlag) oder *garasu* (Glas als Material) und *gurasu* (Trinkglas) (Suzuki 1975 a: 101). Das Phänomen erinnert an die verschiedenen sinojapanischen Lesungen eines Kanji, die auf gleiche Art zustande gekommen sind. Daß man im Falle der westlichen Lehnwörter ihre ursprüngliche Identität nicht mehr wahrnimmt, ist m. E. für den praktischen Sprachgebrauch jedoch unerheblich. Für den großen Verschleiß an importierten Ausdrücken ist sicherlich in erster Linie ihre große Gesamtmenge verantwortlich, die in dieser lehnfreudigen Gesellschaft ständig zu wachsen scheint. Nicht verwunderlich dabei ist, daß kurzlebige Modewörter einen beträchtlichen Anteil ausmachen, doch ist entsprechenden Neologismen aus indigenem Sprachmaterial nicht etwa ein längeres Leben beschieden. Auch sie gehen mit der Mode unter.

Suzuki vergleicht Sprachen, die über ein phonetisch orientiertes Schriftsystem verfügen, mit dem Radio, das Japanische dagegen mit dem Fernsehen. Der Vergleich erhellt auf plastisch-konkrete Weise die Koppelung von optischem und akustischem Kanal, nämlich die enge Verbindung zwischen Schrift und Sprache, wobei die Notation als Träger einer Vielfalt semantischer Informationen fungiert. Zwar behauptet Suzuki, diese Metapher impliziere keine Wertung (Suzuki 1975 a: 79), doch im folgenden Zusammenhang hinkt der Vergleich.

»Wenn man ein geschriebenes Zeichen sieht und seine Aussprache nicht kennt oder sie einem vorübergehend entfallen ist, so kann man trotzdem seine Bedeutung verstehen – eine Erfahrung, die wohl schon jeder einmal gemacht hat. Das läßt sich mit dem Fernsehen vergleichen: Wenn man den Ton abstellt und nur das Bild sieht, weiß man trotzdem ungefähr, worum es geht. Wenn man dagegen das Radio ausstellt, bricht die Kommunikation zusammen.« (Suzuki 1975 a: 78)

Im Vergleich mit westlichen Sprachen wird dieses Bild unsinnig, denn das Ausstellen des Radios würde hier ganz einfach die Unterschlagung des gesamten Textes bedeuten, zur Kommunikation kommt es also gar nicht erst.

Sprache, Rasse und Kultur

In Abhandlungen, deren Hintergedanke es ist, charakteristische, japantypische Merkmale aufzuzeigen, mag es nicht verwundern, wenn wir häufig auf eine etwas problematische Gleichsetzung von Lexikalisierungen und sprachlichem Weltbild stoßen. Doi Takeos Überlegungen zum Wortfeld von *amae* (Doi 1971, 1982) können ebenso wie das immer wieder beschworene Vokabular, mit dem die Einfühlung in das Gegenüber bezeichnet wird (*omoiyari, sasshi ga yoi* u. ä., vgl. etwa Suzuki 1975 a: 187 f.) als Exempel dienen.

Gravierender noch ist aber die im Falle Japans so verbreitete Gleichsetzung von Sprache, Rasse und Kultur. Der Mythos von der ethnischen »Reinheit«[7] und der sozialen, religiösen, linguistischen und kulturellen Homogenität der Japaner ist nicht nur Teil des Allgemeinwissens, sondern er geistert auch in verschiedenen Formen durch manche Darstellung der japanischen Sprache. Suzuki faßt die japanische Vorstellung wie folgt zusammen:

7 Die oft sehr ungewöhnlichen semantischen Kontexte, in denen sich die Qualifizierung »rein« *(junsui)* im japanischen Sprachgebrauch findet, wäre eine gesonderte Analyse wert. Um ein Beispiel aus unserem engeren Zusammenhang zu bringen: Suzuki (1975 b: 207) spricht etwa davon, daß die Japaner ein »außerordentlich reines Volk« seien, da sie sowohl in der Vergangenheit als auch in der Gegenwart nur »extrem selten« die Erfahrung eines direkten Kontakts mit Ausländern gemacht hätten. Sind mit Ausländern Angehörige anderer ethnischer Gruppen gemeint, die sich mit Japanern hätten vermischen sollen? Oder sollen sie fremde Kulturen repräsentieren? Doch worauf bezieht sich dann die »Reinheit« des japanischen Volkes?
Vgl. hierzu auch Tanakas Kritik und Entlarvung der »Reinheitsidee« als ideologisch (Tanaka 1981: 148 ff.). Zu Suzukis Darstellung und Analyse des Mythos in *Tozasareta gengo* (1975 a) vgl. Miller 1977: 82 ff.

»Das Japanische existiert in fester Kombination mit verschiedenen angeborenen [sic!] japanischen Merkmalen wie etwa schwarzen Haaren, einer
gelblichen Hautfarbe, japanischem Gemüt, japanischen Sitten und Wertvorstellungen.« (Suzuki 1975a: 178f.)

Selbst ein Autor wie Suzuki, der seinen Landsleuten unter Hinweis
auf die geographische Rand- und Insellage und historisch-politi-
sche Bedingungen die Hintergründe dieser japanischen Annahme
erklärt und dem man mithin eine aufklärende, entmythologisie-
rende Absicht unterstellen darf, scheint sich von dem Mythos nicht
vollständig befreien zu können, wie die verräterische Formulierung von den angeblich angeborenen *(motte umareta)* Sitten und
Wertvorstellungen zeigt.[8] So wenig, wie Sprache mit Rasse identisch ist – ein bezeichnender Lapsus linguae in diesem Sinne
stammt von Watanabe Shōichi (Hijiya-Krischnereit 1989) –, so wenig darf sie auch mit Kultur und Sozialisation gleichgesetzt werden
(etwa Hymes 1973).

Dennoch muß es als Suzukis Verdienst gelten, anhand des japanischen Vorurteils, Ausländer könnten keine kompetenten Sprecher
des Japanischen werden, seine Landsleute auf die dieser Vorstellung inhärente Koppelung von ethnischen Merkmalen an die Sprache aufmerksam gemacht zu haben, wobei er sich auf die publi-
zierten Aussagen bekannter Japan-Experten – Willem Grootaers,
Alan Turney, Donald Keene und Trevor Laggett – stützt (Suzuki
1975a: 165–74, 1975b: 204ff.). Die Erfahrung, als Ausländer wei-
ßer Hautfarbe[9] bei Japanern auf Verwirrung, ja Befremden zu
stoßen, wenn man das Japanische gut beherrscht (Miller formu-

8 Vgl. dazu ebenso seine unter Anm. 7 zitierte Formulierung. Eine ähnliche Konta-
mination wie die von Vererbung und Sozialisation findet sich etwa dort, wo Suzuki
die lange Geschichte der japanischen Sprache unter Hinweis auf die mythische
Reichsgründung hervorhebt, wo mithin linguistische Tatbestände mit »politischen« erklärt werden sollen; vgl. Suzuki 1975a: 50. An solchen Stellen wird deutlich, daß Suzuki den Mythos nicht genügend reflektiert, so daß er sich selbst darin
verfängt.
9 Das Fremdheitsgefühl ist bei Asiaten, besonders bei Angehörigen der benachbarten
Nationen, geringer. Von ihnen erwartet man eher die Beherrschung des Japanischen, vgl. Suzuki 1975a: 179ff. Ein wirklicher Prüfstein für die Einstellung der
Japaner zu japanischsprechenden Ausländern wären m.E. Japanischsprecher
schwarzer Hautfarbe, denn hier erst ließe sich eindeutig erkennen, ob Japaner ihre
eigene Sprache aufgrund eines ethnischen Minderwertigkeitsgefühls (Suzuki
spricht vom *hakujin konpurekkusu* – »Weißen-Komplex«, 1975a: 180) dem Gegenüber nicht »zumuten« wollen, oder ob die bloße Fremdheit den Ausschlag gibt.
Leider fand ich dazu keine Informationen.

liert dies in witziger Überzeichnung als »law of inverse returns«, als eine Art Umkehrgesetz also, 1977: 78–82, 1982: 156ff.), ist auch von anderen, zuerst wohl von Basil Hall Chamberlain, geschildert worden (etwa E. H. Jorden, zit. bei Saint-Jacques 1983: 7f., E. Seidensticker 1978: 202 oder Lagana 1975), und ich selbst könnte ebenfalls aus einem größeren Reservoir einschlägiger Beobachtungen schöpfen, das immer wieder neue Zufuhr erhält.

Entgegen Suzukis hilfreicher Herleitung dieses merkwürdigen Phänomens bemüht sich Bernard Saint-Jacques, die geschilderten Beobachtungen, die übrigens auch von Autoren wie Toyama (1976: 175) und Mizutani (1981: 64ff.) bestätigt werden, mittels empirischer Daten zu widerlegen. Zu diesem Zweck führte er zunächst unter 150 im Großraum Tōkyō ansässigen Personen nordamerikanischer und europäischer Nationalität eine anonyme schriftliche Umfrage durch. Vorformulierte Suggestivfragen wie die folgende, die allesamt nur Ja-Nein-Antworten vorsahen, sind trotz – erwartbar – eindeutiger Ergebnisse kaum aussagekräftig: »Do you agree with the statement that the more progress you make in the language, the less it will help you to make friends and favorably impress the Japanese?« (»Sind Sie mit der folgenden Feststellung einverstanden: Je besser Ihr Japanisch wird, desto weniger hilft es Ihnen, Freundschaften zu schließen und die Japaner positiv zu beeindrucken?«) (Saint-Jacques 1983: 12) 97 Prozent der Befragten antworteten hierauf mit »nein«, und Saint-Jacques zitiert zusätzlich Kommentare wie »Not at all. The more progress I make the more it helps me.« (»Absolut nicht. Es hilft mir in dem Maße, wie ich Fortschritte mache.«) (1983: 13)

Nicht nur, daß die verfremdend überzogene Formulierung: »je mehr Fortschritte (...), desto weniger hilfreich« – offenbar direkt auf Millers ironische Regel gemünzt – zur Verneinung herausfordert. Die Anworten als solche würden von Grootaers, Keene, Jorden oder Seidensticker nicht angezweifelt werden, denn natürlich ziehen auch sie aus ihren exzellenten Japanischkenntnissen großen Nutzen. Wesentlich ist dagegen, daß sie auf ein paradox erscheinendes japanisches Reaktionsmuster, das selbstredend seltener, aber häufig genug von den Betroffenen beobachtet wurde, um als signifikant eingestuft zu werden, hingewiesen haben. Mit statistischen Daten aus einem derart plump konstruierten Fragenkatalog sind diese Beobachtungen nicht zu widerlegen.

Dasselbe gilt für eine Parallelbefragung von 500 Tōkyōter Bürgern, die von einem japanischen Studenten durchgeführt wurde. Die zweite Frage etwa gibt Saint-Jacques auf Englisch wie folgt wieder: »When adressed in Japanese by a foreigner, do you answer in Japanese?« Die Antwort lautete bei 94 Prozent derjenigen, die schon einmal mit einem Ausländer Japanisch [sic!] gesprochen hatten, »usually, yes«, (»normalerweise, ja« Saint-Jacques 1983: 13). Bedauerlicherweise gibt der Autor keine Erläuterung dazu, wie diese Einschränkung zu verstehen sei. Waren etwa auch hier Antwortmöglichkeiten vorgegeben, etwa in der Abstufung: »ja« – »normalerweise, ja« – »manchmal« etc.? Auch ein scheinbar so eindeutiges, statistisch belegtes Ergebnis ist als Faktenmaterial wenig brauchbar, zumal wesentliche Faktoren wie etwa die mögliche Diskrepanz zwischen der Selbsteinschätzung der befragten Japaner und ihrem tatsächlichen Verhalten in einer entsprechenden Situation überhaupt nicht reflektiert werden, ganz zu schweigen davon, daß hier Tōkyōter, die mit Abstand den größten Ausländerkontakt haben, die gesamte japanische Bevölkerung repräsentieren sollen.

Schließlich deutet bereits eine Tatsache wie die, daß eine solche Enquête überhaupt durchgeführt wurde, auf gewisse Besonderheiten im Falle Japans hin, denn könnte man sich etwa vorstellen, daß in der Bundesrepublik Deutschland lebende Ausländer eine Frage wie »Wenn Sie in korrektem Deutsch um Informationen oder Dienstleistungen bitten, antworten Ihnen die Deutschen dann auf Deutsch?« nicht als unsinnig abtun würden? (So lautete die entsprechend formulierte Frage Nr. 1 auf Saint-Jacques' Fragebogen.) Man kann die Kuriosität der erfragten Inhalte nicht etwa einfach den zitierten Ausländern anlasten, da dies auf die Unterstellung hinausliefe, ihre Schilderungen seien allesamt unwahr.

Auch ein Einwand wie der folgende, den John J. Chew vorbringt, ist nicht geeignet, die bekannten Beobachtungen zu entkräften:

»Denjenigen Japanern, die mit Ausländern nicht gut zurechtkommen, ist es ziemlich gleich, wie gut jene Japanisch sprechen, doch diese Einstellung dürfte sich kaum auf Japaner beschränken.« (Chew 1984: 475)

Diese Argumentation zielt am Wesentlichen vorbei, denn es ging gar nicht darum, jenen Japanern, die Ausländern den freien Umgang mit dem Japanischen wider besseres Hören nicht zutrauten, Fremdenaversion zu unterstellen. Wie abwegig Chews Gedankenführung in diesem Zusammenhang ist, der sich mit Millers Ausführungen zu dieser Thematik auseinandersetzt, zeigt der folgende Satz:

»Miller overgeneralizes, too, when he writes that a foreigner can never enter Japanese society. It can be done, not by mastering Japanese but by becoming a member of a Japanese family.[10] Your family connection – not your skill in the language – is what places you in Japanese society. Without a family even a Japanese is a nonperson in Japan.« (Miller übertreibt auch, wenn er schreibt, daß ein Ausländer nie in die japanische Gesellschaft integriert werden kann. Das ist sehr wohl möglich, nicht, indem man das Japanische beherrscht, sondern indem man ein Mitglied einer japanischen Familie wird. Die familiäre Bindung und nicht die Beherrschung der Sprache ist es, die für Integration in die japanische Gesellschaft sorgt. Ohne Familie ist selbst ein Japaner in Japan eine Unperson.) (Chew 1984: 477–78)

Die Einheirat in eine japanische Familie als einzige Möglichkeit der Integration in die japanische Gesellschaft darzustellen ist in all ihrer Absurdität bereits eine indirekte Bestätigung von Millers These. Mehr noch: wenn Chews Behauptung zuträfe, so bewiese sie nur die von Miller und Suzuki hervorgehobene Identifizierung von Staatsangehörigkeit, Kultur, Gesellschaft und Sprache. Im übrigen aber bleibt der von Miller und den anderen Nicht-Japanern angesprochene Problemkomplex derselbe, ungeachtet dessen, ob ein Ausländer einen japanischen Familiennamen trägt oder nicht, denn seine Physiognomie, die das Signal für die kuriosen japanischen Reaktionen gibt, ist auch nach Jahrzehnten noch gleichermaßen fremd.[11]

Nach wie vor scheint mir die Interpretation von Suzuki und Miller[12] das erklärungsmächtigste Modell zum Verständnis des häufig beobachteten – und deshalb nicht einfach zu leugnenden – japani-

---

10 Man halte gegen diese Feststellung die aufschlußreichen Ausführungen des Linguisten Kindaichi, der unter Berufung auf den Kulturanthropologen Ishida Eiichirō die äußerst negative Einstellung japanischer Studenten gegenüber gemischtrassigen Ehen konstatiert, woraus Kindaichi übrigens den Schluß zieht, daß sich das Japanische, wie es in Japan selbst gesprochen werde, auch in Zukunft nicht wesentlich ändern dürfte (Kindaichi 1982: 18).

11 Suzuki erläutert das Problem in anderem Zusammenhang als Parallele zur japanischen Auffassung von Staatsangehörigkeit, der das Abstammungsprinzip (im Gegensatz zum Territorialprinzip in Großbritannien und den USA) zugrunde liegt; vgl. Suzuki 1978a: 98 ff.

12 Ich nenne beide Autoren, denn auch Suzuki geht es um die Analyse des Mythos – auch wenn er dies nicht in dieser Form feststellt – anhand des Hinweises auf das von ihm so bezeichnete »Vorurteil, Ausländer könnten kein Japanisch«. Daß Suzuki dabei auf halbem Wege stehenbleibt, wurde bereits angedeutet.

84

schen Befremdetseins angesichts von Ausländern, die sich mühelos und gewandt auf Japanisch artikulieren.[13]

Selbst der Versuch, die geschilderten Beobachtungen als veraltet abzutun, erscheint mir nicht gelungen, denn wenn Saint-Jacques auch resümiert: »Es ist jedoch offensichtlich ganz klar, daß die Einstellung der *heutigen* Japaner nicht diejenige ist, die von Miller und Jorden beschrieben wird.« (Saint-Jacques 1983: 14, Hervorhebung im Original), so kann doch Kindaichi als unser Kronzeuge gelten, der noch 1982 schreibt:

»... wir finden es jedenfalls ein wenig unheimlich *(usugimi warui)*, wenn ein rothaariger, blauäugiger Mensch fließend Japanisch spricht.« (Kindaichi 1982: 15)

Die »Internationalisierung« des Japanischen

Mit Beginn der siebziger Jahre wurden die Termini *kindaika* (Modernisierung), *seiōka* (Verwestlichung, wörtlich: Westeuropäisierung), *ōbeika* (Euroamerikanisierung) und weitere Lexeme des Begriffsfelds zunehmend durch das Wort *kokusaika* (Internationalisierung) ersetzt (Befu 1983). Die achtziger Jahre brachten einen neuerlichen Popularitätsschub für diesen Slogan (Umesao/Kyōgoku 1985: 82), der allerdings oft nur in einem sehr eingeschränkten Sinne mit vermehrten Reisen ins Ausland und effektiverem Englischunterricht assoziiert wird (Keene 1985a).

An der Diskussion um das leidige Thema des japanischen Fremdsprachenunterrichts beteiligte sich mit einer Reihe von Beiträgen auch Suzuki Takao. Wie viele vor ihm bemängelt er die praxisfernen, ineffektiven Lehrmethoden und die einseitige Bevorzugung der »klassischen« Fremdsprachen Englisch, Deutsch und Französisch. Er ruft dazu auf, die mittlerweile nicht mehr begründbare Fixierung auf die westeuropäischen Sprachen aufzugeben und Weltoffenheit zu beweisen. Ein verbreitertes Lehrangebot im Rahmen des Studium Generale an der Universität solle z. B. auch arabische und afrikanische Sprachen enthalten (Suzuki 1975a: 212, 1975b: 219–22).

Aber auch der Englischunterricht selbst bedarf einer grundlegenden Reform. Suzuki trägt dazu mit dem Vorschlag bei, Englisch

---

13 Zur Illustration des Phänomens ist das Zeitungszitat bei Miller 1977: 89 hervorragend geeignet.

nicht mehr als kulturkontextgebundenes britisches oder amerikanisches Idiom zu lehren, sondern als eine »internationale Hilfssprache« aufzufassen, die er »Englic« nennt und die ihrem Benutzer große Freiheit hinsichtlich ihrer phonetischen, grammatischen und idiomatischen Realisierung läßt, denn die Instanz für Korrektur und Adäquatheit des Ausdrucks ist nicht mehr der englische *native speaker*.

»Englic entsteht aus dem paradoxen Kräftespiel einer Situation, in der man mit der Muttersprache nicht mehr kommunizieren kann und auf Fremdsprachen angewiesen ist, in der man die Fremdsprache aber möglichst weit zu sich herüberziehen und halten will.« (Suzuki 1975 a: 223)

So, wie es bereits ein international bekanntes und akzeptiertes indisches Englisch gebe, müßte nach Suzuki auch ein japanisches Englisch mit gewissen Ausspracheeigentümlichkeiten und einer spezifischen Idiomatik anerkannt werden:

»Es gibt Japaner, die selbstironisch sagen, unser Englisch sei »Japlish«. Ich meine, daß wir Englisch auf unsere Art beherrschen sollten und daß es international bekannt werden müßte, welche Eigenarten und besonderen Aussprachemerkmale das japanische Englisch hat. Denn wenn sich Japaner wirklich frei des Englischen bedienen wollen, muß dabei Japlish, also eine Sprache mit hörbar japanischem Einschlag, herauskommen.« (Suzuki 1975 a: 224)

Als Vorschläge zur praktischen Umsetzung der geforderten »Internationalisierung« sind diese Thesen in höchstem Maße aufschlußreich, wenngleich ihre Problematik so offensichtlich ist, daß hier nicht näher darauf eingegangen werden muß. Was allerdings an dem Gedanken besonders irritiert, ist die Tatsache, daß eben jene internationale Kommunikation, der die »Hilfssprache« Englic dienen sollte, sogleich dadurch wieder gefährdet erscheint, daß seine Sprecher es »möglichst weit zu sich herüberziehen« dürfen. Suzuki ist davon überzeugt, daß sich das internationale Englisch unter dem Einfluß derjenigen, die »sich seiner einerseits bedienen und es andererseits ablehnen, die es verwenden und gleichzeitig verwerfen«, rapide wandeln wird (Suzuki 1981: 49).

Obgleich Suzuki die Notwendigkeit des Fremdsprachenunterrichts als Teil der Allgemeinbildung hervorhebt, stellt er doch nicht ohne Stolz fest, »daß Japan aufgrund seiner wachsenden Stärke der Fremdsprachen nicht mehr in gleichem Maße wie früher bedarf«, und zwar, weil alle wichtigen Informationen und Wissensgebiete über das Japanische selbst zugänglich gemacht worden seien. Insofern sei »die Unfähigkeit der Japaner bei Fremdsprachen eine ironische Spiegelung der günstigen sprachlichen Voraussetzungen im Inland« (Suzuki 1975a: 203).

Diese ein wenig verblüffende positive Wendung wird von der Fraktion der »Isolationisten«, wie ich diese in jüngster Zeit kräftig gewachsene intellektuelle Strömung nennen möchte, voller Zustimmung aufgegriffen. In seiner Rezension von Suzukis Buch schreibt etwa Fukuda Hirotoshi:

»Ich bin mit dem Autor auch darin einer Meinung, daß der Grund für die Schwäche der Japaner in Fremdsprachen darin liegt, daß Japan in Wissenschaft und Kultur Fortschritte gemacht hat und der Fremdsprachen nicht mehr bedarf.« (Fukuda 1975: 202)

Mit dem wachsenden politischen Selbstbewußtsein entfaltete sich auch ein Interesse an der Verbreitung der japanischen Sprache, zumal, da sie ja nach japanischem Verständnis Kultur und »Wesen« des Landes verkörpert. Wie sehr das neue Thema »Japanisch als Fremdsprache« plötzlich in den Mittelpunkt des Interesses gerückt ist, dokumentieren Sonderhefte von Fachzeitschriften mit hohem Verbreitungsgrad. Die Linguistenzeitschrift *Gengo* etwa stand im August 1984 unter dem Thema »Die Japanisch-Lernenden« *(Nihongo o manabu hitobito)*, und das literaturwissenschaftliche *Kokubungaku: Kaishaku to kanshō* widmete das ganze März-Heft 1985 dem Japanischen unter der Überschrift »Flug in eine ›internationalisierte‹ Gesellschaft« *(Nihongo: Kokusaika shakai e no hishō)*. Voller Befriedigung stellt Kindaichi fest, daß sich die sprachliche Situation binnen einiger Jahrzehnte radikal gewandelt habe, denn während der Unterrichtsstoff in bestimmten Fächern bis in die Taishō-Zeit noch mit Hilfe fremdsprachiger Lehrbücher vermittelt werden mußte, bemühe man sich nun schon im Ausland um die Übersetzung japanischer Publikationen und erkenne, daß man die Sprache dieser »führenden Nation« *(sekai o rīdo shita)* erlernen sollte (Kindaichi 1982: 19).

Da man abgesehen von der Okkupationszeit auf dem asiatischen Kontinent und in Indonesien bisher kaum Erfahrungen mit dem Japanischunterricht für Ausländer gemacht hatte, befaßte sich die Diskussion in den siebziger Jahren auch mit so grundlegenden Fragen wie derjenigen, »welches Japanisch« zu lehren sei. Bezeichnenderweise ist im japanischen Sprachgebrauch eine Differenzierung schon dadurch vorgegeben, daß das von Ausländern gelernte Japanisch *nihongo*, das »japanische Japanisch« dagegen *kokugo* genannt wird.[14] Die vom Japanischen her gesehen redundante Formulierung »*Gaikokugo to shite no nihongo*« (Japanisch als Fremdsprache) ist offensichtlich als Parallelbildung zu den entsprechenden westlichen Fachrichtungen (s. auch »English-as-a-foreign-language«) zu verstehen (Jorden 1978: 3). *Nihongo* gilt nach verbreiteter Auffassung als ein vom Japanischen abgeleitetes simplifiziertes und restringiertes Idiom (Ōki Ryûji 1978), das ähnlich wie Suzukis Englic keinen Muttersprachler kennt.

Auf dem ersten internationalen Kongreß zu diesem Thema, den die neugegründete »Gesellschaft für japanische Spracherziehung« (*Nihongo kyōiku gakkai*) 1978 veranstaltete, hielt Suzuki Takao den Hauptvortrag. Seine programmatische, mehrfach publizierte Rede gibt Aufschluß über den Stellenwert des Themas in der öffentlichen Diskussion des Landes.[15] Die wichtigsten der dort vorgetragenen Thesen hatte er bereits in anderem Zusammenhang entwickelt, so den Vorschlag einer Kampagne zwecks Zulassung des Japanischen als offizieller Sprache in den Vereinten Nationen. Der dieses Ansinnen leitende Gedanke ist der von der Sprache als Waffe, nachzulesen etwa in einem Interview aus dem Jahre 1975. Wie wenig metaphorisch dies gemeint ist, zeigt die Formulierung: »Da Japan in seiner Verfassung auf Militär verzichtet hat, sollten [wir], anstelle von Waffen mit verschiedenen Sprachen ausgerüstet, ins Ausland gehen.« (Suzuki 1975 c.) So, wie hier die Fremdsprachen in erster Linie als Mittel zur Verbreitung und Erläuterung japanischer Vorstellungen in der Welt dienen sollen, ist auch dem Japanischen selbst eine missionarische Funktion im internationalen Kontext zugedacht.

Die Verbreitung des Japanischen soll nach Suzuki zum Abbau internationaler Spannungen beitragen, denn es sei angesichts von Japans wirtschaftlichen Aktivitäten im Ausland jederzeit mit Reibungen zu rechnen. Andererseits stünden Japan aber weder militärische Gewalt noch eine durchschlagende Religion oder Ideologie zu Gebote. Als einziges Mittel verbleibe den Japanern die Sprache:

14 Zur Differenzierung von *kokugo* vs. *nihongo* und ihren Hintergründen vgl. auch Kinoshita/Iwabuchi/Maruya 1977: 27 ff. Dabei wird deutlich, wie gründlich Suzuki rezipiert worden ist.
15 Vermutlich wortgetreu 1978 c; 1978 a enthält eine stilistisch überarbeitete Fassung, S. 87–108.

»Ich möchte sagen, Ausländer im Japanischen zu unterweisen, sie Japanisch lernen zu lassen, ist nicht nur für Japaner von Nutzen, sondern von sehr großer Bedeutung für den Weltfrieden.« (Suzuki 1978 a: 104, 1978 c: 116, sinngleich auch in 1980: 25)

Wichtig zum Nachvollzug dieses Gedankengangs ist Suzukis Prämisse, daß sich bestimmte japanische Denkmuster und Verhaltensweisen nur auf Japanisch vermitteln ließen und daß andererseits die Kenntnis der Sprache aufgrund ihrer Identität mit der Kultur Verständnis für die japanischen Interessen auf seiten der Nicht-Japaner garantiert. (Hier treffen wir wieder auf alte Bekannte – die Vorstellung von der Unübersetzbarkeit des Japanischen und die Koppelung von Sprache und Kultur.)[16]

Der agitatorische Schwung, von dem sich Suzuki in seiner Rede vor internationalem Publikum hinwegreißen läßt, verführt ihn zu überzogenen Formulierungen, und so ist es für Miller, einen der seinerzeit im Publikum Anwesenden, ein Leichtes, die Ausführungen des Vortragenden genüßlich zu zerpflücken (Miller 1982: 285–90). Es muß indessen konstatiert werden, daß Suzuki ähnlich auch in anderem Zusammenhang argumentiert. So lautet etwa der Titel eines 1980 erschienenen Aufsatzes »Gedanken zu Japans Sprachstrategie – Sprache anstelle von Waffen« *(Nihon no gengo senryaku o kangaeru – Buki ni kawaru mono to shite no gengo),* und bereits der militärische Wortschatz läßt die Emotionalität erahnen, in der dieses Thema abgehandelt wird.

Gewiß wäre es ratsam, den sachlichen Gehalt bei der Betrachtung möglichst von der emotionalen Komponente zu trennen, doch sehr oft sind beide unauflöslich miteinander verquickt. Wenn Suzuki etwa zornig registriert, daß Japan seine staatliche Oberhoheit aufgabe, wenn die Polizei – und das auch noch mit Staatsgeldern – in Tōkyō englischsprachige Verkehrsschilder anbringen lasse (Suzuki 1978 a: 101 f., 1978 c: 114 f.), so ist dazu zu bemerken, daß das Problem weniger, wie er meint, eines der Sprache als vielmehr der japanischen Schrift ist und in vielen Fällen durch ikonographische Schilder sehr leicht aus der Welt zu schaffen wäre. Auch die mit Verve vorgebrachte Forderung, das Japanische zu einer UNO-Sprache zu machen – »ein Grund für das schlechte Funktionieren der Vereinten Nationen ist, daß die japanische Sprache nicht vertreten ist« (Suzuki 1978 a: 106, 1978 c: 118) – fußt vor allem auf

16 Argumente gegen das Postulat der Unübersetzbarkeit etwa bei Koller 1983: 143 ff.

dem Gefühl verletzten Nationalstolzes, denn Japans wirtschaftliche und politische Bedeutung verlange nach einer Anerkennung auch in dieser Form.

Suzukis missionarischer Eifer – er propagiert die Verbreitung des Japanischen als Religionsersatz und spricht in diesem Zusammenhang sogar von einer »Japanischreligion« (*Nihongokyō*, Suzuki 1978 a: 107, 1978 c: 119) – stützt sich auf eine breite und beständig wachsende Strömung öffentlichen Bewußtseins, die ein neues Nationalgefühl mit scharfer Kritik am eigenen Eurozentrismus und an vielen abendländisch-westlichen Konzepten verbindet. Auf gleicher Linie liegt etwa die von Etō Jun angeregte Diskussion zur Revision der Nachkriegsverfassung.

Doch wenn Suzuki auch für eine intellektuelle Strömung repräsentativ ist, so spricht er doch nicht für alle. Zur »Internationalisierung« des Japanischen gibt es auch pessimistischere Stimmen. Schon Yanagita Kunio, der berühmte Volkskundler, meinte in seiner »Geschichte der Japanischen Sprache, Moderner Teil« zwar, daß das Japanische leicht zu erlernen sei, aber er sah keinen Grund, weshalb Ausländer sich diese Sprache aneignen sollten, die ihnen nichts Wesentliches zu bieten habe (zit. bei Tanaka 1975: 27). Ähnlich zurückhaltend verhält sich Tanaka, der sich schaudernd an die Epoche des Kolonialismus erinnert (etwa Tanaka 1981: 127). Nicht alle Japaner haben also vergessen, daß die Idee des »Kulturkampfes« *(bunkasen)*, in dem die japanische Sprache die wichtigste Waffe sei, während der vierziger Jahre schon einmal eine Rolle gespielt hat und daß man sich damals bereits »Gedanken um die Herstellung effektiver Lehrmittel der japanischen Sprache für die Völker der ›ostasiatischen Wohlstandssphäre‹ machte und beispielsweise Wortschatzuntersuchungen zur Feststellung eines Wortschatzminimums für die Schaffung einer Art von Basic Japanese in Angriff nahm« (Lewin 1979: 42).

Nach Ansicht von Tanaka sperrt sich das Japanische gegen eine »Internationalisierung« durch die Rigidität, mit der es etwa die Befolgung sozial vorgegebener Hierarchisierungen verlangt. Das Japanische ist, bereits allein aufgrund seiner Soziativkategorie, eine sehr diskriminatorische Sprache (Tanaka 1975: 199 f., 1984), und dies ist für Tanaka ein wesentlicher Grund für seinen geringen Grad an Universalität.

Sprachdiskussion als Geistesgeschichte

Kritik an der japanischen Sprache wird auch von anderen Seiten geübt. Besonders auffällig dabei ist, wie oft die Sprachkritik in Wirklichkeit in einer Kritik an der japanischen Kommunikation oder bestimmten Inhalten besteht. Toyama Shigehiko spricht beispielsweise von der »Leere« und »Ineffektivität« der heute gebräuchlichen Sprache und beschreibt als Illustration einen typischen Linguisten-Vortrag, der so langweilig, umständlich und ohne Engagement präsentiert werde, daß schon nach kurzer Zeit niemand mehr zuhöre. Doch dies gelte leider allgemein. Kaum ein Japaner sei in der Lage, andere durch seine Rede zu fesseln, und schon in der Schule würde einem der Spaß an reizvollen Themen verdorben. Einen Grund für die Misere sieht Toyama in der Modernisierung der Meiji-Zeit, die die sprachlichen Wurzeln, die Verbindung zur Tradition durchschnitten hätte. Das Japanische sei dergestalt seiner unmittelbar zu Herzen gehenden Ausdruckskraft beraubt worden (Toyoma 1976: 176 ff.).

Realistischer und vor allem differenzierter sieht Mizutani das Problem, denn er betrachtet es als Teil des Verhaltenskodes. In seiner Beschreibung des Sprachverhaltens eines durchschnittlichen Japaners, Mr. J., lesen wir:

»Mr. J. ist in der Tat manchmal unzufrieden mit seinen sprachlichen Ausdrucksmöglichkeiten. Er findet zum Beispiel, daß er andere nicht gut überzeugen bzw. überreden kann. Genauer gesagt, ist dies etwas, das ihm nicht liegt. Insgeheim ist er irgendwie noch von der Vorstellung geprägt, daß dem Überzeugen anderer kein hoher Wert zukommt – vielleicht sollte man etwas Derartiges überhaupt nicht unternehmen. Er empfindet eine starke Antipathie dagegen, andere mittels Worten von einer Angelegenheit zu überzeugen und sie dazu zu bringen, seinem Willen entsprechend zu handeln.« (Mizutani 1981: 69)

Mizutani behandelt in seinem Buch das japanische Sprachverhalten in bezug auf eine Anzahl exemplarischer Situationen und macht im Kontrast zum Amerikanischsprecher auf Differenzen im Einsatz und in der Funktion von Sprache und wichtige kontextuelle Elemente aufmerksam. Mir scheint, daß eine Beschäftigung mit Fragen der kommunikativen Kompetenz – und als solche ließen sich die Äußerungen zu Problemen des sprachlichen Ausdrucks im Japanischen wohl zusammenfassen – nur anhand sehr viel systematischerer Beobachtungen sinnvoll sein kann. Die hierbei zu berücksichtigenden Ebenen werden von Neustupný (1978: 102 f.) aufgeführt. Mizutanis Beschreibung bietet für eine solche Systematisierung fruchtbare Anhaltspunkte. Eine noch umfassendere, pointiertere und sehr anregende Darstellung dieser Thematik gibt Kunihiro Masao 1976.

Ebenfalls häufig beklagt wird die Ambiguität japanischer Rede. Auch Suzuki bereitet sie Kopfzerbrechen (Suzuki 1975 a: 31–36). Kumon Shumpeis Erklärungsansatz könnte uns, zumindest was einen Teil der Beispiele betrifft, hier weiterführen. Er deutet die Vagheit und mangelnde Entschiedenheit des Sprechens als Ausdruck des Bestrebens, sich am *ki* bzw. *kibun* – ein Schlüsselkonzept seiner »kontextualistischen« Analyse – zu orientieren (Kumon 1982: 20–21).

Der letzte der hier zu erwähnenden Kritikpunkte betrifft die mangelnde Logik und Sprunghaftigkeit der Sprache, ein Argument, das man aus dem Munde westlicher Japanischstudenten zu hören gewohnt ist, das aber auch in Japan verbreitet ist (vgl. z. B. Toyama 1974). Auch Suzuki kritisiert an einem diskursiven Text des Schriftstellers Shiga Naoya dessen Unlogik und argumentative Schwäche und stellt dazu fest: »Hätte man dieselbe Argumentation auf Englisch oder Französisch formuliert, so wäre sie zweifellos nicht weniger unklar und verworren.« (Suzuki 1975 a: 26)

Der japanische Kontext gilt, wie wir sahen, argumentativer Auseinandersetzung und sprachlicher Selbstbehauptung gegenüber als wenig aufgeschlossen. Kunihiro bemerkt beispielsweise: »Unsere Sprache ist ziemlich unbeholfen, ... wenn es zu einer kontroversen Diskussion kommt.« (Kunihiro 1976: 275) Wenn Suzuki daher als wichtigstes Ziel des Englic-Unterrichts die Einübung dieser Strategien propagiert (Suzuki 1975 a: 225 ff.), so kommt dies in gewisser Weise einer kulturellen Selbstentfremdung gleich.

Die Diskussion um das Japanische, die hier an einigen exemplarischen Themen und repräsentativen Publikationen dargestellt wurde, läßt erkennen, daß die behandelten Fragen weit über den linguistischen bzw. soziolinguistischen Rahmen hinausweisen. Darauf deutet bereits die Art und Weise, wie diese Gegenstände abgehandelt und exemplifiziert werden und mehr noch das große Interesse eines breiten Publikums an ihnen.

Bei der Behandlung soziolinguistischer Themen war in vielen Fällen ein Mangel an methodologischer Reflexion und das Fehlen eines tragfähigen, systematischen Rahmenkonzepts augenfällig.

Die Beliebigkeit der angeführten Beispiele, von denen einige hier zitiert wurden, im Vergleich mit vorschnellen, nicht abgesicherten Verallgemeinerungen war ein Indiz für die Fragwürdigkeit manch eines »Ergebnisses«. Doch hat die Diskussion uns auch vermitteln können, wie reizvoll und ertragreich die Beschäftigung mit den angeschnittenen Fragen sein könnte, wenn wir sie etwa im Rahmen einer Ethnographie des Sprechens, aber auch mit Hilfe der im symbolischen Interaktionismus, der Ethnomethodologie oder der Ethnotheorie entwickelten Kategorien aufgreifen.

Es ging in dieser Darstellung indessen nicht allein um die Inhalte, sondern auch um den gesellschaftlichen und geistesgeschichtlichen Kontext, in dem sie zur Sprache kommen, und hier kann, wie ich meine, die vor allem im Zusammenhang mit der nationalen Identitätssuche der siebziger und achtziger Jahre geführte Sprachdiskussion in beispielhafter Weise das geistige Klima wie auch das Spektrum der Meinungen illustrieren. So gesehen, verkörpert die Auseinandersetzung um das Thema »Sprache und Nation« auch ein Stück Geistesgeschichte im zeitgenössischen Japan.

Literatur

Befu, Harumi 1983. *Japan's Internationalization and Nihon Bunkaron.* In: *Hiroshi Mannari und Harumi Befu* (Hg.): *The Challenge of Japan's Internationalization: Organization and Culture.* Tōkyō, New York, San Francisco, S. 232–266.

Chew, John J. Jr. 1984. *The Japanese Language in the Eyes of Postwar Japan – A Review Article.* In: *Journal of Asian Studies* 43.3, S. 475–480.

Coulmas, Florian 1981. *Über Schrift.* Frankfurt/M.

Doi Takeo 1971. *»Amae« no kōzō.* Tōkyō.

– 1982. *Amae. Freiheit in Geborgenheit – Zur Struktur japanischer Psyche.* Mit einem Vorwort von Elmar Holenstein. Aus dem Amerikanischen von Helga Herborth. Übersetzung der amerikanischen Ausgabe von Doi 1971 unter dem Titel: *The anatomy of dependence.* Frankfurt/M.

Foljanty, Detlef 1984. *Die japanische Schrift.* In: *Tohru Kaneko und Gerhard Stickel* (Hg.): *Deutsch und Japanisch im Kontrast,* Band 1: *Japanische Schrift, Lautstrukturen, Wortbildung;* Heidelberg, S. 29–63.

Fukuda Hirotoshi 1975. Rez. von Suzuki: *Tozasareta gengo.* In: *Tabi* 1975.7, S. 202.

Grootaers, Willem A. 1978. Rez. von Suzuki: *Japanese and the Japanese.* In: *Monumenta Nipponica* 33.3, S. 375 f.

Hijiya-Kirschnereit, Irmela 1984. Rez. von Miller: *Japan's Modern Myth.* In: *BJOAF* 7, S. 454–460.

– 1989. *Einleitung*, in: Suzuki, Takao: *Eine verschlossene Sprache: Die Welt des Japanischen.* Erscheint 1989.

Hymes, Dell H. 1973. *Die Ethnographie des Sprechens.* In: *Arbeitsgruppe Bielefelder Soziologen* (Hg.): *Alltagswissen, Interaktion und gesellschaftliche Wirklichkeit,* Band 2, Reinbek, S. 338–432.

Jorden, Eleanor H. 1978. *The 1st International Conference on Japanese Language Teaching. A Retrospect.* In: *The Japan Foundation Newsletter* 6.2, S. 3–5.

Keene, Donald 1985 a. *Kokusaijin shigan no katagata e.* In: *Chūō kōron* 1985.2, S. 35.

– 1985 b. *Meiji jidai no bunshō.* In: *Chūō kōron* 1985.3, S. 35.

Kindaichi Haruhiko 1975. *Nihonjin no gengo hyōgen.* Tōkyō.

– 1982. *Nihongo seminā,* Band 1: *Nihongo to wa.* Tōkyō.

Kinoshita Junji, Iwabuchi Etsutarō, Maruya Saiichi 1977. *Bungaku hyōgen to shite no Nihongo.* In: *Maruya Saiichi taidan shū: Kotoba aruiwa Nihongo,* Tōkyō, S. 6–55.

Koller, Werner 1983. *Einführung in die Übersetzungswissenschaft.* 2., durchges. u. erg. Aufl. Heidelberg.

Kumon Shumpei 1982. *Some Principles Governing the Thought and Behavior of Japanists* (Contextualists). In: *JJS* 8.1, S. 5–28.

Kunihiro Masao 1976. *The Japanese Language and Intercultural Communication.* In: *The Japan Interpreter* 10.3–4, S. 267–283.

Lagana, Domenico 1975. *Nihongo to watashi.* Tōkyō.

Lewin, Bruno 1979. *Zur japanischen Sprache in der frühen Shōwa-Zeit.* In: *OE* 26, S. 38–47.

Maruya Saiichi 1974. *Nihongo no tame ni.* Tōkyō.

– 1977. *Taidan shū: Kotoba aruiwa Nihongo.* Tōkyō.

May, Ekkehard 1982. *Sprachliche Funktion und stilistische Möglichkeiten der Furigana-Doppelschreibung in der japanischen Literatur.* In: *BJOAF* 5, S. 147–176.

Miller, Roy A. 1974. *Rez. von Kodai Nihongo no nazo, Nihongo keitōron no michi und Nihongo no gogen.* In: *JJS* 1.1, S. 190–216.

– 1977. *The Japanese Language In Contemporary Japan: Some Sociolinguistic Observations. AEI-Hoover Policy Studies,* 22. Washington, D. C.

– 1978. *Review Article: Japanese and the Japanese,* by Takao Suzuki. In: *Journal of the Association of Teachers of Japanese* 13.2, S. 163–188.

– 1982. *Japan's Modern Myth: The Language and Beyond.* New York, Tōkyō.

Mizutani, Osamu 1981. *Japanese: The Spoken Language in Japanese Life.* Aus dem Japanischen übers. v. Janet Ashby. Tōkyō.

Nakamura Hajime und Imamichi Tomonobu 1982. *Die Wiederentdeckung Asiens. Ein Gespräch.* In: *Kagami* NF 9.2, S. 55–93.

Neustupný, J. V. 1978. *Post-Structural Approaches to Language: Language Theory in a Japanese Context.* Tōkyō.

Nihongo – Kokusaika shakai e no hishō. Kokubungaku: Kaishaku to kanshō 50.3 (1985).

Nihongo o manabu hitobito. Gengo 13.8 (1984).

Ōki Ryūji 1978. *The Japanese Language – It Is Not Difficult At All.* In: Japan Quarterly 25.4, S. 439–444.

Ōno Susumu 1975. *Nihongo būmu ni tsuite.* In: *Asahi Shinbun.* Abendausgabe vom 26. 4. 1975.

Ryūfu Akira 1975. *Hiroi shiya no naka de kōsatsu.* (Rez. v. Suzuki: *Tozasareta gengo.*) In: *Shūkan dokushojin* v. 5. 5. 1975.

Saint-Jacques, Bernard 1983. *Language Attitudes in Contemporary Japan.* In: *The Japan Foundation Newsletter* 11.1–2, S. 7–11.

Seidensticker, Edward G. 1978. Rez. v. Miller: *The Japanese Language in Contemporary Japan.* In: *Journal of the Association of Teachers of Japanese* 13, 2, S. 200–204.

Suzuki Takao 1973. *Kotoba to bunka.* Tōkyō.

– 1975 a. *Tozasareta gengo: Nihongo no sekai.* Tōkyō.

– 1975 b. *Kotoba to shakai.* Tōkyō.

– 1975 c. *Waga jinsei no toki: Hiroi ryōiki ni fukai kyōmi.* In: *Mainichi Shinbun* v. 26. 5. 1975.

– 1975 d. *Hissha hōmon: Kyūkyoku ni wa ningen no mondai.* In: *Seikyō Shinbun* v. 24. 4. 1975.

– 1978 a. *Kotoba no ningengaku.* Tōkyō.

– 1978 b. *Japanese and the Japanese: Words in Culture.* Aus dem Japanischen übers. v. Akira Miura (vgl. Anm. 2). Tōkyō, New York, San Francisco.

– 1978 c. *Naze gaikokujin ni Nihongo o oshieru no ka.* In: *Nihongo kyōiku kokusai kaigi (Kokusai kōryū kikin),* S. 104–120.

– 1980. *Kenkyū nōto. Nihon no gengo senryaku o kangaeru: Buki ni kawaru mono to shite no gengo.* In: *Keiō gijuku daigaku gengo bunka kenkyūjo kiyō* 12, 1980.2, S. 17–38.

– 1981: *Hito wa gaikokugo to dono yō ni kakawaru ka. Kenkyū nōto.* In: *Keiō gijuku daigaku gengo bunka kenkyūjo kiyō* 13, 1981.12, S. 39–49.

– 1984. *Words in Context. A Japanese Perspective on Language and Culture.* Aus dem Japanischen von Akira Miura (vgl. Anm. 2). Tōkyō, New York, San Francisco.

– 1989. *Eine verschlossene Sprache: Die Welt des Japanischen.* Übersetzt und eingeleitet von Irmela Hijiya-Kirschnereit (=Suzuki 1975 a). Erscheint 1989.

Tanaka Katsuhiko 1975. *Gengo no shisō: Kokka to minzoku no kotoba.* Tōkyō.

- 1978. *Hōtei ni tatsu gengo.* In: *Tenbō* 1978.5, S. 55–75.
- 1981. *Kotoba to kokka.* Tōkyō.
- 1984. *Sabetsugo undō kō: Motto mori o miyō.* In: *Asahi Journal* v. 15. 6. 1984, S. 12–16.
Toyama Shigehiko 1974. *Josei no ronri.* Tōkyō.
- 1976. *Nihongo no kosei.* Tōkyō.
- 1979. *Nihongo kokusaika no jōken.* In: *Gendai no esupuri* 145 (1979, 8), S. 171–185.
Umesao Tadao und Kyōgoku Jun'ichi 1985. *Nihon kore made Nihon kore kara.* In: *Chūō kōron* 1985.2, S. 74–89.

II

Zum Selbstverständnis
des Individuums in Japan

Der männliche Chauvinismus der Japanerinnen

Eine kleine Dokumentation

In vielem uns gänzlich fremd, in vielem anderen uns grundlegend vertraut, ist die japanische Gesellschaft ein untrüglicher Spiegel unserer eigenen. Das scheinbar Exotisch-Andere entpuppt sich als Gemeinsames; in fremder Phänomene grotesker Übersteigerung tut sich das eigene Wesen kund. Auf Fragen zur Stellung der Frau und zu ihrem Selbstverständnis trifft dies in besonderem Maße zu, denn hier läßt sich zeigen, wie trotz unterschiedlicher Ausgangssituationen die Reaktionen und die Lösungen einander ähneln.

Patriarchat oder Matriarchat?

> »Ich bin für die Abschaffung jeglicher gesellschaftlicher Diskriminierung der Frau. ...aber selbst wenn Männer und Frauen völlige Chancengleichheit besitzen, wird es doch Bereiche geben, in welche die Frauen nicht werden vordringen wollen. Gleich, um welche Gesellschaft es sich handelt – an schmutzigen Geschäften wie Krieg, Politik und Geldverdienen werden sich die Frauen wohl nicht beteiligen.«
>
> (*Okuno Takeo*, Jahrgang 1925. Kritiker. 1976)

Es ist üblich, eine Diskussion über die Stellung der japanischen Frau mit einem Vergleich darüber einzuleiten, ob sie stärker oder weniger als in westlichen Ländern unterdrückt werde. Die Vielfalt der Ergebnisse verblüfft ein wenig, denn alles erscheint möglich: Für die einen, darunter westliche Feministen, ist die Japanerin auf geradezu absurde Weise benachteiligt, den anderen, darunter viele japanische Männer, tritt sie als souveräne Person, als Herrscherin über ihr eigenes und ihres Mannes Schicksal entgegen, viel »befreiter« als ihre amerikanischen und europäischen Geschlechtsgenossinnen.

Weibliche Theoretikerinnen berufen sich auf die große Vergangenheit der japanischen Frau, ihr »goldenes Zeitalter« in einer matrilokal und matrilineal organisierten Gesellschaft, die sich vereinzelt bis ins 14. Jahrhundert nachweisen lasse. So richtig unterdrückt worden sei die japanische Frau erst seit der Öffnung des Landes nach Westen im letzten Jahrhundert, denn die im Zuge der »Modernisierung« geschaffenen Gesetze, so das Bürgerliche Gesetzbuch von 1898, hätten die strenge konfuzianisch-patriarchalische Samurai-Ethik, die zuvor nur für etwa zehn Prozent der Bevölkerung, nämlich die Samurai-Klasse, Gültigkeit hatte, für allgemein verbindlich erklärt. Die Soziologie-Professorin Tsurumi Kazuko nennt dies die »Paradoxie der Modernisierung«.

Während der Verweis auf die Vergangenheit von japanischen Feministinnen mit dem Aufruf zur Wiedereinsetzung der Frau in ihre Rechte verknüpft wird, dient er anderen als Alibi. Seht euch an, welch eminente Stellung die Literatinnen des höfischen Zeitalters in unserer Literaturgeschichte haben! Verdanken wir nicht einer Frau, der Hofdame Murasaki Shikibu, die »Geschichte vom Prinzen Genji«, den ersten Roman der Weltgeschichte? Und nun schaut her, wie viele Schriftstellerinnen in der Gegenwart diese Tradition fortführen. Können die Frauen, die einen so wesentlichen Beitrag zu unserer Kultur leisten, denn wirklich unterdrückt sein?

Die Vertreter dieses Arguments übersehen, daß Literatur für die Hofdamen im 10. bis 11. Jahrhundert nur eine der wenigen Möglichkeiten zu kreativer Betätigung darstellte, denn vom politischen Leben waren sie ausgeschlossen. Erst die Nachwelt kanonisierte ihre Werke, und sie blieben bis zum Ende des 19. Jahrhunderts fast die einzigen bedeutsamen Denkmäler weiblicher Autorschaft. Was geschah in den dazwischenliegenden Jahrhunderten mit dem literarischen Talent der Japanerinnen?

Neuerdings wird von japanischen Intellektuellen immer häufiger darauf verwiesen, daß der japanischen Kultur insgesamt ein weiblicher Charakter innewohne. Im Kontakt mit dem westlichen Ausland wird ihnen plötzlich ihre andersartige Denk- und Reaktionsweise bewußt, und in Gegenüberstellung zum jüdisch-christlichen Idealbild des Menschen (Mannes) definieren sie sich selbst als passiv, intuitiv, gefühlsbetont, konservativ und alogisch, kurz gesagt, als weiblich. Wen wundert es da, daß das nächste Jahrzehnt oder gar das ganze vor uns liegende Jahrhundert zur Epoche der Frau erklärt wurde, das zugleich die prognostizierte Blütezeit Japans ist. Doch wo bleiben in diesem femininen Japan-Bild die

Frauen? Dieselben japanischen Männer, die ihre Kultur als weiblich bezeichnen, würden es als Beleidigung empfinden, von einem Mitmenschen selbst so bezeichnet zu werden.

Und schließlich gibt es noch die Denker, die in der Nachkriegszeit einen Wandel vom Patriarchat zum Matriarchat ausmachen. Der Literaturkritiker Aeba Takao etwa beobachtet gegen Ende der sechziger Jahre einen Verfall der ideologischen Orientierungen. An ihre Stelle tritt das »mütterliche Prinzip«, die Welt des Gefühls und der Empfindung.

So weit, so gut. Doch sagen alle diese Theorien und Rationalisierungen irgend etwas über die Stellung der japanischen Frau im realen Leben der frühen achtziger Jahre aus? Mir scheint, sie werden allzu oft vorgeschoben, um eine direkte Beschäftigung mit dem Status quo zu umgehen. Hat man nämlich einmal die »Femininität« der japanischen Kultur insgesamt konstatiert, kann es praktische Diskriminierung in mehr als unbedeutendem Ausmaß gar nicht mehr geben. Nach dieser Logik argumentiert etwa ein Schriftsteller, der zwar nach sechswöchigem Amerikaaufenthalt zugibt, daß dort die Frau im Berufsleben und in der Öffentlichkeit eine ungleich wichtigere Rolle spielt, der aber, indem er sich auf historisch nicht genau lokalisierbare frühere Zustände beruft, gleichwohl zu dem Schluß kommt, daß die Japanerin rechtlich und gesellschaftlich besser gestellt sei als die Amerikanerin. Zum Beweis führt er an, daß viele amerikanische Ehefrauen ins Berufsleben fliehen müßten, um der Bevormundung durch ihren Ehemann zu entgehen und um endlich ihr eigenes Geld zu verdienen. Die japanische Frau dagegen ist Herrscherin im eigenen Reich: Ihr Mann händigt ihr seinen Lohn aus, den sie selbständig verwalten kann. Eine solche Frau hat es nicht nötig, arbeiten zu gehen (vgl. Sakaiya 1981).

So unglaublich es klingen mag – der Schriftsteller Sakaiya reproduziert nur auf pointierte Weise eine in Japan weitverbreitete Ansicht. An sexistischen Äußerungen herrscht in japanischen Medien kein Mangel. Doch eine Öffentlichkeit, in der solche Vorstellungen immer noch vielfach als selbstverständlich akzeptiert werden, bietet kein günstiges Klima, um über die Frauenfrage zu debattieren. Andererseits kann man es den Männern, die die Medien beherrschen, nicht verdenken, daß sie sich nicht für Probleme interessieren, die sie überhaupt nicht berühren. Denn Frauen, das sind die eigene Mutter, die Ehefrau und die Töchter, die von ihnen versorgt werden, die im Hintergrund bleibenden jungen Mädchen und älteren Frauen am Arbeitsplatz, und die Bardamen, bei denen sie sich allabendlich entspannen – eine scheinbar problemfreie Bevölkerungsgruppe.

Und doch liegt bereits darin, daß die Frauen so selten ins Blickfeld der Männer geraten, der Kern des Problems. Der Grund dafür ist nämlich nicht nur die weitgehende Absenz der Frauen in qualifizierten Berufen – der Journalist der größten japanischen Tageszeitung, der Asahi Shinbun, etwa hat 999 angestellte Kollegen, aber nur sieben Kolleginnen, auf 2767 Richter kommen 77 Richterinnen, 488 Männern stehen 23 Frauen im Unterhaus gegenüber (1979), nicht einmal jeder zehnte Arzt ist eine Frau –, sondern er ist, greift man noch tiefer, in der weitreichenden Trennung zwischen Frauen- und Männerwelt zu finden.

Die Lehre von den zwei Welten

> »... da die psychischen wie physischen Voraussetzungen des Frau-Seins nicht verschwinden, wird die Frauensprache auch in Zukunft weiter existieren.«
> (*Sachwörterbuch zur japanischen Sprachforschung*, 1977, Artikel *Frauensprache*)

Männer und Frauen in Japan leben weitgehend in getrennten Welten. Die Domäne des Mannes ist »die Gesellschaft« und das Berufsleben. Gleichberechtigt kommuniziert er dort mit anderen Männern, während Frauen, üblicherweise in der Position von Assistentinnen, nur für kürzere Zeit als »schmückendes Beiwerk«, als sogenannte »Blume am Arbeitsplatz« hospitieren. Die Welt der Frau ist bestimmt von ihrer Rolle als Hausfrau und Mutter, Kontakte außerhalb des Hauses pflegt sie mit weiblichen Verwandten und Schulfreundinnen. Während der Woche, aber auch am Wochenende, ist der Mann mit beruflichen Verpflichtungen so eingespannt, daß er seiner Familie kaum zur Verfügung steht.

Dieses Vakuum füllt die Frau notgedrungen mit eigener Initiative und Aktivität aus, zugleich ist es der einzige Bereich, in dem ihr eine Entfaltung überhaupt auf Dauer zugestanden wird. Wie sehr nicht nur japanische Männer, sondern auch die Frauen diese Rollenverteilung unterstützen, zeigt eine Umfrage, die im Auftrag des

Amts des Premierministers von 1972 bis 1973 auf nationaler Ebene durchgeführt wurde. Von den 20 000 Frauen, die darin zu Frauenproblemen befragt wurden, antworteten 83,2 Prozent, sie seien mit der Feststellung einverstanden, daß der Mann den Lebensunterhalb verdiene, während die Frau zu Hause bleiben und für die Familie sorgen solle. Die Zustimmung der Männer zu dieser Rollenverteilung – zur Kontrolle wurden 3000 von ihnen befragt – lag mit 83,8 Prozent nur unwesentlich höher (Zahlen bei Tsurumi).

Männer wie Frauen in Japan halten es für selbstverständlich, daß die Frauen, sozusagen als biologischer Sonderfall, als Abweichung von der männlichen Norm, einen Sonderstatus innehaben. Sie sind auf den »Schutz« der »Gesellschaft« angewiesen, der darin besteht, daß ihr Lebensbereich so weit von dem des Mannes abgegrenzt wird, daß sich wenig Berührungsfläche, aber auch wenig Konfliktstoff ergibt. Männer spielen im Leben einer japanischen Hausfrau und Mutter – und 98 Prozent der weiblichen Bevölkerung über fünfzig ist oder war verheiratet – eine matte Nebenrolle. In der erwähnten Enquête antworteten auf die Frage: »Was ist das Wichtigste in Ihrem Leben?« 52,6 Prozent mit: »die Kinder«, während »die Familie« mit 13,2 Prozent an nächster Stelle kam, gefolgt vom »Beruf« (9,9 Prozent). Der Ehemann erschien mit 2,7 Prozent am Ende der Skala. Zum Vergleich: Auch beim Mann steht die Ehefrau – mit 4,8 Prozent allerdings etwas günstiger bewertet – an unterster Stelle nach »Beruf« (43,9 Prozent), »Kindern« (28,8 Prozent) und »Hobbies« (15,9 Prozent).

Diese Zahlen, die sich in der Zwischenzeit nicht wesentlich verändert haben dürften, illustrieren, daß auch die Frauen selbst die Geschlechtertrennung im Alltag gutheißen und mit ihr leben. Ihre objektive gesellschaftliche Benachteiligung wird ihnen selten bewußt, denn dazu müßte man Vergleiche ziehen zwischen Männern und Frauen. Die aber sind kaum möglich, denn die Barriere der »natürlichen Unterschiede«, auf die sich Männer und Frauen berufen, läßt sich nicht überspringen. Weshalb nur behaupten sich in Japan die Mythen und Vorurteile über das zeitlose, naturgegebene Wesen der Frau, auf denen die Trennung in zwei Geschlechterwelten und die faktische Geringschätzung der Frau als Nicht-Mutter basiert, so hartnäckig?

Das japanische Menschenbild ist nicht-individualistisch. Den höchsten Orientierungswert bildet die im gesellschaftlichen Rahmen vorgezeichnete Rolle. Selbstbestätigung, persönliche Befriedigung, Identität und Lebenssinn gewinnt der einzelne, indem er mit dieser Rolle verschmilzt. Dabei übt die Sprache als wesentliches Sozialisationsinstrument einen tief prägenden Einfluß auf das Selbstverständnis des japanischen Individuums aus, eine Sprache, die auch heute noch geschlechtsspezifisch differenziert ist, so daß man in einem allgemeinsprachlichen Sinn von einer Trennung in Männer- und Frauensprache reden kann. Diese Differenzierung reicht so weit, daß sich für einen japanischen Hörer nahezu jeder sinnvolle Redeausschnitt eindeutig einem Geschlecht zuordnen läßt. Die japanische »Frauensprache« zeichnet sich u. a. durch eine Reihe spezifisch weiblicher Sprachformen, eine große Anzahl vorwiegend von Frauen verwendeter Wörter und Ausdrücke und einen Gebrauch der Höflichkeitssprache aus, mit dem die Frau sich grundsätzlich niedriger als Männer derselben sozialen Stufe einordnet. Insofern als der Höflichkeitsgrad in Japan jedoch immer in Korrelation zum gesellschaftlichen Status steht, offenbart sich in diesen Regeln nichts anderes als feudalistisches und sexistisches Denken. Doch es fällt schwer, sich über diese Zusammenhänge Rechenschaft abzulegen, wenn einem zum Nachdenken darüber nur die betreffende Sprache zur Verfügung steht! Für Japaner, selbst für Linguisten, ist die Ausdifferenzierung der »Frauensprache« nicht etwa ein kulturelles Produkt, sondern lediglich die »natürliche« Folge eines »natürlichen« Unterschiedes, wie das oben angeführte Zitat aus einem renommierten Fachwörterbuch zeigt.

Wenn man sich nun noch vor Augen führt, daß im japanischen »Sprach-Denken« in bezug auf soziale Rollen ein gewisser Mangel an Flexibilität herrscht, dergestalt, daß man eine Person möglichst nur in einer Rolle »kennen« will, da es zu großer Verwirrung führte, wenn man etwa eine einzelne Frau je nach Situation als Schülerin, Ehefrau oder Kollegin zu behandeln hätte (vgl. Suzuki) –, so ahnt man etwas von den tiefsitzenden Schwierigkeiten der Japaner und Japanerinnen, die Benachteiligung der Frau überhaupt zu »denken« und sich so etwas wie »Gleichberechtigung« vorzustellen.

Wer könnte in dieser Situation Anstöße geben und Aufklärungsarbeit leisten? Der größte Teil der weiblichen Bevölkerung rechtfertigt die eigene Benachteiligung auch weiterhin mit denselben Argumenten wie die Männer, die es kaum besser wissen können. Bleiben nur die Frauen, die diese Problematik von innen heraus,

aus eigener Erfahrung kennen, weil sie sich ihre höhere Qualifikation, ihre größere Bewegungsfreiheit und ihre berufliche Stellung gegen den Sexismus der Gesellschaft erkämpft haben. Es müßten zugleich Frauen mit Zugang zu den Medien sein, Frauen, die im Rampenlicht der Öffentlichkeit stehen und die Gelegenheit haben, ihre Ansichten publik zu machen. Um so enttäuschender ist es, wenn diese Schriftstellerinnen, Schauspielerinnen, Professorinnen und Publizistinnen an Frauenfeindlichkeit die Männer zuweilen in den Schatten stellen. Sie, die eigentlich Gelegenheit hätten, es besser zu wissen, reproduzieren die stereotypen Vorstellungen, wie sie uns allenthalben in Japan begegnen. Ihnen kann niemand mehr widersprechen, und dies macht ihre Aussagen so unheilvoll.

Gegen wen wenden sich diese Karrierefrauen? Nicht zuletzt gegen die bösen »fliegenden Frauen«, mit denen ich mich im Kapitel »Flugmetapher und Frauenemanzipation. Beobachtungen zum Sprachgebrauch in den japanischen Massenmedien« beschäftigt habe. Selbst japanischen Feministinnen sind die »fliegenden Frauen« mittlerweile suspekt. Sie wittern in ihnen egoistische, verantwortungsscheue Narzißtinnen.

Die brillante Nakayama Chinatsu etwa, die sich als Dichterin, Sängerin, Essayistin, Filmschauspielerin, Schriftstellerin und jüngste Parlamentarierin einen Namen gemacht hat, bezichtigt junge Frauen, die studieren, die sich von Männern nicht alles gefallen lassen und die ihre Heirat hinauszögern, kindischer Verantwortungsscheu und geistiger Unreife. Apropos langes Studium: Sollte Nakayama vergessen haben, daß nur wenige Frauen an berühmten Universitäten, 86 Prozent dagegen an Kurzuniversitäten mit zweijährigem Studiengang eingeschrieben sind? Die Männer findet Nakayama zwar auch kindisch, aber nicht aufgrund ihres viel ausgedehnteren Studiums!

Auch eine andere »fliegende Frau«, die Schauspielerin Ōgusu Michiyo, Jahrgang 1946 und seit 16 Jahren im Geschäft, bekennt in einem Interview, daß sie »fliegende Frauen« nicht mag: »Weil nämlich unter den fliegenden und selbständigen Frauen keine ist, die wirklich gegen die Gesellschaft kämpft.« Sie selbst genießt ihr Leben – so schildert sie es den Zeitschriftenlesern – auf Parties und bei Rock-Konzerten. Am meisten bewundert sie, man lese und staune, die »Hausfrau, die nichts anderes tut, als ganz im stillen ihre Kinder aufzuziehen«.

Hausfrauen – die Schmarotzer der Gesellschaft

>»Die Haupt-Nutznießer des hohen japanischen Wirt-
>schaftswachstums sind die Frauen. Ihre Männer, nun
>Ende dreißig oder Anfang vierzig, die jetzt ihre Pensio-
>nierung auf sich zukommen sehen, haben ihren Urlaub
>geopfert und sich aus Familienangelegenheiten zurückge-
>zogen. Und wer hat davon profitiert? Die Frauen!«
>
>(*Abe Yōko*, Jahrgang 1935, Publizistin und Marketing-
>Direktrice, im Jahre 1979)

Wenn schon die berufstätige, emanzipierte Frau in der konservativen japanischen Öffentlichkeit keine Anerkennung finden kann,
so müßte doch das überkommene Bild der Hausfrau und Mutter
um so leuchtender strahlen, sollte man meinen. Doch will mir
scheinen, daß auf keiner Gruppe der japanischen Gesellschaft so
erbarmungslos mit widersprüchlichsten Forderungen herumge-
hackt wird wie auf dieser allergrößten, der Gruppe der Hausfrauen. Sie können es offensichtlich niemandem recht machen,
obwohl sie doch gleichzeitig anerkannte Stützen der Gesellschaft
sind. Wahrscheinlich geht man deshalb besonders streng mit ihnen
ins Gericht.

Engagieren sie sich zu sehr für den schulischen Erfolg ihrer Kinder, von dem ja deren berufliche Zukunft abhängt, so nennt man
sie abschätzig »Erziehungsmuttis« (*kyōiku mama*). Nehmen sie
die Dinge nicht so ernst, sind sie verantwortungslos. Bleiben sie in
ihren vier Wänden, prangert man ihr Leben als bequemes »Drei-
Mahlzeiten-mit-Mittagsschlaf« (*sanshoku hirunetsuki*) an, versuchen sie, außerhalb eine sinnvolle Betätigung zu finden, klagt man
über den »Verfall der Mutter« und schiebt ihnen die Verantwortung für sämtliche diagnostizierten Fehlentwicklungen in der jüngeren Generation zu (vgl. Etō 1979).

Ihr wird nicht nur eine tiefe Dankbarkeit gegenüber den Männern eingeimpft, die ihr die Hausarbeit mit so vielen technischen
Neuerungen erleichtert haben, sondern auch ein gründlich
schlechtes Gewissen, wenn sie sich dieser Hilfen bedient. Papier-
windeln zu benutzen, so erklärt eine Sendung über Erziehungsfragen im halbstaatlichen Fernsehen NHK am 6. April 1982, würde
sich nachteilig auf die Beziehung zwischen Mutter und Baby aus-

wirken, denn das Kind würde ja nicht mehr schreien, wenn es einnäßt.

Leider fallen auch die »fliegenden Frauen« in diesen Anklageton ein. So findet Ōgusu Michiyo die bescheidene Hausfrau zwar großartig, aber sie muß dann auch wirklich bescheiden sein! Der Typ »dienende Hausfrau«, die ihren Mann wissen läßt, wie sehr sie sich für ihn aufopfert, um dieses Opfer dann gegen ihn auszuspielen, wenn er sie verläßt, ist ihr ein Dorn im Auge. Eine Frau hat im stillen zu wirken und nicht um Anerkennung zu heischen.

Das konfuzianische Frauen-Ideal der Selbstverleugnung aus früheren Jahrhunderten spricht auch aus den Worten von Nakayama, der Parlamentsabgeordneten. Vertreterin einer als besonders progressiv eingestuften Partei, der Kakųjiren, der United Progressive Liberals: Früher seien die japanischen Frauen ökonomisch zwar abhängig, innerlich aber selbständig und erwachsen gewesen. Deshalb machte ihnen das Paschagehabe der Männer nichts aus. – Daß die japanischen Männer von solchen »erwachsenen«, abgeklärten Frauen träumen, kann man ihnen nicht verdenken. Wie praktisch für sie, wenn die »fortschrittlichsten« Frauen sie darin unterstützen!

Ein männlicher Verfechter der feudalistischen Gesellschaftsordnung, Kimura Shōsaburō, seines Zeichens Professor an Japans berühmtestem Bildungsinstitut, der staatlichen Tōkyō-Universität, bedauert zutiefst, daß die Kinder, wenn sie heutzutage mitten in der Nacht aufwachen, ihre Mütter nicht mehr wie zu alten Zeiten Strümpfe stopfend bei trübem Licht antreffen. »Vorbei sind die Tage«, so schreibt er, »als die Frauen noch Wasser am Brunnen holten, Holz für das Feuer hackten und mit schmerzenden, aufgesprungenen Händen die Mahlzeiten zubereiteten.« Frauen wie die heutigen Mütter, die im Haushalt nichts mehr tun, weil ihnen alles abgenommen wird, die sich über die Schule beschweren und ihr Leben mit sinnlosen, weil ohne Disziplin betriebenen Aktivitäten füllen, haben seiner Ansicht nach ihre Existenzberechtigung verspielt.

Einigermaßen erschütternd liest sich das gleiche Argument aus der Feder einer Frau, der Publizistin Abe Yōko: »Eine Hausfrau zu sein, ist etwas anderes, als ein Geschäft zu führen: niemand leidet, wenn eine Mutter ihre Arbeit aufgibt. Der heutige Wettbewerb vom Waschautomaten über Fertignahrung zu Kindern (allerdings nur Mädchen! I. H.-K.), die in der Haushaltsführung unterrichtet werden, hat ihre Stellung in der Familie geschwächt. Eine Mutter kann nicht streiken, selbst wenn sie Haushalt und Familie satt hätte, denn dies würde erst offenkundig machen, wie überflüssig sie ist.«

»Einfach nur Frau sein«

»Je tiefer Frauen in die Literatur eindringen, um so unausweichlicher sind sie in Gefahr, sich dem normalen Alltagsleben zu entfremden. Solche Frauen sind eher verdammt als gesegnet. Sie bringen es letzten Endes nicht mehr fertig, einfach nur Frauen zu sein.«

(Tanaka Miyoko, Jahrgang 1936, Kulturkritikerin, im Jahre 1976)

Das Grundübel der heutigen Frauen liegt nach Ansicht vieler Männer, aber auch vieler Karriere-Frauen, in der Unzufriedenheit, welche die Frauen aus der Geborgenheit des schützenden Heims treibt. Wäre die japanische Hausfrau mit ihrer herkömmlichen Rolle ganz zufrieden, so wäre die Welt eigentlich in Ordnung. Für Kunisawa Shizuko, deren Artikel den Titel trägt: »Überblick über zehn Jahre, in denen es gut war, nicht fliegen zu können«, bedeutet die eigentliche Herausforderung, »einfach nur Frau zu sein«. Statt sich den biologischen Pflichten zu entziehen und sich im Beruf aufzureiben, soll die Frau sich mit dem, was sie hat, bescheiden.

»Zu jeder Zeit gibt es Frauen, die ihrem Stand gemäß und in Zufriedenheit mit der ihnen gegebenen Rolle leben«, stellte die bekannte Literaturkritikerin und Feuilletonistin Tanaka Miyoko bereits 1973 fest. Sie hat sich u. a. mit schreibenden Frauen beschäftigt und kommt zu dem Ergebnis, daß schon in früheren Zeiten Männer vom Wunsch nach gesellschaftlicher und politischer Macht, Frauen dagegen aus Langeweile zum Schreiben motiviert wurden. In diesem Jahrhundert nun wurde »die bisher von den Männern beherrschte moderne Literatur ... von der Frauenliteratur abgelöst, weil der Idealismus der Männer mit zunehmendem Wohlstand sank«. Da somit die schreibenden Männer als Weltverbesserer versagten, gelangte die Literatur schließlich wieder in die Hände der von vornherein nicht idealistischen Frauen. Doch die Frau, die schreibt, löst einen so großen Zwiespalt in sich aus – denn ihr Schicksal als Hausfrau, als »tragende Säule im täglichen Leben«, gerät unweigerlich mit ihrer schöpferischen Arbeit in Konflikt –, daß es, will man Tanaka glauben, besser gewesen wäre, sie hätte sich von Anfang an damit begnügt, »einfach nur Frau zu sein«.

Das rote Tuch »Frauenbewegung«

> »Mit der Frauenbewegung habe ich nichts mehr zu tun. Ich gehe zu meinem Mann zurück.«
>
> (*Misako Enoki*, Führerin der Frauenpartei Japans, *Nihon joseitō*, nach der Wahlniederlage im Juli 1977)

Die Frauenbewegung, in Japan »*ūman ribu* – women's lib« genannt, hat es, wie man sich mittlerweile denken kann, nicht leicht. Sie wird in vielen Medien bei allen nur möglichen Gelegenheiten lächerlich gemacht. Leider stimmen auch viele der gebildeten und erfolgreichen Frauen in diesen Chor ein. Für sie, z. B. für die schon mehrfach zitierte Nakayama, das Allround-Talent, ist die Frauenbewegung schuld an der Unzufriedenheit der Japanerinnen. Abstoßend wirkt allgemein der anklagende Ton der Feministinnen – ob berechtigt oder nicht, spielt dabei keine Rolle. Kunisawa Shizuko ist aufgebracht über die Publizität der Gleichberechtigungsidee in Verbindung mit dem »Jahrzehnt der Frau«, denn damit würden nur den vielen Frauen, die ihr Leben nicht verändern können, Flausen in den Kopf gesetzt. Daß sich die Bewegung gegen »die Männer« richtet, disqualifiziert sie in den Augen der Mehrheit der weiblichen Bevölkerung, denn »die Männer können einem leid tun. Nach außen hin ist es zwar eine Männergesellschaft, aber von innen gesehen spielen die Männer alle eine Nebenrolle, und die Hauptrolle spielen die Frauen.« Wie Ōgusu Michiyo zu diesem Schluß gekommen ist, bleibt ihr Geheimnis. Die Essayistin Koike Mariko kritisiert dagegen an den aktiven Frauen, daß sie immer noch nicht wüßten, wo der Feind stehe.

Ein ganzes Gewitter gehässiger Unterstellungen läßt Tanaka über

der Frauenbewegung niedergehen. Sie triefen von Frauenverachtung und primitivem Sozialdarwinismus. Hier einige Ausschnitte:
»Es ist wohl natürlich, daß die sogenannten emanzipierten, freien Frauen dazu tendieren, ihre Vitalität und Aktivität zu betonen und in sexueller Freizügigkeit und Liebesaffären aufzugehen...

Sie führen ein Sexualleben, das losgelöst ist von Ehemann, Kindern und Familie, mit denen es traditionellerweise zusammenhing, sie verweigern also die Mutterschaft und wählen ein Leben frei wie die Prostituierten, aber es ist doch in gewissem Sinne seltsam, daß ausgerechnet sie, die ihre Natur verleugnen, unter keinen Umständen auf Sex verzichten...

Es ist doch irgendwie komisch, daß die Frauenbewegung, mag sie auch aus Amerika zu uns herübergekommen sein, jetzt wieder auflebt, 20 Jahre, nachdem in der Nachkriegszeit die Frauenbefreiung stattfand. Waren wir mit der Frauenbefreiung denn nicht schon fertig? – Ich kann mich einer solchen Frage nicht erwehren, doch gerade darin liegt wohl der besondere Charakter dieser Bewegung. Es ist doch so, daß es sich dabei nur um eine sozusagen vormoderne Bewegung handelt, eine, die der herkömmlichen Frauenbefreiung zuwiderläuft, eine Bewegung von Opfern der modernen Gesellschaft, die nicht wissen wohin. Sie wirkt lediglich wie eine verschrobene Mode, und deshalb kann man nicht so einfach akzeptieren, was diese Frauen von sich geben.

Das Japan von heute ist eine Gesellschaft, in der jede Frau, die ein besonderes Leben führen will, dies auch tun kann, vorausgesetzt, sie besitzt die Fähigkeiten dazu... Die Frauen sollten nicht über das Unverständnis der Gesellschaft, sondern über ihre mangelnde Begabung oder ihre unzureichenden Anstrengungen klagen!

Es ist doch komisch: obwohl diese Emanzipationsbewegung in ihrem Erscheinungsbild so fanatisch und verbohrt ist, so haben doch die Frauen, die ihr angehören, überhaupt keine klare Vorstellung davon, welche Ziele sie sich setzen und welche Vision sie anstreben, und dementsprechend sind auch ihre Slogans primitiv und sprunghaft.

Die moderne Frau wird, indem sie versucht, aus dem weiblichen Schicksal auszubrechen, wieder auf das natürliche Schicksal der Frau zurückgeworfen. Mit der Forderung der Frauen nach ›Gleichheit der Menschen‹ stößt sie unweigerlich auf die natürliche Ungleichheit in bezug auf Schönheit und Begabung.

Die auch heutzutage nicht weniger populären Schönheitswettbewerbe symbolisieren wohl sehr deutlich dieses Schicksal der Frau...

Die Emanzipationsbewegung der Frauen setzt sich, vorurteilslos betrachtet, die Abschaffung der eigenen Existenz zum Ziel...

Niemand hat wohl das Recht, das bescheidene Familienglück zu kritisieren, das die Hausfrauen in ihren Zeitungs-Leserbriefen stolz vorzeigen. Betrachtet man die gegenwärtige Lage, so ist mit einem Blick klar, daß die Frauen sich gar nicht in einem Beruf abrackern und wirtschaftlich unabhängig sein wollen. (Denn wenn dieser Wunsch echt wäre, so hätten die Frauen, gleich, in welchem Gesellschaftssystem, dies verwirklicht und damit die Gesellschaft verändert.)

...die Gleichberechtigung von Mann und Frau läuft schließlich auf die Ablehnung der Mutterschaft hinaus.

Die Frau muß ständig mit verschiedenen Ausreden aufwarten, um ihre eigene Schuldlosigkeit und Reinheit zu behaupten. Schuld ist die Gesellschaft, das System, die Politik, die Männer...

Aber der wahre Feind liegt in der Frau selbst, nämlich in ihrem Wunsch, etwas ganz Bestimmtes zu tun. Solange sie deshalb nicht aufhört, andere verantwortlich zu machen, solange sie nicht alle Widersprüche auf sich nimmt und in eigener Macht löst, solange wird sie nicht zu den Herrschern der Welt gehören können. Ich weiß allerdings nicht, ob dies so erstrebenswert wäre. Denn es würde bedeuten, die Rolle des Mannes zu usurpieren, und der Weg zu einem endlosen Machtkampf wäre frei.«

Die Frau ist ihre Sexualität

»Keine Kinder zu kriegen, ist unjapanisch! Kinder gebären mußt du auf jeden Fall!«

(Eine japanische Frau Ende dreißig zu einer jüngeren, zitiert in *Feminist Japan* Nr. 3 (1977), S. 23)

Die »Natur der Frau« ist nach japanischer Auffassung die Ursache für alle gesellschaftlichen Unterschiede – darin sind sich Männer und Frauen einig. Der »weibliche Rhythmus« gibt laut Kunisawa die grundlegenden Orientierungen für die Lebensgestaltung. Dieser weibliche Rhythmus kann von Natur aus mit dem schnellen Tempo der Gegenwartsgesellschaft nicht mithalten. Die wichtigste Bestimmung der Frau ist es in jedem Fall, Kinder zu gebären.

Ein Zeitschriftenartikel vom Juli 1982, in dem von der derzeit besonders populären Schauspielerin Ishida Ayumi die Rede ist, schließt mit dem Wunsch, sie möge als Sängerin noch einmal einen Tophit landen. Doch die Redaktion kann es sich nicht verkneifen, den Wunsch hinzuzufügen, sie möge sich doch auch noch mit dem Kinderkriegen befassen, »denn vierunddreißig ist ja noch nicht zu alt«.

Dieser Ton ist bekannt und in Japan selbstverständlich. Bemerkenswert ist nur, daß die Frauen sich so bereitwillig diesen Vorstellungen fügen, daß sie nicht, um mit Simone de Beauvoir zu sprechen, die »außergewöhnliche Verlogenheit« dieser Strategie empfinden, die »Verachtung, die man den Frauen zollt, mit Achtung gegenüber Müttern zu paaren«. Doch wie die Männer halten sie die »weiblichen Eigenschaften« überstarke Emotionalität, mangelnde Logik und Fixierung aufs Detail für angeboren. In bezug auf psychologische Beschreibungen und Detailbeobachtungen sind daher weibliche Schriftsteller, sozusagen von Natur aus, besser als Männer – so lautet die Beobachtung der Literaturwissenschaftlerin Shimizu Sumiko, die Schriftstellerinnen »fast schon« zu einer normalen Erscheinung zählt.

Besonders demonstrativ bekennt sich Tanaka zur »Natur der Frau«, was ja aus den zitierten Textstellen bereits hervorging. Sie, die nicht nur die Abtreibung, sondern auch Kontrazeption und Kinderkrippen als widernatürlich anprangert, schließt sich auch der verbreiteten Meinung an, daß die Frau in geistiger Hinsicht durch ihre physische Beschaffenheit, ihre Sinne und ihre Sensibilität bestimmt werde und kaum allgemeine abstrakte Ideen aufnehme. – Man fragt sich natürlich, wie sie selbst als Frau zu dieser abstrakten Beobachtung fähig war, aber der Gedanke ist ja nicht in ihrem Kopf gewachsen.

Frauen, so folgert sie weiter, können diese ihre Natur soweit notwendig unter Kontrolle halten, doch dieser Kontrollfähigkeit sind Grenzen gesetzt. So sind sie aufgrund ihrer natürlichen Egozentrik unfähig zur Kooperation, wie sehr deutlich am ewig gespannten Verhältnis zwischen Schwiegermutter und Schwiegertochter abzulesen sei. Die Natur der Frau selbst ist daher laut Tanaka der »größte Feind der Frauenbewegung«, die Argumentation läßt sich sogar noch eine Stufe weiterführen. Wir kommen dann zu einem Satz, der in der Tat bereits bei ihr zu lesen war, mit dem sie sich aber auf makabre Weise selbst charakterisiert, wenn sie meint: Der wahre Feind der Frau liegt in der Frau selbst.

Vom Wunsch der Frau, ein Mann zu sein

> »Der verborgene Sinn meiner Literatur ist, psychoanalytisch, die Hoffnung auf Verwandlung in einen Mann.«
>
> (*Kurahashi Yumiko*, Jahrgang 1935, Schriftstellerin, im Jahre 1973)

Es ließ sich nicht umgehen, die Aussagen der japanischen Frauen in ihrem Wortlaut wiederzugeben, denn nur Zitate können einer heiklen Mission wie dieser Glaubwürdigkeit verleihen. Um jedes Mißverständnis abzuwehren – es geht keinesfalls um Denunziation. Die Situation, von der diese Belege zeugen, ist traurig genug. In dieser Häufung betrachtet, könnte einem angesichts von so viel Schizophrenie, von so tiefer Ablehnung und Verachtung des eigenen Geschlechts schon angst und bange werden. Doch vieles davon ist selbst den »fortschrittlichen« Japanerinnen nicht bewußt. Besonders verhängnisvoll ist hier das gedankenlose Beharren auf angeblich naturgegebenen Geschlechtseigenschaften, denn der japanische Alltag mit seiner Geschlechtertrennung scheint diese Vorstellungen fortwährend zu bestätigen. Er bietet auch nicht den geringsten Anlaß zur Überprüfung dieser auch in unserer Kultur recht hartnäckig verbreiteten Mythen.

  Der Stand der Diskussion über diese Problematik ist in Japan – dies muß in aller Offenheit festgestellt werden – gemessen am westlichen Niveau erstaunlich niedrig. Dies liegt zum einen darin, daß die japanische Frauenbewegung keine Breitenwirkung besitzt und auch in sich noch keine fundierten theoretischen Konzepte entwickelt hat. (In diesem Punkte wäre Tanaka Miyoko zuzustimmen, nur verwirkt sie ihr Recht auf eine solche Kritik an der japanischen Frauenbewegung, wenn sie selbst so oberflächlich und unreflektiert argumentiert.) – Darüber hinaus aber liegt der Grund dafür in der Schwierigkeit der Japaner, den Zusammenhang zwischen unbewußten Vorentscheidungen und Handlungen, zwischen Denkprämissen und Lebensalltag, kurz, zwischen Theorie und Praxis zu erkennen. Das Reden über Frauenemanzipation wird einfach nicht mit den praktischen Problemen der Benachteiligung von Frauen in Verbindung gebracht. Umgekehrt gesehen: Nur aufgrund einer strikt pragmatischen Betrachtung, die von allen dahinterstehenden Fragen absieht, können Vorschläge wie der folgende formuliert werden. Das allgemein bekannte Problem von Hochschulabsolventinnen in Japan, daß nämlich, je qualifizierter die Ausbildung, desto geringer die Chance auf einen Arbeitsplatz wird, löst sich für Japaner sehr glatt und elegant mit dem Vorschlag, diese Frauen sollten »zahlreich Haushälterinnen werden«, denn eine junge Frau mit Universitätsabschluß passe gut in einen Haushalt mit hohem Bildungsniveau. Die Lösung ist überraschend einfach: »Wenn die Bildungsgesellschaft die Studentinnen ablehnt, müssen diese sich wiederum die primitiven Dienstleistungsarbeiten erschließen.« (Minami 1976)

Um eine Vorstellung vom Ausmaß dieses Problems zu geben, hier die neuesten Zahlen des Japan Recruit Center, des wichtigsten Instituts für Arbeitsmarktforschung und Stellenvermittlung: Im Frühjahr 1983 wird nur jede elfte der 65 000 Universitätsabsolventinnen und nur jede sechste der 120 000 Kurzuniversitätsabgängerinnen eine Stelle in einer halbwegs namhaften Firma finden, natürlich zu weit ungünstigeren Bedingungen als ihre Kommilitonen.

Auch nach vielen Jahren der vermehrten Propagierung der Menschenrechte für die Frau im Zusammenhang mit dem Programm der Vereinten Nationen gesteht man der Japanerin allenfalls aus pragmatischen Erwägungen das Recht auf Arbeit zu – weil nämlich angesichts der hohen Lebenserwartung von fast 80 Jahren die sozial nicht abgesicherten Frauen der Gesellschaft sonst zur Last fielen (vgl. Sakaiya 1981).

Japanische Unternehmer argumentieren auch 1982 noch mit atemberaubender Unverfrorenheit, daß die Investition in die Ausbildung von Frauen nicht lohne und es daher nur vernünftig sei, Akademikerinnen mit Tee-Servieren und Botengängen zu beschäftigen. Man könne schließlich nicht erkennen, ob eine Frau ambitioniert und leistungsfähig genug sei für eine qualifizierte betriebliche Ausbildung. Andererseits lohne sich für den Arbeitgeber die Einstellung von verheirateten arbeitswilligen Frauen auf Teilzeitbasis, denn hier habe man eine gut ausgebildete Reserve mit niedrigem Lohnniveau, die auch keine Zusatzkosten für Soziales und Altersversorgung verursache und jederzeit wieder entlassen werden könne. Im übrigen aber sei Kindergebären und deren Erziehung die wichtigste Pflicht für die Frau, die sich nicht mit Berufstätigkeit vertrage. Und vor allem sei eine Firma ja keine Wohlfahrtsorganisation, so das deutliche Wort eines Direktors der Long-Term Credit Bank of Japan Ltd. (vgl. Takeuchi 1982).

Gewiß spüren viele japanische Frauen, daß sie nicht sehr ernstgenommen werden, doch sie wehren sich dagegen nur auf indirekte Weise. Sie können sich nicht mit ihrem Geschlecht identifizieren und träumen unbewußt, manchmal aber auch bewußt, davon, ein Mann zu sein. Diese Identifikation mit dem Stärkeren ist ein bekanntes psychologisches Muster. Sie läßt sich in unserem Fall sogar mit Zahlen belegen. Eine 1974 veröffentlichte Studie über den japanischen Nationalcharakter dokumentiert u. a. die Einstellung auf die Frage, ob man bei Wahlmöglichkeit lieber als Mann oder als Frau auf die Welt käme. Nur 27 Prozent der Japanerinnen hatten 1953 geantwortet, sie würden wieder Frauen sein wollen, und diese Zahl stieg 1973 auf immerhin nur 50 Prozent. Zum Vergleich die amerikanische Gallup-Umfrage von 1959 und 1970, nach der 83 bzw. 84 Prozent der Amerikanerinnen wieder als Frau geboren werden wollen (Zahlen bei Wagatsuma 1977).

Die Zahlen – und sie könnten noch durch weitere Umfrageergebnisse gestützt werden – machen deutlich, daß die Japanerinnen mit ihrer Lage als Frau doch nicht so zufrieden sein können, wie sie es selbst vielleicht glauben möchten. Deshalb schneiden sie sich mit ihrem unreflektierten männlichen Chauvinismus ins eigene Fleisch. Scheinbare Auswege eröffnen sich für sie im weitverbreiteten Selbstbetrug, mit dem sie die Männer bemitleiden und sich selbst zur heimlichen Herrscherin erklären, wie wir es bei der Schauspielerin Ōgusu Michiyo beobachten konnten.

Der andere Ausweg ist die schon erwähnte Identifikation mit dem Mann. So stellen besonders die erfolgreichen berufstätigen Frauen ihre »männlichen« Seiten heraus und minimieren zugleich ihre »Weiblichkeit«. Die berühmte Schriftstellerin Enchi Fumiko (Jahrgang 1905) bekennt: »... seit frühester Kindheit keimte in mir Männliches nicht weniger als Weibliches, und dieses Männliche zog das Weibliche zu meinem Vorteil mit sich« (zitiert bei Yoshida-Krafft 1980). Enchi spricht eher unbewußt; ihre jüngere Kollegin Kurahashi Yumiko legt ein schärferes Bewußtsein an den

Tag, mit dem zugleich auch die ganze Tragik ihrer Situation auf-
blitzt, wenn sie darlegt, daß die »Hoffnung auf Verwandlung in
einen Mann« das Grundmotiv ihrer Literatur ausmache.

Versöhnliches Resümee

> »Frauen sind nun einmal die Feiglinge, die sie sind, weil
> sie so lange Zeit halbe Sklaven waren.«
> (Doris Lessing: *Das Goldene Notizbuch*)

Nicht aus hämischer Besserwisserei, sondern aus Betroffenheit ist
die Kritik am unsolidarischen Verhalten vieler Japanerinnen hervorgegangen. Natürlich zeigt sie nur die eine Seite. Ohne Frage
gibt es auch in Japan Frauen, die anders denken und handeln, nur
treten sie weniger in Erscheinung. – Eine Darstellung in dieser
einseitigen Konzentration von Beispielen sei unfair? – Aber wozu
denn überhaupt diese zugegeben überspitzte Präsentation von
Beispielen? Doch nur, um pointiert auf etwas hinweisen zu können, das allzu destruktive Züge trägt.
  Nicht, daß eine Kritik an weiblichem Verhalten seitens der
Frauen für grundsätzlich unzulässig erklärt würde. Aber sie sollte
den Willen zum Verständnis für die Hintergründe erkennen lassen.
Eine Kritik wie diejenige von Bamba Tomoko an der mangelnden
Ernsthaftigkeit im Beruf und an der oberflächlichen Konsum-
orientierung von Japans weiblichen Büroangestellten etwa ist konstruktiv, weil sie die Ursachen für diese Einstellung mitreflektiert.
  Doch so außergewöhnlich sind die japanischen Verhältnisse gar
nicht. Die eingangs angestellte Betrachtung bestätigt sich am Gegenstand: Sowohl die Argumente, die gegen die Gleichberechtigung der Frau vorgetragen werden, als auch die Haltung der
Anpassung bei den Frauen, die sich einen Platz in der Männergesellschaft erobern konnten, sind aus unserem eigenen Kulturkreis
vertraut. Gewiß, es gibt deutlich greifbare graduelle Unterschiede
zwischen Japan und Mitteleuropa, aber sie sind eben nur graduel-
ler Natur und tragen dazu bei, unseren Blick zu schärfen.

Quellen

Abe, Yōko: »*Kateichō*« *ni natta onnatachi* (Frauen, die Haushaltsvorstand geworden sind), in *Shokun* 8/1979 (leicht gekürzte engl. Übersetzung: *Housewives at the Helm*, in: *Japan Echo* VI, 4, 1979).

Aeba, Takao, in: Saeki, Shōichi u. a.: *Kyōdō tōgi »shishōsetsu«* (Diskussionsrunde zum jap. autobiographischen Roman), in: *Bungakkai* 2/1980.

Bamba, Tomoko: *The »Office Ladies« Paradise: Inside and Out*, in: *Japan Quarterly* XXVI, 2, 1979.

Etō, Jun: »*Haha*« *no hōkai ga kodomo wo dame ni shita* (Der Verfall der Mutter hat die Kinder verdorben), in: *Gendai* 8/1979 (leicht gekürzte engl. Übersetzung: *The Breakdown of Motherhoods is Wrecking Our Children*, in: *Japan Echo* VI, 4, 1979).

Feminist Japan Nr. 3, Dez. 1977.

Ishida, Ayumi s. *Shūkan Yomiuri* v. 18. 7. 1982.

Itakasa, Gen: *Amerika, kono dansei jō'i no kuni* (Die Vereinigten Staaten, dieses Männerherrschafts-Land), in: *Bungei shunjū* 10/1979.

Kimura, Shōsaburō: *Married Women: Weak Link in Japan's Family*, in: *PHP* 5/1978.

Ko'ike, Mariko: »*Yutakasa*« *to iu gensō no giseisha he* (An die Opfer der Illusion »Wohlstand«), in: *Gendai no me* 4/1980.

Kunisawa, Shizuko: *Tobenakute yokatta jūnenkan no sōkatsu* (Überblick über zehn Jahre, in denen es gut war, nicht fliegen zu können), in: *Gendai no me* 4/1980.

Minami, Shinjirō: *Über tatsächliche Berufsperspektiven für Studentinnen*, in: *Kagami* (Hamburg) 1976, 1, deutsche Übersetzung von: *Joshi-daisei no tame no sekkyokuteki shokugyō-ron*, aus: *Ryūdō* 7/1975.

Nakayama, Chinatsu und Gen Itasaka: Gespräch in: *Shūkan Yomiuri* v. 25. 10. 1981.

Ōgusu Michiyo s. *Ima wo sakari no ii onna retsuden* (Biographien von »guten Frauen«, die jetzt en vogue sind), in: *Shūkan Asahi* v. 9. 4. 1982.

Okuno, Takeo: *Joryū no Nihonteki tokushitsu* (Die japanischen Eigenschaften der Frauenliteratur), in: *Kokubungaku* 7/1976.

Sakaiya, Ta'ichi: »*Tonderu onna*« *yori* »*chi wo hau*« *doryoku wo* (Von wegen »fliegende Frau« – viel eher mühsames »Auf dem Boden-Kriechen«), in: *Burēn bessatsu – Shinguru ūman* (Single woman), v. 25. 2. 1981.

Shimizu, Sumiko: *Shinbun shōsetsu to joryū bungaku* (Zeitungsroman und Frauenliteratur), in: *Kaishaku to kanshō* Nr. 549, 12/1977.

Suzuki, Takao: *Kotoba to bunka* (Sprache und Kultur), Tōkyō 1973 (engl. Übersetzung: *Japanese and the Japanese: Words in Culture*, Tōkyō 1978).

Takemura, Ken'ichi: »Josei«. *Tobu nara jibun no tsubasa de tobe* (Frauen, wenn ihr fliegen wollt, dann aber bitte mit eigenen Flügeln), in: *Sandē Mainichi* v. 16. 9. 1979.

Takeuchi, Hiroshi: *Working Women in Business Corporations*, in: *Japan Quarterly* XXIX, 3, 1982.

Tanaka, Miyoko: *Gendai joseiron* (Über die moderne Frau), in: *Chūō kōron* 11/1973.

Tanaka, Miyoko: *Die Stellung der Literatur bei den Frauen* (deutsche Übersetzung) in: *Kagami* VII, 3, 1980 (Das Original war nicht verifizierbar).

Tsurumi, Kazuko: *Women in Japan: A Paradox in Modernization*, in: *The Japan Foundation Newsletter* V, 1, 1977.

Wagatsuma, Hiroshi: *Some Aspects of the Contemporary Japanese Family: Once Confucian. Now Fatherless?*, in: *Daedalus. Journal of the American Academy of Arts and Sciences* 106, 2, 1977.

Yoshida-Krafft, Barbara: *Fast gleichberechtigt. Die Schriftstellerin*, in: Gebhard Hielscher, Hg.: *Die Frau* (*OAG-Reihe Japan modern*, Band 1), Berlin 1980.

Qualen des Lebens – Quellen der Kunst

Zur gesellschaftlichen Gebrauchsfunktion
eines zentralen literarischen Genres der Gegenwart

Die Szene spielt im Japan des frühen 20. Jahrhunderts, genauer gesagt, gegen Ende des ersten Jahrzehnts an einem strahlend schönen 20. Mai auf einem ebenso imaginären wie überwältigend realen Friedhof, wo soeben ein zu seinen Lebzeiten recht bekannter Schriftsteller, seines Zeichens Naturalist, zu Grabe getragen wird. Entsprechend groß und würdig ist die Trauergemeinde. Die gesamte Prominenz des Geisteslebens scheint versammelt, und nun betreten sogar ausländische Gäste die Szene. Vier Herren im schwarzen Frack und Zylinder begehren Zutritt, um dem Verstorbenen ihre Reverenz zu erweisen. Dem Zeremonienmeister reichen sie ihre Visitenkarten. Dieser schreitet sofort zur Tat. Einen der Gäste, einen Monsieur U. C. Delanature, geleitet er überaus zuvorkommend, dabei in höflichstem Französisch parlierend, nach vorn. Die drei Zurückbleibenden sind Deutsche und heißen Dr. Symbolicus, Dr. Mysticus und Dr. Neoromanticus. An sie wendet sich der Zeremonienmeister danach mit herablassender Miene und den Worten: »Die Herren Doktoren bitte ich, sich dem Zuge anzuschließen!«

Überliefert hat uns diese Trauerfeier mit der seltsamen Begebenheit der große Autor der Meiji-Zeit, Mori Ōgai. Seine satirisch-allegorische Erzählung mit dem französischen Titel *Le parnasse ambulant* aus dem Jahre 1910[1] spielt auf Ereignisse und Entwicklungen in der damaligen literarischen Welt Japans an, die binnen kürzester Zeit einen dramatischen Wandel verursachten, und viele Literaturhistoriker sehen in jenen Ereignissen den eigentlichen Beginn der Moderne in der Geschichte der japanischen Literatur.[2]

Die Rede ist vom Siegeszug des *Shizenshugi*, des japanischen Naturalismus, in dessen unmittelbarem Gefolge die Gattung *Shishōsetsu* den japanischen Parnaß eroberte – ein in seiner Tragweite

---

1 *Ru parunasu anbyuran*, in: *Mori Ōgai zenshū*, Band 1, Tōkyō 1959, S. 249–258. Das Zitat findet sich auf S. 251.

2 Vgl. etwa Nakamura Mitsuo: *Fūzoku shōsetsu-ron*, Tōkyō [14]1970 und ders.: *Nihon no kindai shōsetsu*, Tōkyō [23]1969.

gar nicht zu überschätzender Vorgang angesichts der Tatsache, daß der *Shishōsetsu* seither und bis auf den heutigen Tag seine Position als zentrales Genre der japanischen Literatur behauptet und damit in entscheidender Weise auch den Publikumsgeschmack, die Maßstäbe der Kritiker und das Bild der Literatur als solches im Bewußtsein der japanischen Öffentlichkeit geprägt hat.

Nur sehr wenige Autoren dieses Jahrhunderts haben sich wie unser Augenzeuge Mori Ōgai den anscheinend geradezu magisch wirkenden Anziehungskräften dieser Gattung zu entziehen vermocht – unberührt ist aber keiner von ihnen geblieben, auch Ōgai nicht. Davon zeugt schon die persönliche Betroffenheit, die hinter dem ironischen Tonfall der Erzählung spürbar wird, und dies, obgleich Ōgai zu jener Zeit schon nahezu unangreifbar berühmt und etabliert war.

Welche bedeutende Rolle der *Shishōsetsu* auch heute noch spielt, zeigt eine Diskussion unter japanischen Literaturwissenschaftlern vom Februar 1980, wo gleich zu Beginn festgestellt wird, es sei schwierig geworden, den Begriff überhaupt noch zu verwenden eingedenk des Umstandes, daß in der zeitgenössischen japanischen Literaturproduktion so gut wie alle Werke *Shishōsetsu* seien.[3]

Doch zunächst einmal gilt es zu klären, welcher Gegenstand hier behandelt werden soll. Thema ist die besagte außerordentlich große Gruppe von Texten, deren Name sich aus den Schriftzeichen für »ich« und »Roman« oder »Erzählung« (*watakushi-* bzw. *shi-shōsetsu*) zusammensetzt und die man vorläufig grob als autobiographische Romane kennzeichnen könnte. Wie bereits angedeutet, ging der *Shishōsetsu* zu Beginn dieses Jahrhunderts aus der naturalistischen Bewegung hervor. Diese hatte die bedingungslose und wertungsfreie Schilderung der Realität zu ihrem Prinzip erhoben, doch binnen kurzer Zeit setzte sich eine Einengung dieses Gebots in Richtung auf eine ungeschönte Selbstaussage durch. Von der Wirklichkeit in ihren mannigfaltigen Manifestationen verlagerte sich das Interesse der Schriftsteller auf die eigene Person als Beschreibungsgegenstand. Das »Ich« schien der sicherste Ort, das vertrauteste Objekt für diese Darstellungsabsicht zu sein – die »unverblümte« oder »flache Beschreibung« (»*Rokotsunaru*« bzw. »*heimen byōsha*«[4]) – so die Parolen der da-

---

3 Ueda Miyoji in: *Aeba Takao, Saeki Shōchi, Ueda Miyoji und Isoda Kōichi: Kyōdō tōgi: »Shishōsetsu«*, in: *Bungakkai* 2/1980, S. 148–175, hier S. 149.
4 Beide Parolen stammen von Tayama Katai (1904 und 1908).

maligen Literaten. Thematik und Gegenstandsbereich der naturalistischen Romane werden folglich enger. Nicht mehr von ausgestoßenen Dörflern, diskriminierten Eta, skandalbehafteten und ihre Selbständigkeit suchenden Frauen und anderen Gestalten wird erzählt, in denen sich auf tragische Weise das zerstörerische Wirken von Anlage und Umwelt zeigt, sondern zunehmend nur noch von Schriftstellern mittleren Alters, ihren Eheproblemen, ihren Liebschaften, Geldsorgen, ihrem Lebensüberdruß oder ihrem Ringen um Frieden mit sich selbst. Absolute Aufrichtigkeit, Selbstentblößung bis zur Schamlosigkeit und Authentizität treten an die Stelle der ursprünglichen naturalistischen Ideale. Ein weinerlicher, von Selbstmitleid getränkter Ton ist typisch für die Mehrzahl dieser vorwiegend in der Ich-Form abgefaßten Werke, immer aber bestimmt eine betont subjektive, egozentrische Weltsicht die Darstellung. Da solche kategorischen Beschreibungen immer ein wenig unbefriedigend bleiben, solange man die Aussagen nicht auf ein konkretes Beispiel beziehen kann, sei zur Veranschaulichung ein typischer Shishōsetsu in der gebotenen Kürze vorgestellt.

Die Werke von Kasai Zenzō (1887–1928) genießen in Japan den Ruf, *Shishōsetsu* par excellence zu sein.[5] In seinem Roman *Ko wo tsurete* – »Mit den Kindern« aus dem Jahre 1918 schildert Kasai eine geradezu ausweglose Situation. Der Protagonist, ein Schriftsteller namens Oda, wird von seinem Vermieter bedrängt, bis zum Zehnten des Monats seine Wohnung zu räumen, da er die Miete nicht bezahlen kann. Seine Frau ist mit der zweiten Tochter zu den Eltern aufs Land gefahren, um dort Geld zu besorgen, doch sie läßt nichts von sich hören. So ist Oda in Tōkyō mit seinen zwei weiteren Kindern ganz auf sich gestellt. Seine Freunde haben den Kontakt zu ihm abgebrochen, da er sie schon zu oft um Geld gebeten hat. Nur noch ein Schriftsteller-Kollege hält zu ihm und schenkt ihm einen Yen, doch auf dessen Frage, wovon er in Zukunft leben will, weiß Oda keine Antwort. Er hofft nur darauf, daß es irgendwie weitergehen wird. Sein Fatalismus steigert sich im Gedenken an seine zahlreichen Gläubiger, die in seinen Augen als grausame Häscher erscheinen:

»Und um ihrer Ausbeutung zu widerstehen, ergreift er die Flucht. Er nimmt sich vor, nichts zu essen und zu trinken und

5 In diesem Sinne äußert sich bereits 1925 Uno Kōji: »Shishōsetsu« shiken, in: *Shinchō* 10/1925, S. 18–23, hier S. 21.

versucht, sich unter einem Stein oder Ähnlichem zu verstecken, aber wieder wird er hervorgezogen.

Wenn er denkt, daß er schon Kinder hat! Das ist das Schicksal! Aber er kann es nicht mehr ertragen. Und wieder flieht er.«[6]

Oda ist offenbar jeder Sinn für die Realität abhanden gekommen. Er sieht seine Lage ausschließlich emotional, und selbst die Fähigkeit, mit anderen Menschen zu kommunizieren, hat er verloren. Nicht einmal mit seinem um ihn besorgten Freund gelingt ein Gedankenaustausch über die Probleme, die ihn bedrängen.

Unfähig, sich den Problemen zu stellen, die nach Art einer Naturkatastrophe auf ihn einzustürmen scheinen, glaubt er, in einer solchen Situation nur noch ziellos umherirren zu können. Daß sein Unglück vorhersehbar und durch geplante Initiative zu bewältigen gewesen wäre, dieser Gedanke würde sich nicht mit der leidgetrübten Atmosphäre vertragen, die der Autor in blindwütigem Masochismus vorführt. Doch sein Leiden ist für ihn wie auch für das Publikum Teil seiner Kunst.

Das Werk endet, ohne daß sich eine Lösung auch nur abzeichnet. Oda hat seine letzten Habseligkeiten verkauft und zieht mit seinen Kindern auf der Suche nach einer neuen Unterkunft durch die Stadt. Schließlich geht es nur noch um eine Bleibe für die bevorstehende Nacht, doch nicht einmal diese wird ihnen zuteil. In trostloser Verzweiflung, außerstande, noch etwas zu denken, setzt sich Oda mit den Kindern wieder in den Zug, »denn« – so lautet der letzte Satz – »sein Kopf und sein Körper verlangten wie seine Kinder nach Schlaf«.[7]

Natürlich handeln nicht alle *Shishōsetsu* von existentiellen Notsituationen solch tragischen Ausmaßes. Vielfach liefert auch eine seelische Krise den Stoff wie z. B. in den bekannten Werken von Shiga Naoya (1883–1971), einem anderen berühmten Exponenten dieser Schreibweise.[8] Jedesmal wird aber nur ein relativ kurzer Ausschnitt aus dem Leben des Autors wiedergegeben. Dies ist einer der Punkte, in denen sich der *Shishōsetsu* von einer Autobiographie unterscheidet, die ja die Nachzeichnung aller wesentlichen Lebensstationen anstrebt.

---

6 Kasai Zenzō: *Ko wo tsurete*, Tōkyō 1919, S. 12.

7 Ebd., S. 36.

8 Vgl. etwa meine Analyse seiner Erzählung *Wakai* (1917) in: *Selbstentblößungsrituale. Zur Theorie und Geschichte der autobiographischen Gattung »Shishōsetsu« in der modernen japanischen Literatur*, Wiesbaden 1981, S. 157ff.

Wollte man die Gattung *Shishōsetsu* definieren, um damit die angeführten Beobachtungen in einen systematischen Zusammenhang zu bringen, so müßte man auf zwei Konstituenten verweisen. Ich nenne sie Faktizität und Fokusfigur.

Faktizität beschreibt das Verhältnis von literarischem Werk und pragmatischer Wirklichkeit aus der Sicht des japanischen Lesers. Sie stellt eine Setzung dar, die besagt, daß das Werk die vom Autor erfahrene Realität unmittelbar wiedergibt. Dieser Pakt zwischen dem Autor und seinem Publikum, die Vertrauensvorgabe von seiten des Lesers gegenüber dem Wahrheitsanspruch des Werks, hat entscheidende Konsequenzen für beide Seiten, auf die später noch genauer einzugehen sein wird.

Das zweite gattungskonstitutive Merkmal ist die Fokusfigur – eine für den *Shishōsetsu* spezifische Form der Textorganisation. Sie bedeutet, daß Ich-Erzähler, Held und Autor eine Einheit bilden, und dies bestimmt sowohl die »inhaltliche« als auch die »formale« Seite des Werks. Erzähltechnisch gesehen, manifestiert sich die Fokusfigur beispielsweise in der durchgehenden Innenperspektive und in einem zeitlich »mitgehenden«, chronologischen Erzählablauf. Das erzählende und erlebende »Ich« bildet auch den Mittelpunkt des Handlungsgeschehens, das ausschließlich aus seiner Sicht dargestellt und bewertet wird. Das Wertsystem des Werks, seine »Philosophie«, ist mit dem Wertsystem des Ich-Erzählers identisch.

Aufgrund einer spezifischen Struktur ist der *Shishōsetsu* auf eine vollkommene Identifikation des Lesers mit dem Romanhelden angelegt, der geradezu in die Figur hineinschlüpft. Durch die Augen des Protagonisten nimmt er die Welt wahr, und dies geschieht auf eine affektive Weise unter weitgehender Ausschaltung rationaler Elemente. Das Ergebnis ist eine Gleichgestimmtheit, die intellektuelle Prozesse von vornherein unterbindet. Das heißt, daß der Leser trotz der Nähe des geschilderten Geschehens zu seiner Lebenswirklichkeit, trotz der Vertrautheit der beschriebenen Situation nicht den Versuch unternimmt, die Einstellung oder das Verhalten des Ich-Erzählers seiner eigenen Beurteilung zu unterwerfen, so perfekt ist die Identifikation mit der Sichtweise des Subjekts. So wenig, wie der Protagonist sein Verhalten reflektiert, so wenig stellt es auch der sich einfühlende Leser in Zweifel.

Eine irrationalistische Lebenshaltung kennzeichnet das Ich im *Shishōsetsu*. Es tritt auch dann als Opfer auf, wenn es selbst die

Lebensumstände verursacht hat, unter denen es zu leiden vorgibt. Armut gleicht einer zerstörerischen Naturgewalt, Unzufriedenheit und unbefriedigter Ehrgeiz beherrschen das Individuum als schicksalhafte Mächte. Das seiner Umwelt ausgesetzte, ihr preisgegebene Subjekt reagiert darauf in einer Weise, die die Grundstimmung des *Shishōsetsu* prägt – mit Sentimentalität.

Schon aufgrund dieser pauschalen, skizzenhaften Charakterisierung des *Shishōsetsu* läßt sich ahnen, daß ein europäischer Leser einen solchen Text nicht ohne z.T. erhebliche Lesewiderstände aufnehmen kann. Zu anders sind die Erwartungen, die er, von der europäischen Literaturtradition geprägt, in einen Roman des 20. Jahrhunderts setzt, als daß er etwa davon zu überzeugen wäre, daß der schmale Spalt an Lebenswirklichkeit, den ein *Shishōsetsu* beleuchtet, ein exemplarisches Leben in seinen wichtigsten Dimensionen wiedergibt. Wahrscheinlich wird sich ein hiesiger Leser auch an der oftmals von Larmoyanz begleiteten Egozentrik des Ich-Erzählers stoßen, an seinem Mangel an analytischer Selbsterkenntnis, der deshalb besonders auffällt, weil die Innenperspektive als Darstellungsmodus diese Einsicht geradezu voraussetzt. Er wird sich über die fehlende Koordination äußerer Daten wie Alters- und Zeitangaben in Romanen mit ansonsten realistisch-mimetischer Darstellungsabsicht wundern, und er wird schließlich vielleicht mit Erstaunen feststellen, daß eine der literarischen Grunderfahrungen des 20. Jahrhunderts in Europa, der Zweifel an der Darstellbarkeit von empirischer Wirklichkeit, im *Shishōsetsu* keinen Widerhall findet.

Doch unterbrechen wir hier die Argumentation, denn es kann nie schaden, sich über das eigene Vorgehen Rechenschaft abzulegen, und wir sind in der Tat an einem sehr kritischen Punkt angelangt. Beleuchten wir nämlich das soeben Gesagte, so fällt auf, daß wir vom *Shishōsetsu* aus der Sicht des europäischen Lesers nur in der Sprache des Mangels geredet haben. Nicht was er ist, sondern was er nicht ist, rückte ins Blickfeld, und es wird wohl jedem einleuchten, daß eine solche Betrachtungsweise nicht gerade fair ist und darüber hinaus dem Gegenstand auch nicht wirklich gerecht werden kann. Dieses Vorgehen wäre ein Beispiel dafür, was die amerikanische Japanologin Marleigh G. Ryan einmal den »literarischen Imperialismus« genannt hat[9] – die Sichtung und Wertung japani-

---

9 M. G. Ryan: *Modern Japanese Fiction: »Accommodated Truth«*, in: *Journal of Japanese Studies* 2, 2 (1976), S. 249–266, hier S. 254.

scher Werke anhand von europäischen Maßstäben, wobei das
schlechte Abschneiden im Verhältnis zu westlichen Werken natürlich programmiert ist.

Welche Folgerungen haben wir aus dieser Beobachtung zu ziehen? Lassen Sie mich zwei Punkte kurz erläutern. Es geht zum
einen um die Zulässigkeit des Vergleiches. Daß ein europäischer
bzw. nichtjapanischer Leser einen japanischen Roman zunächst
einmal an den ihm vertrauten Exempeln mißt, daß er ihn in seinem
eigenen Verstehenshorizont zu begreifen versucht – dies ist nicht
nur allgemein üblich, sondern durchaus legitim, denn es sind
kaum alternative Zugänge zu einem fremden Gegenstand vorstell-
bar.[10]

Dasselbe Verhalten ist übrigens auch in umgekehrter Richtung
gang und gäbe, so, wenn aus japanischer Sicht europäische »Klas-
siker der Moderne« wie Thomas Manns *Tonio Kröger* oder Dosto-
jewskis Romane kurzerhand zu Vertretern des *Shishōsetsu*-Genres
erklärt werden.[11] Anders, wenn ein Literaturwissenschaftler auf
die gleiche Weise verfahren wollte, denn seine Absicht und seine
Mittel sind andere. Ihm geht es um das Erkennen des Kunstpro-
duktes in seinem So-Sein. Er sucht nach den Regeln, denen es
gehorcht, und spürt die inner- und außerliterarischen Bedingungen für seine Entstehung und sein Fortbestehen auf. Dies setzt
voraus, daß er es nicht in fremden, sondern in seinen eigenen
Kategorien mißt.[12] Hiermit komme ich zum zweiten Teil der Folgerungen:

Es genügt offenbar nicht, einen Text (oder eine Gruppe von Texten) – und sei es noch so sorgfältig und unvoreingenommen – für
sich zu betrachten. Man muß sein Umfeld kennen, die literarische
Tradition, die er weiterführt oder negiert, die empirische Wirklichkeit, auf die er sich bezieht, das Publikum, an das er sich
wendet und vieles mehr, kurz, das gesamte literarische Kommuni-

10 Vgl. hierzu auch die Überlegungen in meinem Rezensionsartikel zu Masao Mi-
    yoshi: *Accomplices of Silence: The Modern Japanese Novel*, in: *NOAG* 121/122
    (1977), S. 151–160.
11 Akiyama Shun, Yagi Yoshinori, Shimamura Toshimasa u. a.: *Shishōsetsu no gen-
    sen*, in: *Waseda bungaku* 7/1977, S. 4–15, hier S. 9 und 11.
12 Die Angelegenheit ist selbstverständlich weit komplizierter, als sie hier dargestellt
    wird. Um den gröbsten Mißverständnissen vorzubeugen, sei nur folgendes ausge-
    führt: Natürlich ist eine Methode notwendig, um die einem Kunstwerk eigenen
    Kategorien zu erschließen – ein reflektiertes Verfahren, das in jedem Falle dem
    Gegenstand »fremd« ist, denn es gehört einer anderen, einer Meta-Ebene an.

kationssystem, das – in welcher Form auch immer – auf den Text einwirkt, ist bei der Analyse zu berücksichtigen. Die Gattung *Shishōsetsu* ließe sich somit in zahlreiche Kontexte einbetten, deren Kenntnis zu ihrem angemessenen Verständnis unerläßlich ist. Besonders reizvoll erscheint mir in diesem Rahmen eine Betrachtung der Autor- und der Leserrolle, wie der *Shishōsetsu* sie vorsieht, um daraus seine kommunikative Gebrauchsfunktion zu erschließen. Außerdem möchte ich auf einige für diese Gattung typische Handlungs-, Wahrnehmungs- und Wertungsmuster hinweisen, die wir nur richtig einzuordnen vermögen, wenn wir sie als Elemente des kulturellen Kodes deuten.[13]

Zunächst zum Autor. Welche Bedeutung hat das Abfassen eines *Shishōsetsu* für ihn selbst? Es gibt zahlreiche Aussagen von japanischen Schriftstellern, die darauf hindeuten, daß ein starker innerer Drang, ein überschäumendes Mitteilungsbedürfnis die Grundmotivation zum Schreiben bilden. Dies ist für sich genommen natürlich nichts Außergewöhnliches, sondern könnte für jeden Schriftsteller gelten. Das Besondere im Falle des *Shishōsetsu* ist jedoch, daß der Schreiber sein eigenes Leben zum Gegenstand nimmt und bevorzugt düstere und krisenhafte Situationen schildert, die ihn nicht selten in ein recht ungünstiges Licht rücken. Was treibt den Autor aber zu dieser Bekennerwut, zu diesem oft geradezu peinlich wirkenden Ausschlachten privater Kalamitäten? Mehrere Aspekte lassen sich herausschälen. Da ist zum einen die tagebuchartige Funktion dieser Literatur als Möglichkeit des »Sich-von-der-Seele-Schreibens« von Problemen, eine Form der Aufarbeitung, die in vielen Kulturen angewendet wird, die in Japan aber eine besonders lange und lebenspraktische Tradition aufweisen kann, denn sie dient hier in besonderem Maße der Selbstfindung angesichts verschwimmender Ich-Grenzen.[14] Daneben hat das

13 Zur hier vorgeschlagenen Betrachtungsweise sowie zur Terminologie vgl. etwa Jurij M. Lotman: *Die Struktur literarischer Texte*, München 1972, oder Günter Waldmann: *Kommunikationsästhetik 1: Die Ideologie der Erzählform. Mit einer Modellanalyse von NS-Literatur*, München 1976.

14 Vgl. hierzu etwa die Beobachtungen eines Sozialanthropologen und eines Psychologen: William A. Caudill und Doi Takeo: *Interrelations of Psychiatry, Culture and Emotion in Japan*, in: *Man's Image in Medicine and Anthropology*, hg. von Iago Galdston, New York 1963, S. 374–421, hier S. 390. Wie weit auch in früheren Jahrhunderten der Zweck der Selbstfindung beim Tagebuch-Schreiben (unbewußt) im Mittelpunkt stand, läßt sich nicht leicht ermitteln. – Zur Tradition des literarischen Tagebuchs, der »Tagebuch-Literatur« (*nikki bungaku*), s. meine *Selbstentblößungsrituale*, a. a. O., S. 229 ff.

Niederschreiben, wie viele Autoren gestehen, auch eine starke kathartische Wirkung. Andererseits genießt dieser Beichtgestus in der japanischen Kultur aber auch einen besonderen ethischen Wert. Die Selbstentblößung gilt nachgerade als eine moralische Handlung, denn sie dokumentiert die absolute Aufrichtigkeit des Schreibenden, und Aufrichtigkeit ist die zentrale Tugend der *Shishōsetsu*-Schreibweise, die in der eingangs vorgestellten Definition in der Form des gattungskonstitutiven Faktizitäts-Elements bzw. Echtheits-Postulats erschien.

Damit ist der »Gewinn«, den der *Shishōsetsu*-Autor aus seinem Beichtimpuls schöpft, nicht nur »privater« Natur. Er kann sich darüber hinaus an der Bewunderung seiner Leserschaft weiden. Seine Selbstbestätigung wächst mit dem Grad an Offenheit in seinen Schilderungen, die das Publikum mit gesteigerter Wertschätzung honoriert, und je schmerzvoller die geschilderten Erfahrungen ausfallen, desto größer ist auch der Trost, den der Autor aus der antizipierten Anteilnahme der Leser schöpft.

Aus der Sicht des japanischen Rezipienten macht diese Leidensbereitschaft eine der wichtigsten Qualitäten des Shishōsetsu aus. Man erwartet von seinem Protagonisten heutzutage wie ehedem ein imagegerecht problembeladenes Leben. Armut besitzt offensichtlich den stärksten demonstrativen Effekt, daher stünde Wohlstand einem *Shishōsetsu*-Autor schlecht zu Gesicht. Um es mit den Worten des Literaturwissenschaftlers und Kritikers Toyama Shigehiko zu sagen:

»Ein Autor, der einen ausländischen Wagen fährt und Golf spielt und der *Shishōsetsu* schreibt, das paßt irgendwie nicht zusammen. ... Es kommt zwangsläufig dazu, daß ein Shishōsetsu in dem Maße uninteressant wird, wie sich die wirtschaftliche Lage des Autors bessert.«[15]

Andererseits hat sich die soziale und damit auch die wirtschaftliche Position des Schriftstellers in der japanischen Gesellschaft seit Beginn dieses Jahrhunderts grundlegend gewandelt. Aus dem armen Intellektuellen, der unter vielen Entbehrungen die öffentliche Achtung für sein Metier mühsam erkämpfen mußte, ist inzwischen eine allseits angesehene Figur mit hohem Bekanntheitsgrad und gutem Einkommen geworden. Was also, wenn die äußeren Bedingungen einem *Shishōsetsu* zuwiderlaufen oder

15 Toyama Shigehiko: *Shishōsetsu dokusha-ron*, in: *Waseda bungaku* 7/1977, S. 25–27, hier S. 26.

wenn etwa keine Krise im Anzug ist, aus der der Stoff zum Schreiben erwächst?

Die Vermutung liegt nahe, daß der Künstler sich in diesem Fall gezwungen sieht, nachzuhelfen, daß er bisweilen Zuflucht zur Inszenierung nimmt, um für literarischen Stoff zu sorgen, so wie übrigens auch die musterhaftesten *Shishōsetsu*, z. B. das zuvor skizzierte »Ko wo tsurete«, nicht ohne Stilisierung auskommen.

Hier offenbart sich ein logisches Dilemma, das Autoren, Literaturkritiker und Leser in Japan möglichst zu verdrängen suchen, denn es rüttelt an den Grundfesten der Vorstellungen über das Wesen des *Shishōsetsu*. Während man einerseits nämlich auf dem Echtheits-Prinzip beharrt und fordert, daß ausschließlich authentische Erfahrungen geschildert werden dürfen, beherrscht andererseits der Mythos vom Leben für die Kunst, vom sich verzehrenden Künstler das Bild des Schriftstellers. Schonungslose Aufrichtigkeit, wie sie von allen Seiten vorausgesetzt wird, müßte im Fall der Inszenierung aber zum Eingeständnis der Konstruiertheit führen. Damit würde sich das betreffende Werk jedoch zugleich als Nicht-*Shishōsetsu* zu erkennen geben, denn es kann nicht mehr als spontane Lebensäußerung anerkannt werden.

Bei Personen, die wie der Autor eines *Shishōsetsu* einen überstarken Drang zur Selbstdarstellung besitzen, vermutet man bestimmte Eigenschaften, die diese Obsession stützen. Selbst einem psychologischen Laien springt bei der Lektüre der übersteigerte Narzißmus des Romanhelden bzw. des Autors ins Auge. Der exhibitionistische Ehrgeiz setzt ein hohes Maß an Exaltiertheit voraus, welche aus der Selbstisolation des Subjekts erwächst. An den literarischen Produkten läßt sich dies im allgemeinen ohne Schwierigkeit nachweisen. Auch Oda, der Protagonist aus dem angeführten Romanbeispiel, legte eine Unfähigkeit zur Kommunikation an den Tag, die an Autismus grenzt. Das Unvermögen zu jeder Objektbeziehung und der Stolz auf sein Verhalten sind in der Tat typisch für den Narzißten. Am konzentriertesten sehe ich diese Eigenschaften in dem bereits erwähnten Shiga Naoya verkörpert, den der wohl berühmteste japanische Literaturkritiker, Kobayashi Hideo, denn auch einen »Ultra-Egoisten« genannt hat.[16]

Versuchen wir in aller Vorsicht, eine Hypothese für die Ursachen

16 Kobayashi Hideo: Shiga Naoya, in: *Kobayashi Hideo zenshū*, Band 4, Tōkyō 1967, S. 16.

dieses für den *Shishōsetsu*-Autor typischen Narzißmus zu formulieren. Er läßt sich m. E. im Zusammenhang mit der für die gesamte japanische Soziokultur charakteristischen »amae«-Struktur sehen, auf die vor allem der Psychologe Doi Takeo aufmerksam gemacht hat.[17] »Amae« entspricht in etwa der »passiven Objektliebe«, wie Balint sie als Merkmal der oralen Phase in der Entwicklung des Kleinkindes herausstellte.[18] Im Unterschied zum westlichen Schema, in dem diese Stufe in einer »normalen« Persönlichkeitsentwicklung überwunden wird, schwächt sich dieses Verlangen nach »amae« im Entwicklungsverlauf des japanischen Individuums nicht ab, sondern behält seine eminente Bedeutung bei. Die starke narzißtische Komponente steht in unmittelbarem Zusammenhang mit der »amae«-Struktur. Wir können also annehmen, daß die *Shishōsetsu*-Autoren diese Eigenschaft lediglich in stärker ausgeprägter Form besitzen. Sie weisen somit nationaltypische Persönlichkeitsstrukturen auf, deren systematische Erforschung wertvolle Einblicke in soziokulturelle Zusammenhänge vermitteln könnte.

Eine letzte Beobachtung zur Rolle des Autors soll diese erste Skizze abschließen. Zum Selbstbild des *Shishōsetsu*-Schreibers gehört die Vorstellung, im Kampf gegen die Gesellschaft zu stehen, eine Überzeugung, die vom Publikum und der Kritik geteilt wird. Lassen wir einen Schriftsteller in dieser Angelegenheit zu Worte kommen.

Ishikawa Tatsuzō (geb. 1905) beschreibt seine Situation wie folgt:

»Das Schreiben ist der Kampf eines einsamen Geistes *(tamashii)*. Alle Schriftsteller betrachten ihre Gestalt in ihrem einsamen Studierzimmer, suchen tastend ihren Geist und lieben diese Einsamkeit. Diese Einsamkeit ist es, die uns am reichsten erfüllt. Während wir vor dem Schreibtisch sitzen, spielt sich unser Kampf ab. In diesem Kampf gibt es keine Verbündeten, man ist ganz auf sich gestellt. Und der Feind ist die sich unendlich ausdehnende Gesellschaft.«[19]

Die gesellschaftliche Position des *Shishōsetsu*-Autors läßt sich zutreffender jedoch als institutionalisiertes Außenseitertum um-

17 Vgl. Doi Takeo: »*Amae« no kōzō*, Tōkyō [13]1971.
18 Vgl. Caudill und Doi 1963 (s. Anm. 14), S. 407.
19 Ishikawa Tatsuzō: *Roman no zantō*, in: *Ishikawa Tatsuzō sakuhinshū*, Band 6, Tōkyō 1957, S. 137–214, hier S. 138.

reißen, das fälschlicherweise mit einem »Kampf *gegen* die Gesellschaft« identifiziert wird. Der Künstler genießt ein bestimmtes Maß an Narrenfreiheit, dessen Grenzen ihm durchaus bewußt sind.

Da er sich apolitisch verhält – und notfalls auch vor einen ideologischen Karren gespannt werden kann, wie vor allem die »Konversions-Literatur« (*tenkō bungaku*) der dreißiger bis mittvierziger Jahre (aber nicht nur sie) bewies –, geht von dem ihm gewährten Freiraum keine Gefahr für den Bestand der überkommenen gesellschaftlichen Werte aus.

Diese Stellung erkämpften sich die Schriftsteller seit dem Beginn der Meiji-Zeit, und auch im Falle der ersten *Shishōsetsu* bedurfte es sicherlich noch eines nicht unbeträchtlichen Mutes, mit »Bekenntnissen« an die Öffentlichkeit zu treten. Bald schon verfestigte sich der Beichtgestus aber zu einem Muster, und da der Inhalt der Beichten auf nur wenig variierbare Themen wie außerehelicher Sex, Mißhandlung der eigenen Familie, pekuniäre Probleme u. ä. beschränkt blieb, ließ sich auch die Publikumsreaktion vorausahnen. Was Dōke Tadamichi im folgenden vorbringt, trifft daher allenfalls auf die ersten *Shishōsetsu* zu, denn er läßt außer acht, daß die Selbstentblößung sehr schnell zur Pose gerann, zumal die sich herausbildenden literarischen Konventionen sie in der Folgezeit geradezu erzwangen und damit für legitim erklärten, was als Frevel begonnen hatte. Dōke schreibt:

»Gegenüber der vulgären bestehenden Moral (*dōtoku*) eine besonders ›unmoralische‹ Selbstentblößung vorzunehmen, war eine Handlung, die den Mut des Schriftstellers erforderte. Die Aufrichtigkeit einer totalen Selbstentblößung ist das höchste Ethos des *Shishōsetsu* (sic!). Vergnügen mit Geishas oder Prostituierten, das Verlassen von Frau und Kindern um der freien Liebe willen und auch Geschichten vom Geldleihen und nächtlicher Flucht (vor den Gläubigern) – ob ein Schriftsteller diese Dinge, die man normalerweise niemandem erzählt, öffentlich bekennt, wird zum Beweis für seine Aufrichtigkeit.«[20]

Nichts könnte deutlicher dieses Außenseitertum charakterisieren als der enge private Lebensbereich, in dem es sich nach Dōke beweisen kann. Der gegen die Gesellschaft gerichtete Impetus, den die *Shishōsetsu*-Forschung unterstellt, entpuppt sich als vor-

20 Dōke Tadamichi: *Shishōsetsu no kiso*, in: *Bungaku* 12/1953, S. 49–55, hier S. 52f.

wiegend gegen die eigene Person gerichteter Trotzakt anpassungs-unfähiger Egozentriker. Festzuhalten bleibt, daß Fragen von allgemein-gesellschaftlicher Relevanz im *Shishōsetsu* keine Rolle spielen, denn der Autor begreift sich als apolitisches Wesen. Nur aufgrund dieser apolitischen Denkweise kann sich die Illusion halten, der *Shishōsetsu* und sein Autor stünden in Opposition zum System. Der Künstler selbst scheint mit seiner ihm zugestandenen Außenseiterrolle jedenfalls nicht unzufrieden zu sein.

Wenden wir uns nun der Figur des Lesers und seinem Verhältnis zu dieser Literatur zu. Der *Shishōsetsu* enthält zahllose Faktoren, die das Interesse des Publikums an der Individualität des Autors wecken, die unübersehbar auf sie verweisen und die z. T. nur aufgrund von biographischen Vorkenntnissen vom Leser verstanden werden können. So fordert er zu einer Leseweise heraus, der das Auditorium nur zu gern nachkommt. Es kann kein Zweifel darüber bestehen, daß ein wichtiger Grund für die Beliebtheit der Gattung der mit ihr sanktionierte öffentliche Voyeurismus ist, dem in Japan eine besonders große Bedeutung zuzukommen scheint. Diesen charakteristischen Grundzug kann niemand übersehen, der sich etwa mit japanischen Massenmedien beschäftigt. Der enorm große Anteil an Gesellschaftsnachrichten in Tageszeitungen und Zeitschriften aller Art oder auch der filmstarähnliche Status japanischer Schriftsteller sind vielleicht die auffälligsten Indizien für diese Tendenz, die sich historisch gesehen aus einem insgesamt anderen Öffentlichkeitsbegriff herleiten läßt.[21]

Die Ansicht, daß die Befriedigung des voyeuristischen Interesses am Privat-Biographischen und Pikanten einen wichtigen Teil des Lesevergnügens bildet, wobei dieses durch die Gattung als Institution öffentliche Legitimation erfährt, wird auch von japanischer Seite vertreten. Der bereits zitierte Toyama Shigehiko meint zu diesem Thema:

»Das ›Ich‹ eines anderen zu belauschen, ist unanständig, aber wenn man selbst das eigene ›Ich‹ nicht gut versteht, übt das ›Ich‹ eines anderen die Rolle eines Spiegels aus. Das eigene ›Ich‹ will

---

21 Zum japanischen Öffentlichkeitsbegriff existiert bisher noch keine Studie, wie sie etwa für die hiesige Situation Jürgen Habermas (*Strukturwandel der Öffentlichkeit: Untersuchungen zu einer Kategorie der bürgerlichen Gesellschaft*, Darmstadt und Neuwied ¹⁰1979) vorgelegt hat. Eine solche Untersuchung würde m. E. jedoch wertvolle Erkenntnisse zum »bürgerlichen« Selbstverständnis und zahlreichen anderen Aspekten, die sich auch in die *Shishōsetsu*-Forschung mit Gewinn einbringen ließen, liefern.

man niemandem zeigen, aber das ›Ich‹ eines anderen will man heimlich beobachten und sich selbst danach korrigieren. Ein solches Gefühl existiert mehr oder weniger unterbewußt in den Herzen der Leser literarischer Werke. Ein Reiz auch des Shishōsetsu liegt darin, daß das Belauschen öffentlich erlaubt ist.«[22]

Mit seiner Interpretation liefert Toyama gleichzeitig eine Beschreibung exemplarischer *Shishōsetsu*-Lektüre. Wenn der Leser den Romanhelden als »Spiegel« betrachtet und sein eigenes Verhalten daran überprüft, so sieht er in dieser Literatur eine realistisch-mimetische Schilderung der ihn umgebenden Realität, und das betreffende Werk besitzt einen exakt definierbaren Gebrauchswert als Lebenshilfe. Diese Lebenshilfe kann, wie von Toyama beschrieben, in der Möglichkeit zur Überprüfung eigener Verhaltensweisen[23], oder, allgemeiner, in dem Identifikationsangebot liegen, das der *Shishōsetsu* darstellt. Beobachten wir einmal, wie diese Identifikation durch die gesamte Anlage eines solchen Textes unterstützt wird:

Das Publikum ist mit vielen Einzelheiten im Werk vertraut. Es erkennt Personen und Lokalitäten wieder. Auch mit wachsendem Zeitabstand zwischen der Gegenwart des Konsumenten und der des literarischen Geschehens bleibt die Aktualität erhalten, denn geschildert werden wahrhaft zeitlose Begebenheiten. Eheprobleme, Geldsorgen, Krankheiten und Liebschaften als typischer zentraler *Shishōsetsu*-Gegenstand sind weitgehend unabhängig von gesamtgesellschaftlichen Entwicklungen, die sowieso nie bewußt ins Blickfeld rücken, und es tut der unmittelbaren Wirkung des Werkes auch keinen Abbruch, wenn das Publikum eines älteren *Shishōsetsu* feststellt, daß etwa ein bestimmtes Café inzwischen umgetauft wurde.

Besondere Überzeugungkraft gewinnt der *Shishōsetsu* für den japanischen Leser dadurch, daß er darin in großem Umfang seine eigene Lebenswelt wiedererkennt. Die Probleme des Ich-Erzählers sind so allgemeiner Natur, daß sich praktisch für jeden einzelnen Verbindungspunkte zu seiner eigenen Existenz ergeben.

---

22 Toyama Shigehiko 1977 (s. Anm. 15), S. 25.
23 Diese Art der Rezeption scheint der zuvor gemachten Aussage zu widersprechen, nach der die Leser einen *Shishōsetsu* weitgehend unkritisch-sentimental goutieren, denn Verhaltensüberprüfung setzt im allgemeinen analytischen Abstand voraus. Ich vermute jedoch – und der Gesamtzusammenhang bestätigt dies –, daß Toyama gar nicht etwa ein solches kognitiv gesteuertes Verhalten im Auge hatte, sondern eher eine emotionale Selbstbespiegelung und Selbstbestätigung.

Hinzu kommt, daß der Erzähler keine Reflexionen über das eigene Künstlertum oder das Schreiben einflicht[24], so daß auch in dieser Hinsicht kein Abstand zu einem durchschnittlichen bürgerlichen Leben sichtbar wird. Lediglich in einem Punkt hebt sich die literarische Realität von der des Lesers ab, doch auch dies beinhaltet keine qualitative Differenz:

Der Protagonist des *Shishōsetsu* genießt etwas mehr Freiraum als der Durchschnittsbürger, er kann aber auch verzweifelter sein und in ausweglosere Situationen geraten. Daneben gesteht man ihm größere Sensibilität, größere Hilflosigkeit und ein größeres »amae«-Bedürfnis (d. h. mehr Narzißmus!) zu. Dies alles gehört zum Künstlerimage. Die Differenz zwischen »Normalbürger« und Künstler begründet jedoch keine wirkliche Andersartigkeit, denn die Art der Probleme, die Weise, wie sie erlebt und bewältigt werden, bleibt gleich.

Die Welt des *Shishōsetsu* vermittelt dem japanischen Rezipienten dadurch die Illusion der Wirklichkeit selbst, daß der gewählte Wirklichkeitsausschnitt sich auf die unmittelbare Lebenswelt des Ich-Erzählers beschränkt und dieser Ausschnitt sich weitgehend mit dem von ihm wahrgenommenen Ausschnitt deckt. Identisch ist in beiden Fällen auch die vorwiegend privatistische, apolitische, intuitionistische und antiintellektuelle Sicht- und Erlebensweise. Der *Shishōsetsu* macht den japanischen Leser also auch nicht mit einer neuen Kategorie innerhalb dieses engen privaten Bereichs bekannt, etwa mit Selbstanalyse, neuen Problemlösungsstrategien, anderen als den geläufigen Erkenntnisweisen u. a. m., sondern er bietet die herkömmlichen in konzentrierter Form dar. Die im *Shishōsetsu* präsentierte Wirklichkeit gewinnt dadurch ihren paradigmatischen Stellenwert, daß der japanische Leser in ihrer Struktur die Struktur seiner Lebenserfahrung wiedererkennt.

Es dürfte inzwischen deutlich geworden sein, daß der *Shishōsetsu* für den Leser wie für den Autor ähnliche Funktionen erfüllt. Literaturwissenschaftlich gesprochen, können wir von einer weitgehenden Autor-Leser-Homologie ausgehen.[25] Die Ventilfunktion

---

24 Die bereits zitierten Einleitungssätze von Ishikawa Tatsuzōs *Roman no zantō* mögen dazu als Widerspruch erscheinen, aber man kann sich davon überzeugen, daß sie nicht Reflexionen im eigentlichen Sinne sind, sondern eher Stoßseufzer mit der Funktion, die eigene Ausnahmeexistenz als Künstler herauszustellen.

25 Zur methodischen Fundierung vgl. z. B. G. Waldmann 1976 (s. Anm. 13), S. 46 ff.

dieser Literatur, ihr psychohygienischer Effekt, entfaltet sich gleichermaßen auf der Sender- wie auf der Empfängerseite. Eine tröstende und heilende Wirkung geht von der Produktion und von der Rezeption des *Shishōsetsu* aus, und er bietet Raum zum passiven Ausleben von Frustrationen und zur Regression auf eine Stufe, in der das Leben weniger komplex erscheint.

Schließen wir hiermit die grobe Skizze der Autor- und Leserrolle ab. Es versteht sich von selbst, daß viele Aspekte unerwähnt bleiben mußten. Eine wesentliche Seite haben wir sogar völlig ignoriert – die Kunsthaftigkeit der Gattung *Shishōsetsu*. Doch ging es in diesem Zusammenhang um eine Untersuchung der kommunikativen Gebrauchsfunktion, einer sehr bedeutenden Komponente, die systematisch bisher noch nicht ins Blickfeld der Literaturwissenschaft gerückt ist, und dies mag die zeitweilige Vernachlässigung des *Shishōsetsu* als ästhetisches Gebilde entschuldigen.

Literatur ist ein viel zu komplexer Gegenstand, als daß er sich umfassend in allen seinen Facetten präsentieren ließe. Auch diese Darstellung mußte, um Tendenzen sichtbar werden zu lassen, zuweilen auf das Nachzeichnen von Zwischentönen verzichten und vieles in grobschlächtiger Kürze abhandeln, das einer sorgfältigeren Beweisführung bedurft hätte.[26] Dies gilt nicht zuletzt auch für die kurzen Betrachtungen zur Verflochtenheit des *Shishōsetsu* mit dem soziokulturellen Kontext bzw. mit Elementen des kulturellen Kodes, mit denen ich diese Ausführungen abrunden möchte.

Eine Frage wurde im Laufe der Betrachtungen zum *Shishōsetsu* lediglich gestreift und mit dem Hinweis auf die kathartische Funktion nur halbwegs beantwortet. Es ist die Frage, warum dem Leiden so viel Wert beigemessen wird und warum Autoren wie Leser die Quellen der Kunst so eindeutig in den Qualen des Lebens vermuten. Eine weitergreifende Erklärung hat auf die traditionelle japanische Auffassung zu verweisen, daß Leiden eine tiefere Erfahrung als Freude und Glück darstellt.[27] Trauer und Schmerz machen demzufolge das Eigentliche des Menschseins aus, und da dieser Gedanke auch dem *Shishōsetsu* zugrunde liegt, gibt er eine exemplarische Grunderfahrung wieder, die für japanische Persönlichkeitsbildung unabdingbar erscheint. Das Ziel japa-

---

26 Ein kompletteres Bild der hier entworfenen Problematik enthält die Untersuchung *Selbstentblößungsrituale*.

27 Vgl. hierzu im einzelnen Minami Hiroshi: *Psychology of the Japanese People*, Tōkyō 1971, *The Sense of Unhappiness*, S. 49–98.

nischer Persönlichkeitsentwicklung ist, pauschal gesprochen, nicht so sehr die freie Entfaltung und selbstverantwortliche Lebensgestaltung eines autonom gedachten Individuums, als vielmehr das Erreichen einer harmonischen Einheit mit sich und der Welt, ein als »aru ga mama« bezeichneter Zustand, in dem man Welt und Leben akzeptiert, wie sie sind.

Dieses altehrwürdige, aber immer noch aktuelle Ideal erscheint mit Vorliebe in Verbindung mit ästhetischen Konzepten, die ebenso tief in der japanischen Geschichte wurzeln. Gemeint sind vor allem die Muster »mujōkan« und »mono no aware« in ihrem kaum überschaubaren Assoziationsreichtum. »Mujōkan« als säkularisierte Melancholie aus dem buddhistischen Bewußtsein von der Unbeständigkeit und Vergänglichkeit irdischen Lebens hervorgegangen, prägte seit der Heian-Zeit die Grundstimmung der Kunstwerke, die den Kanon japanischer Ästhetik bilden. »Mono no aware«, das »Angerührtsein von den Dingen«, ist eine ästhetizistische Grundhaltung, die große Affinität zum Lyrischen verrät. »Mono no aware« und »mujōkan« werden seit Jahrhunderten insbesondere durch Naturerlebnisse ausgelöst – nicht anders ist es im Shishōsetsu. Viele kleine Begebenheiten am Rande – detailhafte Beobachtungen von Insekten oder anderen Lebewesen oder auch der Anblick von Blumen – erinnern nicht von ungefähr an die Thematik der Haiku- und der Waka-Dichtung. Die Natur ist Trostspender und inniges Refugium. Sie gilt als beglückende Alternative zur menschlichen Gesellschaft.

In engem Zusammenhang mit den quietistischen und eskapistischen Zügen dieser Haltung steht der fast zwanghafte Irrationalismus im Shishōsetsu wie auch die fatalistische Grundstimmung. Der Shishōsetsu-Held ist Opfer seiner Befindlichkeiten und Gefühle. Er sieht sich dem Leben hilflos ausgeliefert und kann nur reagieren, wobei er noch nicht einmal die Wirkung seiner eigenen Handlungen zu erahnen vermag. Da er sich nicht um Einsicht in seine Lage bemüht (denn dies wäre »rationalistisch«), kann er auch keinen Unterschied zwischen eigenem Verschulden und gesellschaftlicher Bedingtheit ausmachen. Alle leidvollen Erfahrungen werden einerseits als unabwendbares Schicksal voller Selbstmitleid beklagt, andererseits sind sie Anlaß zu sentimentalem »mujō«-Gefühl, d. h. sie werden ihrer Konkretheit entkleidet und ästhetisch überhöht. Daß z. B. Frau und Kinder hungern, ist für den Shishōsetsu-Protagonisten nicht etwa Anlaß zur Reflexion auf die

Ursachen der Not oder zur Suche nach konkreten Möglichkeiten, sie abzuwenden, sondern die Tatsache gereicht zum Vorwand, sich gründlich zu betrinken, um dann das Elend der ganzen Menschheit zu beweinen.

Der im *Shishōsetsu* vorherrschende Fatalismus trägt in japanischer Sicht die positiven Züge des als Tugend geltenden »*akirame*«-Verhaltens, der Resignation angesichts eines unabwendbaren Schicksals, wobei vieles als Schicksal eingestuft wird, das für Europäer in den Bereich des Machbaren, Beeinflußbaren und der persönlichen Verantwortlichkeit fällt. Die Fähigkeit zum »*akirame*«, zur bedingungslosen Resignation, gilt in Japan jedoch als Zeichen menschlicher Reife und Weisheit und ist eng mit dem buddhistischen »Erleuchtungs«-Ideal (*satori*) verknüpft.[28] Insofern fügt sich auch die ästhetisierende Abstrahierung von der konkreten Lebenssituation in das Idealbild der reifen japanischen Persönlichkeit ein, denn sie ist dann äußerliches Indiz für die Erlangung des Zustandes der »Ichlosigkeit« (»*muga*«, »*mushi*«). Hier schließt sich einer der konzentrischen Kreise, in denen wir dem Phänomen *Shishōsetsu* auf die Spur zu kommen versuchten. Zuweilen mag der Eindruck entstanden sein, als befänden wir uns in einem gedanklichen Spiegelkabinett. Immer wieder wurde ein und derselbe Gegenstand aus unterschiedlichen Blickwinkeln beleuchtet, kamen neue Aspekte der einen Sache zur Sprache. Doch wenn dieses schlingernde Einkreisen des *Shishōsetsu* das Auge des Betrachters auf die mannigfaltigen Zusammenhänge zu lenken vermochte, in denen Literatur lebt und aus denen heraus sie sich begreifen läßt, so ist ein wichtiger Zweck erfüllt.

Literaturwissenschaft enthält in ihrem Kern auch eine anthropologische Zielrichtung. Sie fragt nach der »Funktion der Literatur für den ›menschlichen Haushalt‹«.[29] Wer könnte die reichen Erkenntnismöglichkeiten, die dieser Zielrichtung innewohnen, besser für sich fruchtbar machen als die Japanforschung, die, am Schnittpunkt zweier einander fremder Kulturen, die Chance erhält, Lebensäußerungen, Seinsweisen und künstlerische Gestaltungsformen in ihrer Bedingtheit und in ihrer Einmaligkeit zu erfassen.

28 Vgl. in diesem Zusammenhang etwa Takie Sugiyama Lebra: *Japanese Patterns of Behavior*, Honolulu ... «1976, S. 167.
29 Wolfgang Iser: *Der Akt des Lesens: Theorie ästhetischer Wirkung*, München 1976, S. 9.

III

Probleme transkulturellen Verstehens

Vexierspiegel – einander gegenübergestellt

*Zum Japanbild in deutschsprachigen Publikationen und
zur japanischen Perspektive*

Aus der japanischen Perspektive des Jahres 1986 nimmt sich Europa als ein zunehmend in Bedeutungslosigkeit versinkender ferner Kontinent am äußersten Rande des asiatischen Festlandes aus – eine »alte« Welt, die für den Augenblick noch ein wenig von den Zinsen ihrer glanzvollen Tage zehrt. Gewiß, man hat seine Geschichtslektionen gelernt und erinnert sich auch, nicht ohne eine Prise Nostalgie, an jene nun so unwiederbringlich ins Damals entschwundenen Tage, als Europa vor allem als Vorbild und Lehrmeister fungierte. Doch ist, so man den wohlfeilen Bekundungen der öffentlichen Meinung Glauben schenken darf, die rückblickend für gut hundert Jahre gültige Parole des *»oitsuke, oikose«* (Einholen und Überholen) nun endgültig obsolet, da Japan wirtschaftlich – und was zählt mehr als Wirtschaft? – zur Großmacht avancierte. Zu lernen kann es nur noch wenig geben – und Lernen war neben dem Handeltreiben, soweit nicht ohnehin dem letzteren zweckbestimmt untergeordnet, ein Hauptgrund des Kontakts mit dem Ausland – wenn man auf den zur Priorität erklärten Gebieten der Technologie selbst an die Weltspitze vorgerückt ist. Ebenbürtig sind allenfalls die USA, mit denen man rechnen muß, vor allem auch, was ihre wiederholten protektionistischen Drohungen angesichts der nicht aus der Welt zu schaffenden Spannungen, der »ökonomischen Reibungen« (*keizai masatsu*) angeht; doch diese wiederum beruhen im wesentlichen auf »Mißverständnissen« wie dem neuerdings so gern zitierten »perception gap«.

Europa bleibt Autorität auf eher peripheren Gebieten wie Mode und – mit Einschränkungen – Kultur, und es hat nichts von seiner touristischen Anziehungskraft verloren, wenngleich seine Städte und seine von Hochglanzprospekten bekannten Landschaften Japanern mittlerweile wohl eher als überdimensioniertes Disneyland vorkommen mögen, bar allen auf die eigene Lebenswirklichkeit beziehbaren Realitätsgehalts. Doch dies ist nicht nur eine Nebenfolge der Reisegewohnheiten durchschnittlicher japanischer Touristen, die in sechs Tagen durch zehn europäische Länder geschleust werden. Japan hat sich ohnehin in seiner Einmaligkeit eingerichtet, und Kontakte mit dem Ausland bestätigen dabei nur seine Unvergleichbarkeit. Die Frage nach der eigenen nationalen und kulturellen Identität mag zwar durch die Konfrontation mit dem Rest der Welt entscheidende Impulse erhalten haben, doch läßt sie sich angemessen wohl nur in der Introspektion beantworten. Intellektuelle Nabelschau steht auf dem Programm.

Gern wünschte man sich als Europäer, dieses stark überspitzte und also vergröberte und vereinfachte Schema eines in den japanischen Medien vorherrschenden Meinungsbilds sei in der Tendenz falsch gezeichnet; aber es fällt schwer, die stereotypen Indizien zu übersehen, etwa den geringen Anteil der Auslandsberichterstattung oder das schwache Interesse an Nicht-Japanischem, so es nicht Teil der konsumierbaren, vermarkteten japanischen Angebotspalette ist. Ein unmittelbarer pragmatischer Bezug zu Japan (besonders häufig im Zusammenhang mit Exportproblemen) oder voyeuristisches Interesse bei Katastrophen größeren Ausmaßes vermögen die Aufmerksamkeit der japanischen Öffentlichkeit noch am ehesten zu gewinnen, doch herrscht ansonsten eine geradezu verblüffende geistige Isolation, die nur in Richtung USA durchbrochen wird.

Allerdings würden wohl nur wenige japanische Intellektuelle dieser Feststellung zustimmen, denn noch immer ist man hier der Ansicht, daß das bisher vorherrschende, zweifellos riesige Informationsgefälle zwischen Japan und »dem Westen« ihrem Land in dieser Hinsicht einen uneinholbaren Vorsprung sichert, zumal die oft genug verbalisierte und durchweg vorausgesetzte Übereinkunft besteht, daß »der Westen« für Japaner leichter zugänglich sei als umgekehrt. Während es für Japaner kein Problem bereite, europäische Philosophie oder Literatur »richtig« zu verstehen, müsse japanische Geisteswelt dem Europäer aufgrund ihres einzigartigen Charakters weit schwerer zugänglich sein, ja letztlich ganz verschlossen bleiben. Die Distanz zwischen Europa und Japan ist mithin aus japanischer Sicht wesentlich größer als umgekehrt. Indessen läßt sich kaum verheimlichen, daß nicht nur eine gehörige Portion japanischer Selbsttäuschung, sondern auch der ständig neu gespeiste westliche Mythos von der japanischen Unzugänglichkeit, der »rätselhaften Nation«, zu dieser eigentümlichen Bildverzerrung beitragen. Doch verschaffen wir uns zunächst einen Eindruck von dem Bild, das in einigen für ein breiteres Publikum verfaßten aktuellen Japan-Büchern von diesem Land gezeichnet wird.

I. Japan in deutschsprachigen Publikationen

Bei der Auswahl der Publikationen geht es zum einen um Aktualität, zum anderen darum, Darstellungen zu erfassen, die dazu prädestiniert erscheinen, das Japanbild im öffentlichen Bewußtsein in größerem Umfang mitzuprägen, sei es aufgrund hoher Verbreitung oder auch aufgrund der den Verfassern zugeschriebenen besonderen Kompetenz und Autorität. Daß es sich in der Mehrzahl um populärwissenschaftliche Schriften handelt, darf die Sorgfalt des Rezensenten nicht beeinträchtigen; denn erstens enthebt eine für ein nicht-spezialisiertes Publikum verfaßte Darstellung einen Autor nicht von seiner Pflicht, ein angemessenes und sachlich richtiges Bild zu liefern, und zweitens sollten gerade solche als Multiplikatoren fungierenden populären Erzeugnisse nicht aufgrund ihrer volksnahen Klassifizierung durchs Raster ernstzunehmender Analyseobjekte schlüpfen. Unser Interesse ist nämlich zugleich ein in weitem Sinne ethnologisches, indem wir über die Rekonstruktion verbreiteter und breit rezipierter Japan-Konzepte auch zur Frage nach den Motiven für bestimmte Schwerpunktsetzungen, Einseitigkeiten und Trivialisierungen vorzudringen versuchen.

Die Besonderheit dieses Beitrags liegt darin, daß der Deskription eines Ausschnitts aktueller Japan-Vorstellungen im deutschsprachigen Raum anschließend als Kontrastbild eine kondensierte Skizze des gleichzeitig in Japan vorherrschenden Selbstbilds gegenübergestellt wird, wobei es sich teilweise wiederum um Reaktionen auf deutschsprachige Publikationen handelt. Diese simultan existierenden Japanbilder – ein in Mitteleuropa verbreitetes und ein annähernd repräsentatives japanisches Selbstbild – spiegeln sich ineinander mitsamt ihren Verzerrungen, und sie werfen, so die Idealvorstellung, auf einer neuen Ebene Möglichkeiten für ein differenziertes Verständnis und adäquatere Beschreibungen ab.

Der Zugang ist bewußt sachlich-deskriptiv. Die Dokumente verschiedengradig problematischen Bewußtseins sollen eben diese Problematik aus sich selbst heraus erhellen und nicht etwa im flinken Schnellgerichtsverfahren von einer wiederum ideologischen

Position aus abgeurteilt werden. Daß die deutschsprachigen Publikationen dabei in etwas anderer Weise gehandhabt werden als im Anschluß daran die japanischen Beispiele, erklärt sich aus der gesamten Anlage des Beitrags. Doch nun zum ersten Beispiel:

1. Ein wackerer Eurozentrist

Ein etwas verspäteter Vertreter der mittlerweile reichlich vorliegenden Japanliteratur zum Thema »Erfolgsgeheimnisse« soll den Auftakt bilden: Michio Morishima: *Warum Japan so erfolgreich ist – Westliche Technologie und japanisches Ethos.* Aus dem Englischen von Manfred Vasold, München 1985.

Die Originalausgabe erschien 1982 in der Cambridge University Press, doch war das Manuskript nach Angaben des Autors, Professor für Nationalökonomie an der London School of Economics and Political Science, bereits 1978 abgeschlossen (Vorwort, S. 8). Der mit dem Titel verkündete Anspruch, eine Erklärung für das bezeichnenderweise ausschließlich in ökonomischen Kategorien gefaßte Phänomen zu liefern, soll unter Rückgriff auf die politische Geschichte eingelöst werden; daneben wird »religionssoziologischen« Betrachtungen ein breiter Raum gewidmet. Seine zentrale These ist die vom spezifisch japanisch ausgeprägten Konfuzianismus, dessen Weiterwirken bis in die Gegenwart im Verein mit dem Shintoismus für die nationalistischen, paternalistischen und antiindividualistischen Züge des japanischen Kapitalismus verantwortlich zu machen sei (S. 27). Zu diesem Zweck erfolgt zunächst ein etwas mühsamer Gewaltmarsch durch 1300 Jahre japanischer Historie.

So ausführlich wie umständlich werden wir im ersten Kapitel über die Taika-Reform des 7. Jahrhunderts, aber auch über das Regierungssystem im alten China (S. 20 ff.) und die »Kebsweiber« des chinesischen Kaisers (S. 22) unterrichtet. Seitenlang werden Machtkämpfe im Japan des 6. bis 17. Jahrhunderts geschildert, durchsetzt mit Bemerkungen der Art, daß »das Geschlechtsleben dieser Menschen ein einziges Durcheinander« sei (S. 30) oder Erklärungen wie der folgenden zum historischen Wirken von Oda Nobunaga:

»Seine Grausamkeiten, vor allem das Massaker von Enryakuji, entsetzte (sic) die Buddhisten. Nach diesem Vorfall zogen sie sich ganz aus dem politischen Leben zurück, auch aus der Caritas – und sie haben sich seither nie wieder auf diese Gebiete begeben. Tempel dienten fortan bloß noch dazu, Trauerfeierlichkeiten zu veranstalten. Daß die meisten Japaner heutzutage areligiös, ja Atheisten sind, mag man teils dem Umstand zuschreiben, daß so früh in ihrer Geschichte dieser gefürchtete, radikal-atheistische, rationalistische Tyrann in Erscheinung getreten war. Trotz alledem bleibt der Buddhismus in Japan eine im Volk beliebte Religion, obschon man bezweifeln kann, daß die Japaner im Buddha ihre Rettung erblicken.« (S. 52)

Autor und Übersetzer erscheinen hier einander ebenbürtig. An wem sollte man eher verzweifeln – dem selbsternannten Historiker Morishima (»einige Historiker – auch ich gehöre dazu...«, S. 36), der Parallelen quer durch die Geschichte zieht und Naka no Ōe (7. Jh.) mit General Tōjō aus dem Zweiten Weltkrieg vergleicht (»... und zwar vor allem darin, daß beide einen sinnlosen Krieg führten«, S. 39), oder seinem hilflosen Übersetzer, der sich bereits in den Fußangeln der deutschen Grammatik verfängt? Doch gleichgültig, ob die aberwitzig ahistorische Diktion im Einzelfall vom Autor oder seinem Übersetzer stammt – von »Premierministern« in der Kamakura-Zeit (S. 53), »Abteilungsleitern« (S. 59) und »Beförderungen« (S. 60) im Zusammenhang mit Kaufleuten der Edo-Zeit, einem »on-the-job-training« im Ersten Weltkrieg (S. 115) und »politischer Rechtslastigkeit« (S. 84) lange vor Einführung des parlamentarischen Systems ist die Rede – keiner dieser Mißgriffe ist nachvollziehbar.[1]

Darüber hinaus aber hätte das Buch, das im wesentlichen aus einer dilettantischen Rekapitulation bekannter Fakten besteht, einer weitreichenden Überarbeitung bedurft, um zumindest in formaler Hinsicht bestehen zu können. In der vorliegenden Form dokumentiert es eine geradezu erschreckende Unfähigkeit in der Organisation des Stoffs, ein Unvermögen, Wesentliches von Unwesentlichem zu trennen und eine straffe, dem Gegenstand angemessene, in sich schlüssige Darstellung zu geben. Überstrapazierte Lieblingsformeln wie diejenige von der »technologischen Kluft« zwischen Japan und dem Westen während der Modernisierungsphase (z. B. S. 74) verleiden die Lektüre ebenso wie ein plötzlicher Themenwechsel und das unmotivierte Hin- und Herspringen zwischen verschiedenen historischen Phasen, so, wenn

1 ... ebenso wenig wie unverständliche oder unvollständige Sätze (z. B. S. 68, 94) oder eine Anmerkung, deren Sinnbezug zum Text absolut dunkel bleibt (S. 169, Anm. 2).

etwa im Kapitel »Auf dem Weg zur Kriegswirtschaft« die Rüstungsindustrie der dreißiger Jahre beschrieben wird und dann unvermittelt von ausländischen Fachleuten in japanischen Diensten während der Meiji-Zeit in den Jahren 1871–1876 die Rede ist (S. 141). Desgleichen reicht der historische Überblick in Kapitel 1 bis zum Ende der Edo-Zeit; während im darauffolgenden Kapitel »Auf dem Weg zur Meiji-Revolution« dagegen wieder drei Jahrhunderte zu Oda Nobunaga zurückgesprungen wird. Schließlich stimmt es ärgerlich, zum wiederholten Male über Konfuzianismus oder das japanische Ständesystem zu hören, und man resigniert schon fast angesichts noch wesentlicherer Fragen: Weshalb wird die moderne Geschichte in zwei »Imperien« (1895–1931 und 1932–1945) unterteilt, und wieso ist ständig von der »Meiji-Revolution« statt, wie üblich, von »Restauration« die Rede?[2] Schließt sich Morishima hier stillschweigend den Theorien Kita Ikkis an, des Hauptideologen des japanischen Expansionismus (vgl. S. 151f.)? Sodann sei noch Morishimas Hang zu hypothetischen Spekulationen erwähnt: Was wäre, so fragt er, wenn Oda Nobunaga (Yoshida Shōin, Kaiser Kōmei u. a. m.) später gestorben wären? Oder: »Hätte die Meiji-Revolution ein bißchen später stattgefunden, dann wäre Japan vielleicht ein sozialistischer Staat geworden, oder ein nationalsozialistischer.«[3]

Im letzten Teil des Buches werden wirtschaftliche, politische und soziale Aspekte der Gegenwart angerissen, doch was der Autor zur Organisation und zur Doppelstruktur der japanischen Wirtschaft, zum japanischen Bildungssystem oder zur sozialen Mobilität zu sagen weiß, dürfte mittlerweile dem an der Materie Interessierten schon aus anderen Studien bekannt sein. Auch als Zusammenfassung vorhandenen Wissens läßt sich dieser Teil kaum empfehlen.

Bemerkenswert ist allerdings die äußerst kritische Einstellung des Autors gegenüber der japanischen Gesellschaft. Scharf verurteilt er das japanische Erziehungssystem (S. 180, 195 f.) oder den seiner Ansicht nach auch heute noch virulenten »fanatischen Ultranationalismus«, der eine »unheilvolle Entwicklung« in Zukunft nicht ausgeschlossen erscheinen lasse (S. 63). Hinsichtlich der

2 Der Terminus »Revolution« findet u. a. auch im Zusammenhang mit dem Puritanismus Verwendung, vgl. S. 92.

3 Vgl. auch S. 50: »Das Christentum hätte möglicherweise in Japan eine andere Entwicklung genommen, wenn die Missionare es fertiggebracht hätten, die Lehre vom ›Göttlichen Land‹ zu akzeptieren. Für das Christentum hätte eine solche Kehrtwendung allerdings eine ernsthafte Verwandlung bedeutet.«

dreißiger und vierziger Jahre spricht er vom »demokratischen Faschismus« (S. 161), in der Nachkriegszeit herrschte dann »demokratische Planwirtschaft« (S. 200).[4] Die Anfälligkeit der Japaner für chauvinistischen Radikalismus leitet Morishima vom Fehlen einer »rationalen« religiösen Weltanschauung und Ethik ab.

Maßstab seiner Kritik ist – dies wird im Verlauf seiner Ausführungen immer deutlicher – die bürgerliche Gesellschaft Westeuropas. Mit einer Rigidität, die ihresgleichen sucht, verurteilt er deshalb auch die Irrationalität in der Diskussion um Modi und Zielsetzung der »Landesöffnung« *(kaikoku)* am Vorabend der Meiji-Restauration: »Es war übrigens kein Mensch imstande, sich ein logisches Argument auszudenken zugunsten der einen oder anderen Politik; sie vermochten alle nur an das Gefühl zu appellieren.« (S. 76) »Dieses Unvermögen war die Strafe dafür, daß westliches Gedankengut während der langen Jahre der Isolation unterdrückt worden war; die japanische Intelligenz war mit sozialwissenschaftlichen Denkweisen einfach noch nicht vertraut.« (S. 75)

Morishima erweist sich hier als aufrechter Eurozentrist, ungebrochener, als es ein Europäer gegenwärtig wohl je sein könnte. Die Herkunft seiner Ansichten zur japanischen Gesellschaft und Geschichte belegt er nur in wenigen Fällen, doch ähnlich, wie der Meiji-Staat dem Autor zufolge ein »Mischmasch aus Großbritannien, den Vereinigten Staaten, Frankreich und Deutschland« (S. 97 f.) bildet, lassen sich bei Morishima selbst Diskursfetzen japanischer und westlicher Autoren in sozusagen verschiedenen Verdauungsstadien ausmachen. In einer summarischen Danksagung auf Seite 9 finden wir eine höchst heterogene Namensliste vom Romancier Matsumoto Seichō bis zum Unternehmer Matsushita Kōnosuke, vom Soziologen und Gesellschaftstheoretiker Maruyama Masao bis zum Sprachpsychologen Yasumoto Biten. Indessen kommt er im Laufe seiner Ausführungen kaum einmal auf sie zurück und nennt weder an dieser noch an anderer Stelle, von einigen Beispielen abgesehen, Werktitel, hierin verbreiteter japanischer Konvention entsprechend, derzufolge man das Ausmaß, in dem man anderen Autoren verpflichtet ist, nicht unbedingt preiszugeben braucht.

Auch wenn man mit Morishimas wackerer Kritik am nationalen Egoismus und an unsozialen Mechanismen in der Gegenwartsge-

---

4 Was er allerdings mit »demokratischen Hexenjagden« im Nachkriegsjapan meint, bleibt völlig undurchsichtig, zumal er nicht einmal Namen nennt (S. 217).

sellschaft sympathisieren mag – der Dilettantismus und das niedrige Reflexionsniveau erschweren diese Identifikation außerordentlich.

2. »Superstaat« und Kuriositätenkabinett

Eine ganz anders geartete Einführung bietet der aufwendig gestaltete Bild- und Textband von Dieter Blum, Erich Follath: *Nippon. Keiner baut mehr Autos – Keiner hat mehr Götter – Keiner ist uns fremder – Der neue »Superstaat« Japan*, Stuttgart 1984.

Mit dem Untertitel geht es einem ein wenig wie bei einer optischen Umspringfigur: Man sieht entweder eine hochindustrialisierte oder aber eine post-industrielle »grüne« Gesellschaft ohne Autos vor sich, die nach nietzscheschen Maximen lebt. Angesichts des im ganzen Buch vorherrschenden Hangs zum Superlativ dürfte die Formulierung indessen keine Mißverständnisse heraufbeschwören.

Bereits die Geleitworte von »Japans Top-Manager« Akio Morita und »Japans Top-Künstler« Kaii Higashiyama stimmen auf diesen Stil ein. Auch Herbert von Karajan, »einer meiner besten Freunde« (Morita, S. 4) darf, da er ja mit dem »Boß« der Sony-Werke »zu den Erfolgreichsten der Welt« gehört, nicht fehlen, siehe das Foto auf S. 182f. Text- und Bildteil sind in diesem Gemeinschaftswerk von Erich Follath, laut Morita »einer der bekanntesten Journalisten Deutschlands« (S. 4), und dem den Künstlern Morita und Karajan ebenbürtigen »Künstler-Kamerad« und Fotografen Dieter Blum von gleichem Gewicht.

Die großformatigen Farbaufnahmen (meist 30×45) sind in sechs in sich thematisch recht heterogenen Gruppen zusammengefaßt; eingeschoben sind essayistische Textteile mit Überschriften wie »Ehe auf japanisch«, »Die Macher des Wunders« oder »Was kommt nach dem nächsten Walkman?« sowie zwölf Japaner-Porträtkolumnen vom »Hiroshima-Opfer« bis zum »Computer-Priester«. Die Aufnahmen geben in ihrer Vielfalt, was Gegenstand, erfaßte Situationen und fotografische Techniken angeht, einen umfassenden Eindruck vom Leben im heutigen Japan, wobei besonders der große Anteil an porträtierten Personenaufnahmen hervorzuheben ist, die zugleich das Charakteristische der betreffenden Lebenssituation oder der Berufswelt einfangen. Das Vergnügen an den ästhetisch reizvollen und zugleich informativen

Bildern wird allerdings durch die schlechte Wiedergabe getrübt. Die Bilder sind z.T. enttäuschend unscharf (vgl. etwa S. 30f., S. 80f. oder S. 266f). Auch die Farbauflösung läßt zu wünschen übrig. Wer die Abbildungen mit anderen Japan-Fotoreportagen aus den letzten Jahren vergleicht, der bemerkt, daß sich bereits gewisse Standard-Themen in der optischen Präsentation dieses Landes herausgebildet haben. Die Goldzahn-Oma, die Wachs-Menüattrappen vor den Restaurants, die Reihen tiefgekühlter Thunfische in Tsukiji, dem Tōkyōter Fischmarkt, oder die Love-Hotels gehören zum Grundrepertoire des Bildberichts. Doch sollte diese Feststellung nicht eigentlich als Kritik verstanden werden, denn zum einen dürfte die Auswahl an typischen Motiven, die sich für eine journalistisch-fotografische Darstellung eignen, nicht unbegrenzt sein, und zum anderen sollte letztlich die Qualität und Aussagekraft der Bilder als solcher das entscheidende Beurteilungskriterium bilden.

Problematischer erscheint dagegen der Textteil. Er soll über möglichst viele und dabei charakteristische Bereiche des gegenwärtigen Lebens informieren. In der Tat werden wichtige Themen erkannt und anhand zahlreicher Fakten dargelegt; doch die Darstellung bleibt aufgrund der bereits angedeuteten Sensationssucht und eines allzu ausgeprägten Drangs, sämtliche Gegenstände möglichst salopp-schnoddrig abzuhandeln, an der Oberfläche. Nun geht es keinesfalls darum, einer Publikation wie der vorliegenden bestimmte Stilvorgaben zu machen, doch ist dies mehr als eine Frage des Stils: Der reißerische Tonfall, in dem etwa über Religiöses referiert wird (»Für Geld weihen Shinto-Priester alles...«, vgl. S. 261ff.), grenzt zuweilen ans Geschmacklose.[5]

Geigenspielende japanische Kinder im Vorschulalter regen Follath zu folgender Überlegung an:

»Sollten japanische Kinder wirklich ›belastbarer‹ sein, sollten sie wirklich mit ›größerem Ernst‹ arbeiten, von den ersten Lebensmonaten an, dann war das, was wir bis jetzt an Leistungsexplosion in Fernost gesehen haben, noch gar nichts. Dann kommt auf uns im Westen eine neue Flut von Superprodukten zu: die japanische Herausforderung, zweiter Teil. Und gerade erst beginnen wir, uns auf den ersten Teil einzustellen.« (S. 34)

5 Es soll nicht bestritten werden, daß die Aussage sehr nah an der Wahrheit liegt, und es ist auch bekannt, daß Japaner im allgemeinen eine sehr – wenn man so will – tolerante Einstellung zur Verächtlichmachung (nicht nur) religiöser Belange an den Tag legen. Dennoch würde ich in diesem Fall darauf bestehen, nicht das in Japan übliche Niveau zum Maßstab zu nehmen.

Japaner erscheinen als geradezu roboterhafte Monstren, die sich beliebig in eine konzertierte Exportoffensive einspannen lassen.

Zweifellos ist es einfacher – besonders, wenn man an die Marktchancen eines solchen Bandes denkt –, das Exotische, Andersartige zu betonen und das Extreme herauszustellen. Es macht sich herrlich plakativ und erregt viel eher Aufmerksamkeit als eine nüchterne Nachzeichnung des gar nicht so Fremden. Doch was ist eigentlich so spezifisch japanisch an dem, was Follath als einheimischen Aberglauben herausstellt, wobei der Widerspruch zur Rationalität des Lebens im technischen Zeitalter mitgedacht werden soll:

»Die Zahl vier bedeutet Tod und fehlt deshalb oft an Krankenhauszimmern. Nur Leichen liegen mit dem Kopf Richtung Norden. Eine gebrochene Nähnadel verheißt Glück, wenn die linke Hand juckt, droht Pech. ... Natürlich glauben nicht alle Japaner an so etwas.« (S. 126)

Würde ein Japaner in einem Buch über Deutschland die schwarze Katze, den Schornsteinfeger, die Dreizehn usw. zum Nachweis der grotesken Vermischung von Aufgeklärtheit und Aberglauben im deutschen Alltag genauso anführen? Voller Eifer, möglichst Absurdes über Japan zusammenzutragen, berichtet Follath vom gesellschaftlich sanktionierten Selbstmord, doch nicht so sehr, um das für Europäer Fremde daran verständlich zu machen, sondern um eine Pointe loszuwerden. In einem (welchem?) Tōkyōter U-Bahnhof, heißt es, stünde ein Schild mit der Aufschrift: »Bitte nicht in der Hauptverkehrszeit springen« (S. 263). Hier wird Japan um des Schockeffekts willen als Gesellschaft dargestellt, in der man aufgrund größerer Toleranz gegenüber dem Selbstmord bereit ist, außerhalb der Hauptverkehrszeiten zerfetzte Selbstmörderleichen von den Schienen zu räumen.

Follaths Texte erweisen sich, alles in allem, als umfangreiches, aber oberflächliches Sammelsurium von Einzelinformationen; es fehlt die Sachkenntnis, um Einzelnes richtig einzuordnen und Korrektes vom Falschen zu trennen. Es finden sich die üblichen Fehler oder Ungenauigkeiten, die in Japanbüchern offenbar nicht auszurotten sind. Wer nicht Japanisch kann, täte gut daran, aufgeschnappte Floskeln, wenn er sie denn unbedingt glaubt anbringen zu müssen, von Sachkundigen überprüfen zu lassen. Da Follath offenbar nicht weiß, daß es verschiedene Transkriptionssysteme des Japanischen gibt, muß er die ungewohnte Schreibung japanischer Ortsnamen auf der Japankarte im Anhang mit der nonsense-

Erklärung rechtfertigen, es handele sich um Fliegerenglisch (S. 291)![6]

Etwas mehr Skepsis gegenüber japanischen Zahlenangaben hätte die Darstellung in einigen Fällen glaubhafter gemacht: jedermann weiß, daß es absurd ist anzunehmen, 99,98% aller jungen Japaner durchliefen die Pflichtschulzeit und »über 90% besuchen anschließend auch noch eine höhere Schule« (S. 41). Ebenso falsch ist aber auch die Behauptung, die Japaner seien noch vor 130 Jahren eine »größtenteils analphabetische Bevölkerung von Reisbauern« (S. 36) gewesen. Man stelle sich ferner vor, »95% aller Japaner« besuchten am Neujahrsabend (wieso am Abend?) einen Schrein (S. 260) – eine Verkehrssituation, wie sie mit Sicherheit auch für die erfahrenen japanischen Experten nicht zu lösen wäre!

Nicht dem journalistischen Zugang, sondern lediglich seinen hier besonders kraß zutage tretenden Schwächen gilt die Kritik. Es gibt mitunter Bereiche, denen man nur in differenzierterer Form gerecht werden kann. Insofern vermag das Buch in seinem Textteil, auch wenn man daran die Fleißarbeit gern zugestehen wird, seinen Anspruch nicht zu erfüllen.

Als aktuelle journalistische Einführung mit Bildteil eher geeignet scheint da der Band *Japan: Geo Special* Nr. 3, 12. 6. 1985, Hamburg, zumal er sich aufgrund seines spezifischeren Konzepts noch halbwegs auf solche Themen beschränkt, denen ein an der Oberfläche und am Sensationellen orientieres Schreiben weniger schaden kann. Qualität und Auswahl des Bildmaterials sind eindrucksvoll, und die Druckqualität entspricht dem gewohnt hohen Niveau der Zeitschrift. Von Vorteil ist auch die Tatsache, daß verschiedene Autoren mehrerer Nationalitäten den Textteil bestreiten. Zumindest theoretisch besteht damit die Chance, ein plastisches, nuancenreiches Bild zu vermitteln.

Es wird berichtet vom Feierabend japanischer Firmenangestellter, den Bahnhofspennern, dem »Polizisten an der Ecke«, Schönheitschirurgen, japanischer Küche, Sumō-Ringern, Politikern, Minoritäten, von Religiosität, Landleben, Natur und Mentalität.

6 Eine sachkundige Überprüfung wäre auch bei den Bildlegenden angebracht gewesen. Die junge Frau auf S. 282 f. trägt das Stirnband (hachimaki, nicht, wie hier durchgehend, hachimake) nicht als modisches Accessoire, sondern als Teil ihrer Volksfest-Tracht; das Foto auf S. 268/69 zeigt nicht Arbeiter, die auf die U-Bahn warten, sondern Reisende, die in Kürze in einen Fernschnellzug steigen werden, usw.

Daß demnach das Übergewicht auf optisch gut präsentierbaren Objekten und/oder Kuriositäten liegt, entspricht dem Charakter der Publikation. Nicht immer wird man den Darstellungen unwidersprochen folgen wollen. Tatsuo Oguros Ausführungen zu japanischer Mentalität etwa perpetuieren auf ziemlich penetrante Weise die Klischees vom martialischen Samurai und dem gerissenen, hinterhältigen Bauern. – Einem deutschen Touristen zu raten, sich mit einem Lunchpaket ausgerüstet einem Bauernhaus zu nähern, beschwört m. E. recht absurde Situationen herauf. Oguro zeichnet das Szenario wie folgt:

»Wenn Ihnen ein Bauernhaus gefällt, können Sie ruhig durch das offene Tor in den Garten eintreten. Sie werden sehen, das Haus ist zugänglich ... Rufen Sie ›Sumimasen‹ (Entschuldigung), und wenn der Bewohner nicht schnell genug reagiert, gehen Sie um das Haus herum zum Hintereingang. Dort versuchen Sie es noch einmal mit ›Sumimasen‹. Sie können sich an der offenen Stelle des Hauses, einer Holzveranda vergleichbar, mit Ihrem Lunchpaket niederlassen, und natürlich wird Ihnen der Bewohner Tee reichen. Wenn Ihr Japanisch nicht so weit reicht und Sie Ihr Wörterbuch hervorholen, können Sie mit der Offenheit und der Kommunikationsbereitschaft der Japaner rechnen.« (S. 128)

Bei aller Sympathie für die Idee der Völkerverständigung – hier scheint doch die Wahrscheinlichkeit größer, daß das Image des taktlosen Ausländers eine Verstärkung erfährt! Im übrigen aber widerspricht sich Oguro selbst, wenn er wenige Abschnitte später die Verschlossenheit seiner Landsleute als »Mittel des Selbstschutzes gegenüber allem Fremden« herausstellt: »Ich selbst bin Japaner, aber auch ich muß – ob in Japan oder in Deutschland – viel Mühe und Kommunikationstechnik aufwenden, um mit einem fremden Japaner ins Gespräch zu kommen.« (S. 130)

Die Gefahr einer gewissen Beliebigkeit der Aussagen lauert vielerorts. Wenn Hisako Matsubara etwa die Japaner zu »Großstadtmenschen par excellence« erklärt, die sich am wohlsten fühlen, »wenn sie in einer städtischen Atmosphäre leben können« (S. 38), so kontrastieren damit die ständig zu hörenden japanischen Beteuerungen, der Drang zum leichtgebauten Einfamilienhaus auf einem winzigen Fleckchen eigener Erde sei ein übermächtiges bäuerliches Erbe. Eine japanische Großstadt wie Tōkyō wirkt, abgesehen von einigen Verwaltungs-, Einkaufs- und Vergnügungszentren, jedenfalls eher wie ein Konglomerat aus Tausenden von Dörfern. Japan-Reisende werden die 35seitigen »Tips und Informationen« am Ende des Heftes interessieren, auch wenn nicht alle gleichermaßen brauchbar sind.[7]

Als optisch attraktive und im Vergleich zu Blum/Follath sehr preiswerte Einführung in die spektakulären Aspekte japanischen Gegenwartsalltags ist das Geo-Heft durchaus zu empfehlen.

3. Mentalitäten – Emotionen

Dem Verfasser des folgenden Buchs begegneten wir bereits im Geo-Heft: Tatsuo Oguro: *Ihr Deutschen – Wir Japaner. Ein Vergleich von Mentalität und Denkweise*, Düsseldorf, 2. Auflage 1985 (1. Aufl. 1984).

Es handelt sich um eine der in Japan besonders beliebten Gegenüberstellungen, deren berühmteste die Japaner mit den Juden verglich.[8] Weshalb Japaner und Deutsche? In Oguros Nachwort lesen wir:

»Es gibt ein eigentümliches Phänomen in der Weltgeschichte, daß es in Fernost ein kleines Land gibt, Japan, das von Deutschland am weitesten entfernte Land, das sich Deutschland zum Vorbild erwählte und tatsächlich, auf allen Gebieten und aus eigener Kraft, das Niveau der Deutschen erreichte.« (S. 176)

Die Anknüpfung an populäre Klischees verbindet sich hier mit einer merkwürdig sorglosen Diktion (welche Gebiete? welche Deutschen? usw.). Doch erkunden wir zunächst Oguros Zielsetzung. Er hege, so schreibt er, die »Vision einer deutsch-japanischen Zusammenarbeit nicht nur im kulturellen, sondern auch im wirtschaftlichen und politischen Bereich«. Aber, so schließt sein Nachwort, »aus meiner Erfahrung möchte ich sagen, daß die Schwierigkeiten einer deutsch-japanischen Zusammenarbeit nicht nur in den Vor- und Nachteilen beider Partner bestehen werden, sondern vor allem in der Unterschiedlichkeit der Mentalität und Denkweise. Es ist meine Hoffnung, daß meine kleine Arbeit einen Beitrag zur Überwindung leisten kann.« (S. 176)

Was qualifiziert den Autor zu seiner »Untersuchung« von »Mentalität und Denkweise«, die er »ethnomethodologisch« nennt

---

7 Der Abschnitt »Sprachkurs« (S. 159) ist mißglückt; falsch ist die Erklärung zum »Staatsgründungstag« (11.2.), der sich nicht auf die Meiji-Verfassung, sondern die mythische Reichsgründung 660 vor unserer Zeitrechnung bezieht.

8 Isaiah BenDasan: *Nihonjin to yudayajin*, Tōkyō 1971. Kurioserweise nennt Oguro den Namen Isaja Pendant, s. S. 11.

(S. 18)? Er ist Professor für biblische Exegese in Taiwan, hat dreizehn Jahre Deutschlanderfahrung, u. a. als Karate-Lehrer, und ist,
wie der Klappentext ausweist, mit einer deutschen Pfarrerin verheiratet.

Den Stoff und insbesondere die Beispiele für sein Buch schöpft er
aus seinen persönlichen Erlebnissen, andere Autoren erwähnt er
lediglich en passant ohne nähere Angaben, wobei der Eindruck
einer gewissen Zufälligkeit nicht von der Hand zu weisen ist, denn
abgesehen von einigen kulturanthropologisch orientierten Best-
sellern beruft er sich auf einige wenige Schriften aus Theologie und
der Geschichte des Bildungswesens in Deutschland. Themen und
Perspektive der Ausführungen, wie sie aus den Kapitelüberschrif-
ten hervorgehen, verstärken den Eindruck einer auf den persönlichen Erfahrungsbereich beschränkten Darstellung, denn der
Verfasser ist keineswegs ein Ethnologe im Prozeß der teilnehmen-
den Beobachtung, sondern Ehepartner einer Deutschen, als der er
sämtliche eigenen Verhaltensweisen und Reaktionen als »japanisch
per se« und ihre entsprechenden als typisch deutsche erfährt. So
entsteht weniger, wie es dem Autor vorschwebt, ein Bild der »Na-
tionalmentalitäten«, sondern eher ein in seiner Konkretheit schon
fast peinliches Bild der Ehe und ihrer zu einem nicht geringen
Anteil individuell bedingter Konflikte.

Ein vom Autor im Kontakt mit Deutschen offenbar als besonders
existentiell empfundenes Problem ist die unterschiedliche Einstellung zur Sprache. Deutsche sind seiner Erfahrung nach »süchtig
nach Logik und logischer Erklärung« (S. 56), ein »Charakterzug«,
den er im Rückgriff auf die Geschichte der Ausbildung in
Deutschland zu erklären sucht. Daß es sich dabei um ein spezifisch deutsches Phänomen handelt, »beweist« Oguro mit einem
Vergleich seiner Karate-Schüler: Während die deutschen Studenten, die er unterrichtete, analytische Beweise für die Wirksamkeit
einer Technik verlangten, bevor sie »bereit waren, auch nur eine
Bewegung einzuüben«, zeigten sich amerikanische Soldaten, eine
andere Schülergruppe, damit zufrieden, die Effektivität einer
Technik demonstriert zu bekommen (S. 57). Oguro macht kein
Hehl daraus, daß er lieber die Soldaten unterrichtete.[9]

Immer wieder treibt ihn die deutsche »Weise des Diskutierens«
(S. 46) um. Deutsche sind nach Oguro »vom Wort abhängig«

9 Wie ein Vergleich von Äpfeln und Birnen fällt auch die Gegenüberstellung
  deutscher und japanischer Jugendlicher aus, s. S. 140ff.

(S. 49), und: »Wenn die Deutschen wortabhängig sind, so sind die Japaner tatabhängig.« (S. 75) Dazu erfahren wir: »... außer persönlichen Beleidigungen nimmt der Japaner das gesagte Wort nicht so ernst, jedenfalls würde er niemanden auf das Gesagte festlegen.« (S. 54) Hier haben wir es in der Tat mit einem schwerwiegenden Problem zu tun, das der Autor selbst mit seinem Text illustriert, denn nun begreifen wir, daß für die sorglosen Formulierungen, die umständlichen und langatmigen Erlebnisberichte, deren Pointe zuweilen nicht erkennbar ist, sowie die unschuldig-kühnen Generalisierungen nicht so sehr sprachliches Unvermögen eines Nicht-Muttersprachlers (und ein auch hier untätiges Verlagslektorat!) verantwortlich zu machen ist, sondern eine fundamentale Geringschätzung sprachlicher Kommunikation. Sollte diese Vermutung zutreffen – und Beobachtungen in anderem Zusammenhang weisen ebenfalls in diese Richtung –, so wäre Oguros Dilemma natürlich ein doppeltes, denn wie kann er, der die »deutsche« Logik und Argumentation für eine »Fehlentwicklung der Volksdenkweise« (S. 46) hält, dies auf nicht-argumentative Weise erläutern?

Wiederholt beklagt sich Oguro, daß Deutsche ständig nachfragten, was mit einem Begriff gemeint sei:

»Wir Japaner sind nicht so empfindlich darauf bedacht, ein Wort in seiner Bedeutungsbreite einzuschränken. Der Redende, der das Wort ›Kultur‹ braucht, ist nicht ängstlich, der Hörer könnte einen anderen Begriff von Kultur haben und ihn dann mißverstehen.« (S. 47) »Japanische Diskussionen und das Diskussionsideal verlangen vom Hörer, daß er – möglichst weit selbstdenkend und fühlend und seine Erfahrung gebrauchend – ergänzt und erspürt, was der Redende ausdrücken will, ohne durch Zwischenfragen zu überprüfen, ob er verstanden hat, ohne den Redenden auf seinem Weg zum Ziel zu unterbrechen; denn vieles klärt sich ja durch das, was noch gesagt wird. Der Preis dieser Diskussionsweise ist das Mißverständnis, der Gewinn ist die Vielfältigkeit.« (S. 47)

Mißverständnisse scheint Oguro tatsächlich in Kauf zu nehmen. Sein Kapitel über Frauen ist ein Gemengsel aus abenteuerlich naiven Vorstellungen, unsinnigen Rationalisierungen, unverhohlenem männlichem Chauvinismus und grotesken Spekulationen, die bis in den »biologischen Bereich« vordringen. Die Japanerin, so erfahren wir, sei keine »natürliche Frau«, sondern ein »Kunstwerk« – eine in Japan verbreitete Vorstellung. »Das bedeutet, die Männerwelt hat eine Auswahl der zarten, zerbrechlichen Frauen als ihr Schönheitsideal gefördert und körperlich stabile Frauen benachteiligt; die Männer hätten dann einen umgekehrten Darwinismus betrieben, ihrem Schönheitsideal, daß zur Schönheit Zierlichkeit und Zerbrechlichkeit gehört, folgend.« (S. 91) Erstaunlich ist, daß bei dieser biologischen Auslese der männliche Teil der Bevölkerung nicht in Mitleidenschaft gezogen wurde. – Die japanischen Mütter hätten mit ihren »Fähigkeiten, oft denen der Lehrer ihrer Kinder überlegen, (...) einen indirekten, aber sehr wichtigen Beitrag für unsere Gesellschaft geleistet. Ihretwegen war es möglich, das Leistungsniveau in den Schulen derart hoch zu halten.« (S. 90) Und zur Emanzipation lesen wir:

»Anders als in Deutschland haben die Frauen aber nicht einfach die Gleichberechtigung für alle Berufe im Blick, sondern sie suchen den anerkannten Weg in Berufe ihrer Wahl. Sie streben dabei keinen Moment danach, Gleichheit mit Männern zu betonen, sondern sie suchen die Anerkennung als Frau in den Berufen, für die sie sich eignen, etwa als Schriftstellerin.« (S. 90)

Man fühlt sich hier wie an vielen anderen Stellen des Buches[10] unweigerlich an die so treffende Bemerkung eines Japan-Kenners erinnert, der bei einem vergleichbaren Anlaß beschied, solche Betrachtungen könnten »nur aus vollkommener Unschuld oder äußerstem Zynismus erwachsen (...). Da es letzteren in Japan bemerkenswerterweise nicht gibt, kann man nur annehmen, daß es sich um erstere handelt.«[11]

Nur erwähnt werden soll, daß Oguros Exkurse in die japanische Geschichte eine einzige Katastrophe und seine Erläuterungen zur chinesischen und japanischen Sprache, Schrift und Literatur dilettantisch, fehlerhaft und teilweise unverständlich sind.[12] Mit japanischen und chinesischen Namen steht dieser Autor auf dem Kriegsfuß.[13]

10 Vgl. besonders S. 37: »Für einen japanischen Mann müssen die Dinge, die er täglich benutzt, praktisch sein und ihn ästhetisch befriedigen – wie seine Frau.« Die antizipierte Kritik an dieser Feststellung sucht Oguro mit der Erklärung aufzufangen, es handele sich nicht etwa um eine Abwertung der Frau, sondern es gehe um die Aufwertung der Sache. Oder auch: »Arbeit gibt es genug, nur kann man sie nicht unbedingt wählen. Wer wählerisch ist mit der Arbeit, der muß verhungern.« (S. 126)

11 Das Zitat ist dem weiter unten vorgestellten Buch von Buruma, S. 42, entnommen.

12 Vgl. etwa S. 48 ff., 55, 66 ff., 63, 134.

13 Der Jesuitenmissionar Francisco Xavier wird zum Bayern Franz Xaver (S. 135), die Hofdame Sei Shōnagon heißt auf S. 66 Sei-sho na gon, auf S. 92 Seisho Nagon; »Ekken-kai-bara« ist nicht ein Buch mit dem Titel »Hohe Schule der Frauen«,

Ein Bewußtsein für die Problematik seines Vorgehens sucht man bei Oguro vergebens. Zwar bezieht er sich recht treuherzig in seiner Einleitung auf den »in Japan berühmtesten Psychologen und Professor an der Universität Hitotsubashi« Hiroshi Minami mit der Feststellung: »Man kann das japanische Volk nicht einheitlich behandeln« (S. 13), doch wischt er gleich darauf alle Bedenken gegen eine pauschalisierende »Behandlung« vom Tisch. Die theoretische und praktische Problematik eines solchen »völkerpsychologischen« Vergleichs bedarf in diesem Zusammenhang wohl keiner Erläuterung. Wenn das Unternehmen nun aber in dieser Hinsicht als rundherum gescheitert angesehen werden muß, so vermittelt das Buch dennoch negativ einen eindrucksvollen Einblick in die überaus emotionsgeladenen Reaktionen und Rationalisierungen eines japanischen Intellektuellen im mitteleuropäischen Kulturkreis.[14]

4. Schein und Sein

Und noch eine »Japanertheorie« aus japanischer Feder steht zur Betrachtung an: Kazuyuki Kitamura: *Japan – Im Reich der mächtigen Frauen*, Frauenfeld 1983.

Der Autor, ein in der Schweiz lebender Fotograf, verfaßte sein Buch auf Französisch. Er setzt sich zur Aufgabe, das »weibliche Prinzip« als durchgängiges Merkmal in Japans Geschichte, Religion und Wertvorstellungen hervorzuheben. »Ein Buch über die japanische Frau«, so steht auf dem rückwärtigen Einband zu lesen, »das mit den europäischen Vorurteilen über ihre Stellung in der Ehe, der Familie und der Gesellschaft aufräumt.« »Aufräumen« erweist sich in diesem Zusammenhang als gar nicht so unzutreffende Wortwahl.

Im ersten von insgesamt vier Kapiteln behandelt Kitamura das

sondern eine von Oguro vorgenommene Verballhornung des Autorennamens Kaibara Ekken, dem besagte »Hohe Schule« (*Onna daigaku*) zugeschrieben wird, u. a. m.

14 Besondere Aufmerksamkeit gebührt dabei auch den z. T. sehr verkappten reaktionären politischen Auffassungen. Der Fehler von Premier Tanaka war nach Oguro nicht das Annehmen von Bestechungsgeldern, sondern das unpersönliche Verteilen von Geld unter potentiellen Anhängern (vgl. S. 123). Die öffentliche Empörung über folterähnliche Erziehungsmethoden in der Tozuka-Yachtschule, einem Internat, in das man verhaltensgestörte Kinder steckt, tut Oguro als Medienrummel ab. Die Schüler hätten alles erfunden (S. 143 f.). Was ist mit den Schülern, die aus Verzweiflung in den Tod gegangen sind?

»weibliche Prinzip der japanischen Riten«: »Schon immer war also die Frau der Gottheit gleichgestellt und konnte der respektvollen Bewunderung der Männer sicher sein.« (S. 12) In einem Aufguß aus religionsgeschichtlichem, ethnologischem und soziologischem Halb- und Populärwissen, das an keiner Stelle durch Quellenangaben belegt wird, versucht Kitamura, die Stärke der weiblichen Position in Japan nachzuweisen, eine Stärke, die er vor allem vom frühgeschichtlichen Schamanismus ableitet. Zwar habe die Frau in der Folgezeit aufgrund des chinesischen Einflusses im religiösen Kontext ebenso wie gesellschaftlich an Autorität verloren, doch zeige sich ihre Stärke nun auf einem anderen Gebiet – dem der Kultur. Die »Frau als Schöpferin traditioneller Künste« (S. 31) wird bezeichnenderweise nicht durch Malerinnen, Schriftstellerinnen, Schauspielerinnen oder Kalligraphinnen repräsentiert, die sich kaum würden finden lassen[15], sondern durch die Geisha:

»Sie (die Geishas, I. H.-K.) sind sich ihrer Überlegenheit bewußt, die vor allem darin besteht, den Männern die wohltätige Lebenskraft zu spenden. ... Heutzutage werden oft wichtige industrielle, politische oder wirtschaftliche Angelegenheiten im Luxusrestaurant und in der Gegenwart der ›Geisha‹ besprochen. Möglich, daß ihre Präsenz auf die Ergebnisse dieser Diskussionen einwirkt. Die ›Geishas‹ zeigen sich zwar nicht zimperlich und gewähren manchmal einem Kunden ihre Gunst; doch das geht nur sie etwas an, auch wenn sie alle zu den ›Geisha‹-Syndikaten gehören, die mit dem Zuhältertum der üblichen Prostitution nichts gemein haben.« (S. 33)

Erstaunlich ist, wie es der Autor fertigbringt, auch noch die misogynsten Züge des sozialen Lebens in Vergangenheit und Gegenwart als Beweise für tatsächliche Stärke und Überlegenheit der Frau umzudeuten:

»Der Herrschafts- und Machtbereich, den sich die Frau im Haus geschaffen hat, trieb die Männer seit jeher, den ihren außerhalb des Hauses zu schaffen.« (S. 177)

Zwar spricht auch Kitamura von einer »misogynen Welle (welch hübscher Euphemismus! I. H.-K.) zwischen dem 17. Jahrhundert und 1945« (S. 47):

»Wie das Herbstlaub, das zu Humus wird und im Frühling neues Leben hervorbringt, verharrte die Japanerin bis 1945 im Schatten des Mannes. Statt des fruchtbaren, wachstumbringenden Frühlingsdonners weckte die

15 Für Schriftstellerinnen gilt dies seit Ende der höfischen Epoche.

furchtbare Atomexplosion die Kräfte der Frau. Aus dem Dunkel aufge-
taucht, sind die Japanerinnen dabei, zu Hause und in der Gesellschaft ihre
Vormachtstellung wieder einzunehmen.« (S. 44)

Gegenwärtig liegt laut Kitamura noch einiges im argen; z. B. würden die Frauen im Beruf immer noch benachteiligt, während die
Männer »unreif« seien: »Unbewußt verwechseln sie die Ehe mit
der Beziehung des Säuglings zur Mutter. Schläft der Mann mit
seiner Frau, so ist das wie die Rückkehr in den Leib der Mutter
Erde, sein Schlaf danach wie der Tod, sein Erwachen am nächsten
Morgen wie die Auferstehung voller neuer Lebenskraft.« (S. 77)
Lesen wir noch ein wenig weiter: »Die Rolle der Frau beschränkt
sich nicht allein auf das Muttersein. Sie kann sich auch in ein kleines Mädchen, eine Dienerin, Ratgeberin, Geschäftsfrau, Muse
oder Gottheit verwandeln. (. . .) Es scheint, als könnte die Japanerin ihren physischen Stoffwechsel mit ihren seelischen Metamor-
phosen in Einklang bringen. Vom Gesichtspunkt der geistigen
Hygiene aus gesehen, ist eine solche Wandlungsfähigkeit gewiß
wohltuend.« (S. 78)
   Diese Stärke der japanischen Frau beweist sich wieder einmal an
ihrer vermeintlichen Vormachtstellung im Hause. Das Haus ist der
»privilegierte Ort der Frau« (S. 176); dies wird auch »wissenschaftlich« überhöht: »Einer ethologischen Konstanten zufolge,
die von den Insekten bis zu den menschlichen Wesen reicht, wird
es allgemein anerkannt, daß die Behausung ganz und gar der Bereich der Frau ist.« (S. 138) Die Blütenlese bedarf wohl kaum eines
Kommentars. Anzumerken ist allenfalls, daß Kitamuras Argumentation keineswegs aus einem Guß ist, auch wenn wir in ihr im
wesentlichen die traditionelle konfuzianische Vorstellung von der
Rollenteilung und die üblichen Biologismen[16] wiederfinden.
   Die innere Widersprüchlichkeit irritiert besonders, da der Verfasser sich einerseits dezidiert patriarchalisch geriert, zuweilen
aber auch nicht minder energisch Diskussionsbrocken aus der feministischen Debatte Westeuropas einflicht – er redet z. B. vom
»Sexismus in der Sprache« (S. 129 ff.; was damit gemeint ist, bleibt
unklar) – und die Perspektive seiner Ausführungen damit (be-

16 Er zitiert den Zeichner Tadanori Yokoo mit dem Ausspruch: »Da der Mutterschoß
   selbst einen Kosmos darstellt, fühlt die Frau sich zu geistiger Tätigkeit, wie etwa
   der Meditation, nicht unbedingt hingezogen.« (S. 46) Der folgende Satz bleibt mir
   unverständlich: »Der Oberkörper ist nicht nur Sitz des Geistes, sondern auch der
   lebensspendenden Gebärmutter.« (S. 47)

wußt?) verwischt. Dann wieder verteilt er diffuse Seitenhiebe gegen »gewisse Feministinnen« (S. 30, 52, 81, 138). »Wir stehen«, so schreibt er, »an der Schwelle einer neuen Epoche des Gleichgewichts zwischen den beiden Polen« männlicher »Tugenden« und weiblicher Werte (S. 187). Sein Zukunftsbild ist die »gleichgeschlechtliche« (?) Gesellschaft (S. 177). Doch hat er weder dies glaubhaft machen können, noch gelang es ihm, den Gegenbeweis anzutreten gegen »das im Abendland verbreitete Klischee von der ›vom Mann beherrschten und unterdrückten‹ japanischen Frau« (S. 21).[17]

Zwischenbemerkung: Halten wir kurz inne, um uns über das Vorgehen nochmals Rechenschaft abzulegen. Was rechtfertigt die detaillierte Kritik, wenn sich dabei nur die Trivialität des Besprochenen oder eine Häufung von Fehlern herausstellt? Vor allem: Konzentriert sich die Kritik womöglich auf Formalien, und bleibt sie damit nicht bei »Äußerlichkeiten« stehen?

Zunächst sei daran erinnert, daß eingangs ungeteilte Sorgfalt gefordert wurde, gerade auch im Hinblick darauf, daß allgemeinere oder journalistische Publikationen, die eine um so größere Breitenwirkung haben, üblicherweise keiner eingehenden Betrachtung für wert erachtet werden. Andererseits ist der Charakter einer Publikation nicht immer auf Anhieb auszumachen. Wenn für Morishimas Buch etwa mit der akademischen Karriere des Autors geworben wird, so suggeriert dies wissenschaftliche Seriosität des Produkts, und erst die genauere Auseinandersetzung damit entlarvt den Spuk. Gerade die häufige Berufung auf die Autorität der Wissenschaft verlangt von demjenigen genaue Belege, der sie als Scheinautorität anzweifelt. Ähnlich verhält es sich mit der Legitimation, welche japanischen Autoren gleichsam qua Geburt zuzufallen scheint: Welcher interessierte deutschsprachige Leser ohne viel Vorkenntnisse, für den diese Publikationen gedacht und dessen Japanbild sie daher zu prägen bestimmt sind, vermag diese Legitimation anhand der in den Büchern gegebenen »Fakten« selbst in Frage zu stellen?

Die Besprechung ist ausführlich, um die Vielzahl der Aspekte zu

---

17 Ein allzu krasser Fehler darf nicht unwidersprochen bleiben: Die Ainu-Minorität auf Hokkaido ist mit den Japanern »in Rasse und Kultur« *nicht* verwandt (S. 36). Die vielen unsinnigen Behauptungen wie »Offenbar ist die Neigung der Japaner zu physischen Gefühlsbezeugungen der Homosexualität besonders förderlich« (S. 112) oder: In der japanischen Gesellschaft würden »Randgruppen doch leichter akzeptiert« (S. 113), lassen sich nicht annähernd aufzählen.

beleuchten, und sie gibt sich nur scheinbar mit »Formalien« ab. Sorglosigkeit im Umgang mit Latinisierungen und Namenslesungen auf deutscher wie auf japanischer Seite etwa ist keinesfalls nur ein pedantisches Philologenproblem, sondern sie steht als deutliches Indiz für die Einstellung zum Gegenstand und zum Publikum, ja die Beobachtung kann bisweilen politische Dimensionen annehmen: Dem in Japan oft wiederholten Vorwurf gegenüber westlichen Ausländern, sie gäben sich keine Mühe mit dem Japanischen – was aufgrund der spezifischen Identifikation von Sprache, Kultur, Wissenschaft und Nation zu der Behauptung zugespitzt wird, dies trage aufgrund mangelnden Verständnisses für Japan ganz wesentlich zu seinen Problemen mit dem Handelsbilanzüberschuß bei – wäre dann entgegenzuhalten, daß von seiten Japans die Sprachanstrengungen, wenn es um Vermittlung geht, ebenfalls zu wünschen übrig lassen.

Im übrigen sind Form und Inhalt natürlich nicht voneinander abzugrenzen. Denkungenauigkeiten und logische Kurzschlüsse sind vielmehr charakteristisch für eine bestimmte Art des herrschaftlichen Zugriffs und des ideologischen Kostüms. Der hier beschrittene Weg besteht darin, dies anhand ausgewählter Beispiele sich aus sich selbst heraus erläutern zu lassen. Die Auswahl und bis zu einem gewissen Grade auch die Quantität des Materials sollen es dem Leser ermöglichen, den ideologiekritischen Teil der Besprechung, der die Auswahl der Beispiele und ihre Präsentation bestimmte, selbst auszuformulieren, wo dies nicht bereits so evident ist, daß eine Verbalisierung redundant klänge. Einige dieser Beobachtungen werden in den analytischen Zwischen- und Schlußbemerkungen aufgegriffen.

5. Japan und »seine« Fremden

In einer zweiten, überarbeiteten Auflage liegt der folgende Band vor: Dietrich Krusche: *Japan – Konkrete Fremde. Dialog mit einer fernen Kultur*, Stuttgart 1983.

Im Vergleich zur ersten Auflage (1973) sind ein neues Vorwort, Namen- und Sachregister sowie Hinweise zur inzwischen erschienenen Japan-Literatur hinzugekommen. Der Textteil wurde in einzelnen Formulierungen überarbeitet, ansonsten jedoch in der ursprünglichen Form belassen.

Anders als bei den bisher vorgestellten Publikationen beschränkt sich dieser Autor klug auf eine spezifische Fragestellung, die geeignet ist, charakteristische Züge zu beleuchten und wesentliche Problemkomplexe im Kontakt mit Japan aufzudecken, die aber zugleich aufgrund ihrer historischen und synchronen Dimension genug Informationen allgemeinen Charakters bereitstellt, um als gute Einführung in die Materie zu fungieren. Dieser Zugriff spricht für die Vertrautheit des Autors mit seinem Gegenstand. Krusche, heute Professor am Institut *Deutsch als Fremdsprache* in München, verbrachte die Jahre 1966–1969 als Lektor an der Universität von Okayama und hat in der Rolle als Kulturvermittler im Ausland auch anderweitig Erfahrungen gesammelt.

Doch was heißt in diesem Falle »Gegenstand«? Es geht um zweierlei – einen Zugang zu Japan bereitzustellen, dabei aber stets die eigene Perspektive zu reflektieren, oder allgemeiner, um »Fremde als Modalität von Erfahrung«, wie der Autor in seinem Vorwort ausführt (S. 3). Wohltuend ist, gerade auch im Vergleich mit den bisher betrachteten Publikationen, die klare Darlegung der Zielsetzung und die stringente Gliederung, zumal die Absicht hier noch weit komplexer ist und somit besonderes Geschick im Arrangement erfordert:

»Einerseits mußte Japan als fremd, andererseits mußte diese fremde Wirklichkeit auch für Europäer als hinreichend überschaubar (kohärent, konsistent) erscheinen. Da die Fremde Japans nicht durch Entfaltung von Gegensätzen, von graduellen oder qualitativen Unterschieden, von Abweichungen oder Analogien in bezug auf Europa festmachbar ist, konnten seine Eigenarten nur in Form von *historischen Entstehungsprozessen* (Hervorhebung im Original) angedeutet werden. Bei der Auswahl der Segmente japanischer Kultur, die in dieser Weise zu präsentieren waren, mußte ich mich auf solche beschränken, die den Aspekt der Fremde gegenüber Europa besonders deutlich werden lassen.« (S. 4)

Zunächst erläutert Krusche seine Problemstellung und skizziert die »Fremdenrollen« der Europäer als Touristen, Kolonisatoren und Missionare. Im Rahmen einer »Kritik der europäischen Modalitäten von Fremdheitserfahrung« (S. 9) sieht er die abendländische Idee des Allgemeinmenschlichen als »schillernde Spiegelung europäischen Vereinnahmungsbedürfnisses« (S. 10): »Stets fand man derart suchend unfehlbar die Fremde, die man gesucht hatte« (ebd.) – ein Gedanke, den Edward Said mittlerweile im Hinblick auf den Orient als europäische »Doktrin«, »Idee« oder »Repräsentation« in seiner bekannten Studie zum Orientalismus ausführlich belegt hat: »Als ein Kulturapparat ist der Orientalismus ganz Aggression, Aktivität, Urteil, Wahrheitsanspruch und Wissen.«[18]

Krusche ist ehrlich genug, das Dilemma desjenigen einzugestehen, der sich seiner Fremdenrolle bewußt, aber oftmals im praktischen Leben nicht in der Lage ist, sie zu durchbrechen (S. 12).

Im ersten Kapitel mit der Überschrift »Japan und seine Fremden. Geschichte der Fremdenrolle« beschreibt er die historischen Kontakte mit dem Abendland, von der Missionierung zwischen 1549 und 1638, der darauffolgenden Abschließung des Landes nach außen über die erzwungene Öffnung der Häfen Mitte des 19. Jahrhunderts, die intensiv auflebenden Kontakte mit dem Westen, in denen den Fremden die Rolle des Bildungsträgers und Lehrers zufiel, bis zur »Fremdenfunktion« der Besatzer und der »Demaskierung der Fremden«, von Krusche »Fremdendämmerung« genannt, die sich seiner Ansicht nach im heftigen Antiamerikanismus der studentischen Jugend der sechziger Jahre äußert (S. 36).

Unter dem Titel »Japan für sich. Die Tokugawa-Zeit und ihre Folgen« stellt Krusche sodann charakteristische Merkmale der japanischen Sozialstruktur heraus, die sich in der historischen Phase der selbstgewählten Isolation bis Mitte des 19. Jahrhunderts ausprägten. Im einzelnen beschreibt er Einheit, Kontinuität, Dichte, Ritualisierung und Mitmenschlichkeit. Das dritte Kapitel, überschrieben mit »Konkrete Fremde«, untersucht das publizistische Interesse an Japan, wobei zunächst im Abschnitt »Kontur« ein Abriß der hermeneutischen Problemstellung vorgelegt wird, gefolgt von einer Betrachtung europäisch-amerikanischer »Urteile, Analysen, Prognosen...«, in denen sich in exemplarischer Weise abendländische Erfahrung Japans mitteilt« (S. 100). Dieser Abschnitt, in dem Krusche zunächst die »erstaunliche Fremdheitsresistenz« der sozialen Gefügtheit anläßlich der »Demokratisierung« in der Nachkriegszeit (S. 101 ff.) und der Lage der christlichen Mission seit 1945 (S. 112 ff.) konstatiert, stellt m. E. den originärsten wie originellsten Teil des Buchs dar. Gegenstand der Analyse sind u. a. Arthur Koestlers »Von Heiligen und Automaten« (S. 124 ff.), ein Japanbericht des Religionswissenschaftlers Ernst Benz (S. 129 ff.), Luis Diez Del Corrals »Asiatische Reise« (S. 139 ff.) und Håkan Hedbergs »Japanische Herausforderung« (S. 144 ff.). Krusche erfaßt Wesentliches auf hohem Abstraktions-

18 Edward W. Said: *Orientalismus*. Übersetzt von Liliane Weissberg, Frankfurt/M., Berlin, Wien 1981, S. 229.

niveau, doch ist der Nachvollzug durch den Leser nirgendwo gefährdet. Seine Beobachtungen sind treffend und regen zum Überdenken der Position an. Insofern erfüllt das Buch die geweckte Erwartung und verdient Aufmerksamkeit als informationsreiche Auseinandersetzung sowohl im Zusammenhang mit Fragen des Fremdverstehens als auch in der Funktion einer wohlreflektierten Japan-Einführung.

Der Spezialist mag sich zwar an einzelnen historischen Einschätzungen stoßen – die Rolle des Intellektuellen in Japan, seine »streitbare Gesinnung« und »Unbedingtheit im Einsatz« (S. 48), sind mit Sicherheit falsch gesehen[19] –, doch gibt Krusche nie vor, mehr zu bieten, als er als umsichtiger, in westlichem Schrifttum zu Japan belesener und mit gutem sachlichem Augenmaß ausgestatteter Beobachter zu behaupten vermag. Außerdem verschweigt er nicht seine Informationsquellen. Die Diktion ist dem Gegenstand angemessen, wenngleich bisweilen ein wenig mit modischen Akademismen überfrachtet (»festmachbar« S. 4, »interdependent« S. 46, »dissolviert« S. 62 u. a. m.), was ich als Nachteil empfinde.

Einzelne Behauptungen klingen eine Spur zu apologetisch – so, wenn etwa von der »Anmut, Feinheit«, ja »Würde« auch noch der »allerärmsten Straßendirnen« die Rede ist (S. 80, Zwischenfrage: Wo kann man ihnen in Japan begegnen? Die Prostitution ist seit 1957 gesetzlich untersagt) oder wenn die »Redlichkeit« des Kaisers Hirohito im Zusammenhang mit der Kapitulationserklärung hervorgehoben wird (S. 50ff.). Die Rolle des *Tennō* im Japan von heute entspricht nicht Krusches Darstellung: »Zeigt der Kaiser sich heute in der Öffentlichkeit, sind die Neugierigen unbefangen und gelassen, die Hochrufe (banzai) ertönen nur da und dort einmal, lösen gewöhnlich bei der Mehrzahl des Publikums Erstaunen oder Heiterkeit aus.« (S. 53) Ich hege starke Zweifel, ob diese Beschreibung je für einen Zeitpunkt in der japanischen Nachkriegsgeschichte zutraf, gewiß aber nicht mehr zu Beginn der achtziger Jahre. Die schon seit den späten fünfziger Jahren zu beobachtenden restaurativen Tendenzen haben sich im letzten

---

19 Ein weiteres Beispiel, diesmal für eine zu vereinfachte Sicht: »Die Entwicklung des mittelalterlich anmutenden Feudalstaats zu einem modernen Industriestaat in nur dreißig bis vierzig Jahren war nur dadurch möglich, daß so viele Japaner im Ausland lernten, so viele Fremde in Japan lehrten.« (S. 32) Hier hätte die Lektüre eines kleinen Ausschnitts aus der nunmehr so umfangreichen Sekundärliteratur zur Endogenese der japanischen Modernisierung gutgetan!

Jahrzehnt sehr deutlich verstärkt! Insofern ist es nicht nur müßig, sondern geradezu irreführend, über eine mögliche Abschaffung des Kaisertums zu spekulieren (S. 54). Hier wäre eine aktualisierende Überarbeitung des Texts erforderlich gewesen.[20]

Mangelnde Vertrautheit mit der japanischen Sprache schließlich ist wohl die Ursache für allzu problematisch vereinfachte Ausführungen über die »Männer- und Frauensprache« (S. 59) sowie über die sozialen Bezüge und die Vagheit des Sprechens (S. 75 ff.). Die zahlreichen Fehler in den Begriffsübersetzungen des Sachregisters[21] hätten allesamt durch Heranziehung eines einschlägigen Nachschlagewerks, etwa des *Japan-Handbuchs* (hg. v. Horst Hammitzsch, Wiesbaden 1981) vermieden werden können. Diese Schwächen vermögen den positiven Gesamteindruck des Buchs jedoch kaum zu trüben, das eine große Bereicherung der Japan-Literatur darstellt.

6. Der Ethnograph des Vergnügens

Das zweifellos amüsanteste – und dabei dennoch äußerst sachkundige – Buch unter den vorliegenden ist Ian Buruma: *Japan hinter dem Lächeln. Götter, Gangster, Geishas*. Aus dem Englischen übertragen von Bernd Rullkötter, Frankfurt/M., Berlin, Wien 1985.

Man sollte sich von dem reißerischen Titel nicht abschrecken lassen. Burumas Studie ist eine materialreiche, scharfsinnig und witzig formulierte und sehr kompetent ins Deutsche übersetzte Analyse kultureller Muster in japanischen Filmen, Comics, Theaterstücken und Büchern, »die auf den Geschmack möglichst vieler Menschen zugeschnitten sind, also oft dem kleinsten gemeinsamen Nenner entsprechen«. Es handelt sich, so erklärt Buruma, »nicht immer um die beste Kunst, wenngleich sie sicherlich nicht zu verachten ist und häufig Aufschluß über die Menschen gibt, an die sie sich wendet. Deshalb habe ich den anrüchigen, grellen, oft krankhaften Seiten der japanischen Kultur mehr Platz eingeräumt als den zarteren und kultivierteren Erscheinungsformen, mit denen wir im Westen vertrauter sind.« (S. 8)

20 Auf S. 13 wird Japan, ausgehend von der Situation der späten sechziger Jahre, in denen das Buch offenbar entstand, noch »drittgrößte Industriemacht« genannt.
21 Siehe vor allem Geisha, Gimu, Giri (letztere aufgrund einer Fehldeutung im Text selbst, s. S. 60), *Go-shujin, gozaimasu, O-bon, Ryokan, -san, Sho-gatsu*.

Es gelingt Buruma, »typische Aspekte der japanischen Kultur« an den Produkten dieser populären, kollektiven Phantasie aufzuzeigen und zu interpretieren, und er verfällt in keinem Teil seiner Darstellung in »jene Sorte von halbinformiertem, blauäugigem Japan-Kommentar«, der, wie er selbst verschmitzt bemerkt, »den Japanern so viel Freude zu bereiten scheint« (S. 7). Was Krusche als Bedingung einer erkenntnisstiftenden »Erfahrung von Fremde« postuliert, hier wird es auf hohem Niveau praktiziert – noch dazu an einem Gegenstand, der keinem mit Japan Befaßten fremd sein dürfte, und sei es, daß er als Tourist, Geschäftsmann und/oder längerfristig in Japan lebender Zeitgenosse in der Bahn neben einem seriös gekleideten Herrn sitzt, der völlig unbefangen sadomasochistische Comics betrachtet.

Bei Buruma begegnen wir einigen Themen und Objekten, die bereits in den anderen Publikationen vorkamen. Die japanische Mythologie zum Beispiel, die kaum einer der Autoren ausließ, bildet hier den Auftakt, aber da es Buruma nie um bloße Nacherzählung, sondern um Interpretation bestimmter Aspekte, hier etwa des daraus ablesbaren Verhältnisses zur Sexualität, geht, wirkt das Ganze bei ihm durchweg stringenter und ergiebiger. Seine zahllosen Querverweise über Genres und Geschichtsepochen hinweg fußen auf Sachkenntnis, belegen seine tiefreichende Vertrautheit mit Japanischem, sind reflektiert und zeugen von Witz, der auch noch, ohne boshaft zu sein, entlarvt. Ein Beispiel vom Anfang, aus der Interpretation der Mythologie, wo das ungebührliche Verhalten des »Grobians« mit dem Mutterkomplex, Susanoo, betrachtet wird:

»Man könnte vielleicht einwenden, daß Susanoo, der Bruder der Sonnengöttin, ›schlecht‹ sei, aber er ist es jedenfalls nicht in einem metaphysischen oder absoluten Sinne. Er ist der Gott des Windes: Seine Schlechtigkeit weht einfach dahin. Sein schlimmstes Verbrechen – in der japanischen Gesellschaft ernst genug – besteht in seinem launenhaften, egoistischen und grobdestruktiven Verhalten. Er ist ein unbeherrschter Halbwüchsiger, der sich in dem ergeht, was man *mewaku kakeru* (Unheil stiften) nennt[22] – dieses Verb wird übrigens von den Japanern oft benutzt, wenn sie ihr Benehmen in Asien während des Krieges beschreiben. Auch ihre Gewalttätigkeit war wie der Wind; daß er oft wütete wie ein Orkan, war nicht ihre Schuld. Es geschah einfach.« (S. 21 f.)

22 Richtig: *meiwaku o kakeru*. Die Übersetzung des Verbs ist um eine Nuance zu stark geraten. Es bedeutet eher »(jdn.) belästigen, Ärger machen«.

Lesen wir an dieser Stelle noch ein wenig weiter, um Burumas Verfahren etwas genauer kennenzulernen:

»Susanoos Bestrafung ist eine in der traditionellen Gesellschaft übliche: Er wird verbannt, muß sich als Streuner durchschlagen. Dies ist ein unangenehmes Schicksal, aber es macht ihn zu einem recht typischen japanischen Helden. Der gewalttätige Mann, der die gesellschaftlichen Regeln bricht, wird in Japan – jedenfalls in der Literatur – nicht immer verurteilt. Es sind gesellschaftliche Spielregeln und nicht abstrakte Moralprinzipien, die das japanische Verhalten bestimmen; sie sind allerdings so streng, daß man ein Held sein muß, um sie zu brechen. Dies ist nur möglich, wenn man sich außerhalb der Gesellschaft befindet, denn letzten Endes ist die Gemeinschaft stets stärker als das Individuum.« (S. 22)

Schnell stößt der Autor zu sehr wesentlichen Aussagen vor, doch geschieht das mit einer Leichtigkeit, die fast verdeckt, wie durchdacht dies alles aufgebaut ist. Die erste Hälfte seines Buchs widmet Buruma, gebürtiger Niederländer, der sieben Jahre lang als Dokumentarfilmer, Fotograf und Journalist in Japan lebte, den Frauen. Sie werden »im Rahmen der beiden Rollen behandelt, die sie traditionsgemäß in so vielen Gesellschaften spielen: Mutter und Prostituierte« (S. 9). Themen sind hier u. a. »der heilige Stand der Ehe« (S. 58 ff.), die »Frau als Dämon« (S. 68 ff.) und als »menschliches Kunstwerk« (S. 88 ff). Was bei Oguro an irreführendem Kauderwelsch zu diesem Aspekt zu lesen war, ist himmelweit entfernt von Burumas eindringlich-dichter Analyse des japanischen Bedürfnisses, das verlangt, »Menschen, besonders Frauen, müssen sozusagen umgeformt, ritualisiert, und, so weit wie möglich, in Kunstwerke verwandelt werden« (S. 89). Er zieht als Beispiele dazu Figuren aus Romanen von Tanizaki und Kawabata, Film, Fernsehen, Popmusik und alltägliche Erscheinungen wie Liftgirls heran.

Den Übergang zur zweiten Buchhälfte bildet ein Kapitel zum Transvestitentum, das im traditionellen Theater und im zeitgenössischen Variété weiterhin ein wesentliches Element darstellt und in dem sich die kulturellen Geschlechterrollen »am deutlichsten definiert« finden (S. 9). Idealtypen der japanischen Männlichkeit werden von Buruma anhand populärer Legenden, etwa der verschiedenen Versionen der Rache der siebenundvierzig *Rōnin* (S. 188 ff.) und der japanischen Gangster, der *Yakuza*, nachgezeichnet (S. 204 ff.), deren auf Verpflichtung und Loyalität gründendes, streng hierarchisch gegliedertes Sozialgefüge einen, wie Buruma bemerkt, »stilisierten Mikrokosmos der japanischen Gesellschaft« repräsentiert (S. 222).

Die Vielfalt der Beispiele, die übrigens durch einige Abbildungen im Text und sechzehn Tafelseiten mit Fotos aus den erwähnten Filmen etc. noch an Anschaulichkeit gewinnen, ist eindrucksvoll, und es fällt schwer, angesichts so vieler treffender, ja brillanter Beobachtungen aus der Rezension keine Zitatensammlung werden zu lassen, aber andererseits – wie auswählen, wenn der Kuchen zur Mehrheit aus Rosinen besteht? Mit einem gleichsam ethnologisch geschulten Blick beschreibt Buruma auch so bizarre Szenerien wie einen »zeitgenössischen Striptease-Salon« (S. 27 ff.) oder die Unten-Ohne-Kaffeestuben, die »*nōpan*« (= no pants)-*kissa*« (S. 143). Daß letztere, wie Buruma selbst in einer Anmerkung feststellt, mittlerweile schon wieder »von anderen voyeuristischen ›Knüllern‹ verdrängt« wurden (S. 281), beeinträchtigt den Wert der Darstellung nicht im geringsten.

Hervorzuheben ist die Sorgfalt, mit der Buruma es vermeidet, dem Einmaligkeitsmythos zu huldigen, was besonders angesichts der Monströsität seiner – dennoch repräsentativen – Beispiele alles andere als selbstverständlich ist. Bereits im Vorwort lesen wir: »Man muß allerdings berücksichtigen, daß das, was typisch für den Japaner ist, nicht unbedingt einzigartig sein muß« (S. 8), und mit geradezu leitmotivischer Beharrlichkeit warnt er vor vorschnellen Verabsolutierungen. Zumindest präzisiert er mit Bedacht. Im Anschluß an seine Beschreibung der märchenhaften Ausstattung von sogenannten »*Torukos*« (ein Kürzel für »Türkisches Bad«; die Etablissements sind inzwischen aufgrund offizieller Proteste der türkischen Regierung in »*sōpu rando*« [soap land] umgetauft worden) etwa heißt es: »Viele dieser Phantasien sind universell, doch die unbegrenzte Energie und die unschuldige Freimütigkeit, mit denen die Japaner versuchen, sie zu verwirklichen, sind vielleicht einzigartig auf der Welt.« (S. 134)

Ähnlich argumentiert er angesichts der intensiv erlebten »Verzweiflung über das Ende der Kindheit«: »Zwar ist das Peter-Pan-Syndrom, ewig jung bleiben zu wollen, überall verbreitet, aber wahrscheinlich ist das Erwachsenwerden in einer Welt mit widersprüchlichen Werten noch schwerer als anderswo.« (S. 155)[23] Man spürt es Burumas Buch an, daß es unter ständiger kritischer Reflexion auf die eigene mitteleuropäisch geprägte

23 Ebenso vgl. S. 25, 87, 89, 93, 97, 131, 134, 155, 160, 203.

Wahrnehmung geschrieben wurde. Dies erklärt zu einem wesentlichen Teil seine Stärke und die Sicherheit des Zugriffs. Man vergleiche etwa, wie er die japanische Ästhetik der Grausamkeit beschreibt (S. 235 ff.) oder die »fast totale Gleichgültigkeit der meisten Japaner« gegenüber dem Schicksal der Boat People: »... im Unterschied zu vielen Europäern finden Japaner wenig Geschmack daran, Mitleid mit Menschen zu demonstrieren, denen sie sich nicht im geringsten verbunden fühlen. In Japan gilt diese Haltung als ehrlich, andere könnten sie als Mangel an Einfühlungsvermögen bezeichnen. Beide haben recht.« (S. 177)

Buruma legt mit diesem Buch, das 1984 in englischer Originalausgabe erschien, einen wichtigen und höchst anregenden Beitrag zur Deutung der japanischen Kultur der Gegenwart vor. Er bedient sich dabei japanischer Konzepte wie etwa der Vorstellung einer Dichotomie im Verhalten des Individuums von *tatemae* (»die Fassade, die öffentliche Pose, die Art und Weise, wie es sein sollte«) und *honne* (»das persönliche Gefühl oder die private Meinung, die unter normalen Umständen verborgen oder unterdrückt bleiben«, S. 269), um diese dann sehr souverän für seine Analyse fruchtbar zu machen: Die für Mitteleuropäer so auffällige Brutalität in den Phantasieprodukten, die den japanischen Alltag bevölkern, deutet er als »rituelle Explosionen der *honne*, vollzogen nach den ästhetischen Regeln der *tatemae*. Es sind die Gewaltphantasien eines Volkes, das zur Liebenswürdigkeit gezwungen ist.« (S. 273)

Einzuschränken ist das Lob für Buruma lediglich, was Formalien betrifft: Er bedient sich bei der Transkription japanischer Wörter einer kuriosen Mischform, die unbedingt durch konsequente Latinisierungen zu ersetzen wäre[24]; die Quellenangaben in den Anmerkungen sind von höchst unterschiedlicher Ausführlichkeit.[25]

24 Vgl. S. 21, 39, 55, 67, 80, 89, 107, 118, 120, 129, 134, 162, 172, 178, 181, 193, 199, 202, 243, 247, 279.
Die Beispiele sind zu zahlreich, um sämtlich aufgezählt zu werden: *Gutsu* für »Mut« kann nur entziffern, wer ahnt, daß *gattsu* von Englisch: »guts« gemeint ist (S. 172)!

25 Neben Quellenbelegen mit Seitenangaben finden wir Angaben wie »*Kojiki*« oder »*Kadensho*«. Aus welchen Texteditionen wurde hier zitiert (S. 275, 284)? Anm. 5 von S. 210 ist in ihrem Bezug unklar.

7. Vom »Modell Japan«

Zum Abschluß des ersten Teils sei eine Publikation vorgestellt, in der das Beispiel Japans unter sozusagen globalhistorischer Perspektive, vor allem in Hinblick auf die Probleme der Dritten Welt, aufgegriffen wird: Ingeborg Y. Wendt: *Indien – Japan. Wirtschaft und Gesellschaft im entwicklungsgeschichtlichen Vergleich*, Hamburg 1986.

Es geht, wie aus dem Titel ersichtlich, um eine Gegenüberstellung zweier als exemplarisch interpretierter Fälle: Indien »als Repräsentant der heute so genannten Entwicklungsländer« (S. 18) steht für »Zerstörung und Deformation unter der Kolonialherrschaft« (S. 93 ff.); Japan dagegen figuriert aufgrund seiner selbstgewählten Isolation vom 17. bis zum 19. Jahrhundert als weltgeschichtlicher »Sonderfall«, als einziges »erfolgreiches asiatisches, überhaupt nicht-westliches Land« (S. 19). Zwar wird auch bei Wendt »Erfolg« in erster Linie ökonomisch definiert, doch scheint der Begriff darüber hinaus kulturelle und soziale Eigenständigkeit zu implizieren.

Im ersten Kapitel wird zunächst das »Phänomen Japan« beleuchtet, ausgehend von seiner »ersten Begegnung mit Europa« (S. 28 ff.), die in die Abschließungspolitik des Tokugawa-Shogunats mündete. Vergleichen wir Wendts historischen Abriß über die etwa drei Jahrhunderte vom Beginn der Tokugawa-Zeit an mit den entsprechenden Kapiteln und Passagen bei Morishima, so wird ihre spezifische Intention besonders deutlich: Sie möchte »realgeschichtliche, wirtschaftliche und politische Zusammenhänge zwischen dem Westen und dem Nicht-Westen« aufdecken, »aber, im Unterschied zu vielen anderen sozialwissenschaftlichen Untersuchungen, im Bewußtsein und unter Berücksichtigung unterschiedlicher kultureller Identitäten« (S. 18). Gemeint ist damit im besonderen eine stärkere Einbeziehung der Bewertungsperspektive der jeweiligen Kultur, oder, mit den Worten Wendts:

»Die europäisch-amerikanische Zivilisationsphase der Gegenwart wird nicht als Maßstab, sondern als eine Variante der menschlichen Geschichte verstanden und mit der gleichen Distanz betrachtet wie Kulturen und Geschichtsphasen außerhalb des Abendlandes.« (S. 18)

So wenig, wie heute in Europa jemand noch ernsthaft eine ameroeurozentrische, die gegenwärtige hochindustrialisierte Massengesellschaft westlicher Prägung zum alleinigen Maßstab setzende Geschichtsschreibung fordern kann, so schwierig ist gleichwohl die Umsetzung dessen, was Wendt die »Erarbeitung je kulturspe-zifisch adäquater Kriterien für die Aneignung von Traditionen und Gegenwart der nicht-westlichen Gesellschaften« (S. 18) nennt. Um zum Beispiel Tokugawa-Japans zurückzukehren: Wendt bie-tet ein Faktengerüst, Exzerpte aus westlichen (englischsprachigen) Publikationen zur japanischen Geschichte, vorgetragen in einem eifrigen, bisweilen leicht polemischen Tonfall, der die deutliche Absicht erkennen läßt, einer für japanisch erachteten Perspektive gegenüber vermeintlichen westlichen Fehlinterpretationen und egoistischen Umdeutungen zu ihrem Recht zu verhelfen. Nun sind aber ihre Informationen über die japanische Geschichte selbst westlich vermittelt; doch auch dies ist wiederum nur ein kleiner Teil des Problems, denn selbst der direkte Zugang zu historischen Quellen oder verschiedenen japanischen Geschichtsdeutungen garantiert keinesfalls automatisch größere Nähe zur historischen »Wahrheit«.

Wendt steht, was man sympathisch finden mag, auf nicht-euro-päischer, japanischer Seite, doch hier endet ihr Problembewußt-sein: Sie zieht dabei nicht in Betracht, daß es auch innerhalb einer japanischen Perspektive sehr unterschiedliche Interessenlagen und damit Geschichtsinterpretationen gibt. So gerät ihr die Beschrei-bung der Tokugawa-Epoche zu einem überzogen idealisierten Bild einer sozial und wirtschaftlich dynamischen, von der Außen-welt völlig unabhängigen harmonischen Gesellschaft. Die Be-schreibungsabsicht ist unschwer zu durchschauen: Auf diese Weise läßt sich der Kontrast zum kolonialisierten, ausgebeuteten Indien um so effektvoller hervorheben. Japan gibt als einziges Land, dem es gelang, die Europäer auf Abstand zu halten, die positive Folie ab für die im zweiten Kapitel nachgezeichnete wirt-schaftsgeschichtliche Entwicklung Indiens im gleichen Zeit-raum.

In ihrem Bestreben, angeblich irrige oder unangemessene Ein-schätzungen zur japanischen Geschichte zu entlarven, verrennt sie sich bisweilen in selbstgebauten Hindernissen. Daß der Historiker Reischauer etwa den japanischen Imperialismus implizit entschul-digt, wenn er auf das Zeittypische daran verweist, ist eine von Wendts charakteristischen Verzerrungen. Wiederholt baut sie sich Scheingegner auf, die heftig von ihr befehdet werden. Wer wird etwa argumentieren wollen, Japans wirtschaftlicher Erfolg beruhe auf dem »Einzelfaktor ›innerweltlicher Askese‹« (S. 64)?[26] Daß die »Beschneidung der Rechte der Frauen« ein »spezifisch konfuzianisches Merkmal« (S. 47) sei, hat niemand behauptet, aber falls man denn die Gleichberechtigung der Frau als erstrebenswert ansehen will, kann man das Faktum der Entfernung von diesem Zustand im Falle Japans nicht mit dem Hinweis auf ähnliche Verhältnisse in Europa »aufwiegen«. Kurioserweise will Wendt nicht einmal das Wort »Christenverfolgung« für die japanische Geschichte gelten lassen aus dem Grunde, weil »die ›Verfolgung‹ der Ausländer nicht religiös, sondern politisch motiviert war« (S. 34). Offenbar wittert sie hinter dem Wort eine eurozentrische Sichtweise, mißachtet dabei aber die Tatsache, daß davon weniger die kleine Zahl der Ausländer, die z. T. abgeschoben werden konnten, betroffen war als vielmehr die japanische Bevölkerung selbst. An anderer Stelle lesen wir denn auch von einer »Gedächtnisstätte für japanische Christen, die hier durch Kreuzigung hingerichtet worden waren« (S. 48). Wie sollte man das Phänomen nach Wendt bezeichnen?

An einem ihrer Lieblingsthemen, der japanischen Staatsgründungsmythologie, wird Wendts unkritische Haltung gegenüber allem Japanischen besonders augenfällig. Sie behandelt den Mythos wie ein historisches Faktum: »Der Urenkel der Sonnengöttin war am 11. Februar 659 v. Chr. erster Herrscher des Japanischen Reiches geworden.« (S. 58, vgl. auch S. 29, 51, 62, 162)[27]

Die Identifikationsperspektive verschiebt sich jedoch, sobald von Korea oder Indien die Rede ist, denn nun ergreift die Autorin Partei für die schwächeren Nationen; Japan rückt in die Nähe der ehemaligen Kolonialmächte.

Die Schwierigkeit für den Leser des Buches liegt u. a. darin, daß er nicht weiß, wie er das japanische Beispiel letztlich einordnen

26 So schlicht, wie Wendt die Anwendung Max Weberscher Thesen und Kategorien auf die japanische Geschichte darstellt, bietet sie sich natürlich nicht dar; folglich kann sie auch nicht so einfach abgetan werden. Bemerkenswert ist darüber hinaus, daß es gerade nicht nur »Westler«, sondern japanische Wissenschaftler waren, die sich intensiv mit Weber auseinandersetzten. Die japanische Sekundärliteratur zu Weber umfaßt weit über 2000 Titel! Zur Einführung in die Thematik vgl. Uchida Yoshiaki: *Max Weber in den japanischen Sozialwissenschaften*, 1905–1978. Eingeleitet und aus dem Japanischen übertragen von Klaus Kracht, in: *Bochumer Jahrbuch zur Ostasienforschung*, Band 4 (1981), S. 71–109.

27 Man beachte den (unbewußten) Eurozentrismus in der Datumsangabe! Das Jahr situiert man im übrigen auf 660 vor der westlichen Zeitrechnung.

soll, denn einerseits wird das soziale und wirtschaftliche Leben in der vormodernen Gesellschaft dieses Landes wie auch das Indiens vor dem Kontakt mit dem Westen regelrecht idealisiert, und das, was auch Wendt als Japans Erfolg begreift, wird auf seine gelungene ökonomische und kulturelle Selbstbehauptung zurückgeführt. Andererseits aber gehört Japan nun zum Kreis der führenden Industrienationen, die laut Wendt die Verantwortung dafür tragen, daß die von ihr beklagten »internationalen Strukturen« so sind, wie sie sind (S. 192).

Mithin bleibt als durchgängig vorhandene Stoßrichtung und erkennbares Motiv nur die Kritik an Europa, doch es schwächt Wendts Position, daß sie sie mit z. T. ein wenig unlauteren Mitteln wie unfairen und ahistorischen Vergleichen betreibt.[28] Nicht nur im Blick auf ihre fast schwärmerische Begeisterung für indische Religiosität dürfte man sich fragen, weshalb sie nicht wenigstens einen Teil der Toleranz und des Verständnisses, das sie zu Recht für Asien fordert, auch der abendländischen Tradition und dem Christentum gegenüber walten läßt, das sie mit einigen wenigen Bibelzitaten oder schlichten Pauschalurteilen wie »Sinne und Natur sind ja grundsätzlich sündhaft« (S. 185) abtun zu können glaubt. Diese Schwäche ist besonders bedauerlich angesichts dessen, daß Wendts Kritik am vielfach unbewußten kolonialistischen, eurozentrischen Denken durchaus berechtigt und konstruktiv ist. Es zählt zu den großen Verdiensten dieser Autorin, daß sie diese Thematik bereits in den frühen sechziger Jahren in die Diskussion einbrachte. Ihrem Einsatz für eine stärkere Berücksichtigung der außereuropäischen Perspektive in Verbindung mit engagierten Hinweisen auf die Unzulänglichkeiten westlichen dogmatischen Denkens wird niemand seinen Respekt versagen können.

Vergleicht man jedoch ihre Aussagen im vorliegenden Band mit solchen aus ihren Japan-Büchern der frühen sechziger Jahre – ich zog für eine genauere Prüfung den Band *Geht Japan nach links?* aus dem Jahre 1964 heran –, so wird das Ausmaß deutlich, in dem sich die Darstellung, stellenweise bis in Details und einzelne Bei-

28 Sie setzt etwa die angeblich hohe soziale Mobilität im Japan der Edo-Zeit gegen europäische Verhältnisse zu Beginn des 20. Jahrhunderts und suggeriert, in Japan wäre möglich gewesen, was in Europa noch »Aufsehen erregt« hätte (vgl. S. 47 f.), spielt »orientalische Despoten« gegen westliche Kolonisatoren aus (S. 141) oder versteigt sich zu unredlichen Formulierungen wie: »die Idee, von Japan aus China zu erobern, ... anders formuliert: alle Chinesen zu Christen zu machen« (S. 157).

spiele, deckt.[29] Die Diskussion ist indessen nicht auf dem Stand von 1964 stehengeblieben, und glücklicherweise haben sich auch die Verhältnisse selbst geändert. Vor allem aber wurde der naive westlich-abendländische Überlegenheitsanspruch mittlerweile fundamental erschüttert. Folglich scheint Wendt mit ihrer Argumentation bisweilen offene Türen einzurennen.

Fassen wir zusammen: Japan fungiert in dieser Publikation als Demonstrationsobjekt für eine historische Entwicklung, wie sie nach Wendt idealerweise auch in den anderen asiatischen Ländern hätte verlaufen sollen, und als Kontrastmodell, denn ihrer Ansicht nach wird es keinem einzigen asiatischen Land gelingen, Japans Erfolg zu wiederholen, da sie alle durch hohe Auslandsverschuldung belastet seien (S. 189). Umgekehrt ist für Wendt der Umstand, daß japanisches Kapital zu jedem Zeitpunkt der Geschichte »in japanischen Händen« blieb (S. 161), der wichtigste Grund für den beispiellosen Aufstieg dieser Nation. (Nur nebenbei sei bemerkt, daß die Autorin einem monokausalen Erklärungsmodell, das sie selbst so dezidiert verurteilte, hier gefährlich nahekommt.)

In der Gegenüberstellung mit dem Beispiel Indiens schließlich wird selbst der »Erfolg« Japans wieder fragwürdig, denn wenn die Autorin den »natürlichen Ausweg« aus den wachsenden Problemen im Nord-Süd-Verhältnis in einer Förderung von Kleinhandwerk und dörflich-agrarischen Gemeinschaften der Dritten Welt wie auch in der »zentralistisch-großtechnischen Zivilisation« (S. 201) sieht, so wird damit indirekt auch dem japanischen Weg eine Absage erteilt. Auf Wendts entwicklungspolitisches Konzept sei nicht weiter eingegangen, da dies den hier gesteckten thematischen Rahmen sprengen würde.[30] Immerhin hat ihr Buch mit

29 Vgl. z. B. die Kritik am Journalismus und der Japanologie oder Beispiele wie die »Glauben Sie an Gott«-Frage eines deutschen Journalisten (Wendt 1964, S. 146; 1986, S. 9 f.), ebenso die Bemerkung, der Dolmetscherberuf sei in Japan viel weniger angesehen als im Westen (1964, S. 143 f.; 1986, S. 172), beide Male übrigens als Illustration für die Behauptung verwendet, im Westen überschätze man »das Mittel ›Schrift und Wort‹«, während der »nüchternen Einschätzung« der Japaner zufolge ein Dolmetscher ja nur »die Technik, die Methode« beherrsche, dagegen »von der Sache, vom Inhalt . . . nicht viel (verstehe)« (1986, S. 172).

30 Insofern wird die Rezension dem Buch nicht in vollem Umfang gerecht. Als Hinweis sei jedoch vermerkt, daß Wendts Vorschläge angesichts der gegenwärtig geführten Debatte um angemessene Formen der Entwicklungshilfe recht skizzenhaft und dilettantisch klingen. Auffällig ist daneben ihre wiederholte Polemik im Zusammenhang mit der Alphabetisierung, vgl. etwa S. 16, 57, 168 ff. Wendt findet

seiner verborgenen Ambivalenz gegenüber Japan unseren Blick auf globale Zusammenhänge gelenkt.

8. Orientalismusdiskussion, fortgesetzte Folge

Überschauen wir nun noch einmal rückblickend die hier vorgestellten und analysierten deutschsprachigen Publikationen zu Japan. Nicht nur angesichts der Unterschiedlichkeit der Themen, der Textsorten und des intellektuellen Niveaus erscheint es unmöglich, ein halbwegs in sich geschlossenes Japanbild herauszudestillieren zu wollen – dazu sind die vorhandenen Informationen, aber auch die Aspekte, die zur Diskussion standen, zu reichhaltig. Dennoch lassen sich gewisse Tendenzen und Problembündel erkennen, die es wert sind, noch einmal hervorgehoben zu werden.

Allen hier betrachteten Publikationen war ein gewisser Universalanspruch gemeinsam. Ihnen lag, wenn auch oftmals unausgesprochen, die Annahme zugrunde, über ihren spezifischen Zugriff oder ihre Thematik Wesentliches zum Verständnis des gegenwärtigen Japan, des »Phänomens Japan«, beitragen zu können. Sehen wir von dem z. T. grotesken Mißverhältnis zwischen diesem Anspruch und dem Ergebnis in einzelnen Fällen ab, so suggeriert dieses Vorgehen doch alles in allem eine Souveränität gegenüber dem Erkenntnis»objekt«, die direkt an die orientalistischen Interpretationskonzepte früherer Epochen anzuknüpfen scheint. In den journalistischen Beschreibungen, bemerkenswerterweise aber auch in den Japanbüchern japanischer Autoren, erscheint dieser naive Zugriff, der von der Wißbarkeit und Verfügbarkeit des dergestalt Unterworfenen ausgeht, noch weitgehend ungebrochen. Die Tatsache, daß es daneben jedoch auch differenziertere, den eigenen Aussageanspruch schärfer eingrenzende Darstellungen gibt, wobei die europäische Perspektive mitreflektiert wurde, zeigt, daß es der Orientalismuskritik oder allgemeiner, der Kritik

offenbar auch die Vorstellung eurozentrisch, ein höherer Lebens- und Bildungsstandard setze allgemeine Schreib- und Lesefähigkeit voraus. Dennoch weist sie, ohne sich des Widerspruchs bewußt zu sein, auf die hohe Verbreitung von Lese- und Schreibfähigkeit unter Japanern zu Beginn der Modernisierung hin (S. 57). Zur grundsätzlichen Problematik des Vergleichs Japan – Indien gehört auch, daß damit suggeriert wird, Indien hätte eine Entwicklung nach japanischem Muster durchlaufen, wären nur die westlichen Kolonisatoren nicht ins Land gekommen.

am eurozentrischen Weltbild, mittlerweile durchaus schon gelang, zum integralen Bestandteil der einschlägigen Praxis zu avancieren. Mehr noch, ein Exempel wie der Wendtsche Text belegt bereits die Trivialisierung und Vulgarisierung der Eurozentrismuskritik.

Auch unter Berücksichtigung eines gewissen Zufallsmoments bleibt der Anteil an japanischen Autoren im deutschsprachigen Japan-Schrifttum augenfällig. Hier arbeiten offenbar eine Selbstüberschätzung auf japanischer Seite – die Vorstellung, als Japaner sozusagen automatisch eine Autorität für Japanisches abzugeben – und die im Westen vorherrschenden und von der Japanologie bisweilen noch in defensorischer oder selbststilisierender Absicht geschürten Vorstellungen von der undurchdringlichen Sprachbarriere und der Unzugänglichkeit Japans Hand in Hand. Leider dürfte es für Laien oft schwierig sein, diesen Bluff zu durchschauen, obwohl doch hoffentlich jeder auf Anhieb einsehen müßte, daß umgekehrt auch nicht jeder Deutsche im Ausland zugleich ein Deutschlandexperte ist!

Die hier betrachteten Texte japanischer Autoren zeugen allesamt – zufällig oder nicht – von einem eklatanten Mangel an Fähigkeit zur Organisation des Stoffs und von einer geradezu zum Stilprinzip erhobenen Irrationalität. Daß diese Darstellungen dabei zu »Selbst-Orientalisierungen« geraten, verwundert nicht angesichts des niedrigen Reflexionsniveaus. Auch der eigene Hochmut wird dabei offenbar nicht erkannt: Wenn etwa ein Autor wie Morishima in seinem Vorwort zur englischsprachigen Ausgabe der britischen Japanologin und Historikerin Janet Hunter für ihre Übersetzung seines japanischen Manuskripts dankt, enthüllt sein Lob für die britische Japanologie in Wirklichkeit deren Geringschätzung als wissenschaftlicher Disziplin: »Mit ihrer Übersetzung bewies Frau Hunter, welch hohen Rang die japanische Sprachwissenschaft in Großbritannien einnimmt.« (Morishima, S. 8. Dieses Beispiel ist im übrigen sehr typisch für die herablassend-freundliche japanische Haltung zur Japanforschung im Ausland.[31]) Fatal ist in jedem Fall, daß im deutschsprachigen Kontext

---

31 Um ein weiteres Beispiel anzuführen, das seine besondere Aussagekraft aus der Tatsache bezieht, daß damit Weltoffenheit demonstriert wird: Der Band »Gegenwart« einer »Neuen Geschichte der japanischen Literatur« *(Nihon bungaku shinshi, Gendai)*, erschienen im Mai 1986 als Beiheft der literaturwissenschaftlichen Fachzeitschrift *Kokubungaku kaishaku to kanshō*, wird von seinem Herausgeber Hasegawa Izumi im Geleitwort eigens unter eine internationale Perspektive gestellt. Die einschlägige *außer*japanische Literaturwissenschaft figuriert

umgekehrt der japanische Verfassername allein schon sachliche Legitimation zu verbürgen scheint. Daß gute Japanbücher selten sind, aber keinesfalls von der Nationalität, sondern allein von der Kompetenz des Verfassers abhängen, hat dieser Überblick gezeigt!

Die bereits erwähnte Beliebigkeit der Beobachtungen bzw. ihre Abhängigkeit vom »Weltbild« des Verfassers ist ein weiterer Aspekt, der im Vergleich der Publikationen untereinander besonders deutlich zutage tritt. Jeder sieht, was er sehen will – für den einen etwa geht die japanische Frau nach wie vor drei Schritte hinter ihrem Ehemann, was sich natürlich sogleich symbolisch für das Verhältnis der Geschlechter insgesamt interpretieren läßt; für den anderen dagegen ist die Japanerin hochgradig emanzipiert. Andererseits ist es natürlich kein Zufall, daß ersteres Bild eher von Europäern und die zweite Variante eher von Japanern vertreten wird. Letztlich erscheinen mir beide Muster dem gleichen, vom Westen her initiierten Erklärungsmodell anzugehören, nach dem die Stellung der Frau als Indikator für den jeweiligen sozialen Entwicklungsstand Japans fungiert. Das in Japan selbst sehr verbreitete »Frau-als-Herrin«-Deutungsmuster entstand wohl vornehmlich als defensive Legitimation im Rahmen eines solchen Diskurses. Daß dabei auch kreuzweise argumentiert werden kann, versteht sich von selbst, und auch die ideologische Position des Westeuropäers, der sich das Modell der »Japanerin-als-Herrin« zu eigen macht, bedarf ebensowenig der expliziten Herleitung.

Die japanischen Autoren im deutschsprachigen Kontext haben, wie wir an diesem Beispiel sehen, bisweilen eine Art Mittlerfunktion inne: Sie reproduzieren japanische, zum Teil in Reaktion auf westliche Vorstellungen und Klischees entstandene Interpretationsmuster und prägen damit selbst wieder die europäische Sicht auf Japan, wobei sich zusätzlich kuriose Interferenzen mit intellektuellen Tendenzen im Westen ergeben.

darin jedoch nur als illustratives Kuriosum in Form von Farbabbildungen europäischsprachiger Studien zum Autor Mori Ōgai mit der Legende: »Das Interesse der Ausländer an Japan. Gegenwärtig soll sich die Zahl der Japanischlernenden im Ausland auf etwa 13 Millionen Menschen, darunter 10 Millionen Chinesen, belaufen. Es wurden z. B. auch von Ausländern in ihren jeweiligen Sprachen biographische Studien über Mori Ōgai geschrieben. (...) In Kürze sollen auf Deutsch und Chinesisch Bücher mit dem Titel ›Mori Ōgai‹ erscheinen. Die Wellen der Internationalisierung sind deutlich vernehmbar.« (Vgl ebd. die S. 33 gegenüberliegende Seite.)

Dies alles deutet sich bei der Analyse der vorliegenden Texte an, doch bedürfte es einer größeren Zahl an Beispielen, um die Funktionen im einzelnen noch deutlicher hervortreten zu lassen. Wichtig war zu zeigen, daß man die Analyse der einzelnen Elemente des in Mitteleuropa verbreiteten Japanbilds auf diese Weise in den Rahmen einer Orientalismuskritik stellen kann.

Doch richten wir unseren Blick nun auf die japanische Seite. Wie reagiert man dort auf das neuerlich verstärkte westliche Interesse, und wie deutet man die eigene Position im internationalen Gefüge?

II. Wie Japan sich selbst sieht

1. Nachrichten aus dem Fernen Westen

Die Frage, wie das eigene Land von anderen Nationen gesehen wird, beschäftigt die Japaner wohl intensiver als die meisten anderen Völker. Das mag zum einen von der jahrhundertelangen Isolation Japans herrühren, daneben aber auch sozialpsychologische Gründe haben, etwa die durch die japanische Sozialstruktur vorgegebene und im Denken daher tief verankerte Notwendigkeit wechselseitigen sozialen Taxierens, die, übertragen auf das Kollektiv ganzer Nationen, Hierarchisierungen erforderlich erscheinen läßt. Japan-Bücher ausländischer Autoren finden daher im Lande im allgemeinen einen offenen Markt vor, wobei ihr Verkaufserfolg nicht unbedingt in Relation zur Qualität der darin enthaltenen Informationen steht, doch dies ist schwerlich ein japanisches Phänomen! Bestseller wurden etwa Hermann Kahns *The Emerging Japanese Superstate* (1970) oder Zbigniew Brzezinskis *The Fragile Blossom* (1972). Die höchste Auflagenzahl erreichte die japanische Übersetzung von Ezra Vogels 1979 in der Harvard University Press erschienenen *Japan as Number One: Lessons for Americans*, die bereits anderthalb Monate nach Erscheinen in 200 000 Exemplaren verbreitet war, mittlerweile nach Millionen zählt und, wie Edward Seidensticker vermutet, eine siebenstellige Leserschaft aufweist.[32] Zu Vogels für das japanische Publikum so schmeichelhafter Aufzählung von »Erfolgen« nicht nur in der Wirtschaft,

---

32 Vgl. Seidenstickers Vorwort zu Jared Taylor: *Shadows of the Rising Sun. A Critical View of the ›Japanese Miracle‹*, Tōkyō 1985, S. 8.

sondern auch auf den Gebieten Politik, Bildung, soziale Wohlfahrt und Verbrechensbekämpfung gab es indes auch kritische Stimmen. So warnte etwa Wada Toshihiko, der Rezensent der Zeitschrift *Shūkan Asahi*, davor, solchen Lobeshymnen in Unkenntnis der Situation jener Länder, in denen sie entstanden sind, auf den Leim zu gehen und sich dadurch der Lächerlichkeit preiszugeben.[33]

Daß eine Vorliebe für positive Meinungen des Auslands vorherrscht, ist menschlich verständlich und psychologisch ohne weiteres nachvollziehbar. Allerdings gibt ein Japankenner wie E. Seidensticker zu bedenken, daß die hohen Verkaufszahlen eines Buches wie *Japan as Number One* von einer bemerkenswerten japanischen »Fähigkeit zur Selbsttäuschung« Zeugnis ablegten.[34] Tatsache ist, daß ein so informatives, ausgewogenes und auch die Schattenseiten des japanischen Erfolgs besonnen, verständnisvoll und ohne heimliche Schadenfreude abwägendes Buch wie Jared Taylors *Shadows of the Rising Sun* (New York 1983, Tōkyō 1985) nicht ins Japanische übersetzt wurde.

Kritische Japanberichte im Ausland führen nämlich zu großen Irritationen. Ein markantes Beispiel ist der Fall des Germanisten Nishio Kanji, der beim deutschen Publikum durch einen Rundfunkessay über *Die Exklusivität Europas* und seinen im Herbst 1982 in acht deutschen Städten präsentierten Vortrag zum Thema »Was ist das moderne Japan?« eingeführt ist. Der Vortrag, dessen japanische Fassung in der Dezember-Ausgabe der Zeitschrift *Chūō Kōron* erschien und von einer führenden Zeitung nach einer alljährlich veranstalteten Umfrage zu einem der fünf besten Essays des Jahres gekürt wurde[35], war ein temperamentvolles Plädoyer

---

33 Vgl. *Shūkan Asahi* vom 24. 8. 1979, S. 144f. Diese und vier andere japanische Rezensionen wurden vom *Journal of Japanese Studies* ins Englische übersetzt, wo sie im Rahmen eines umfangreichen Rezensionsteils unter dem Titel *Views of Japan as Number One* neben zwei Besprechungen amerikanischer Japanologen abgedruckt sind, vgl. ebd., Band 6, Nr. 2 (Sommer 1980), S. 416–439.

34 Vgl. Seidensticker (Anm. 32), S. 8.

35 In der Beurteilung von Nakajima Mineo, vgl. dazu die Kurznotiz im *Japan Foundation Newsletter* X, Nr. 5, S. 17.
   Der hier angesprochene Themenkomplex ist, wie ich erst nachträglich erfuhr, auch von japanischer Seite analysiert worden, vgl. die sehr tiefgreifenden Ausführrugnen von Suzuki Tadashi: *Nichiō hikaku kindaika-ron no ronsō o megutte*, sono 1 (Zum Theoriestreit im Zusammenhang mit der Modernisierung in Japan und Europa), in: *Tōkyō ika shika daigaku kyōyōbu kenkyū kiyō* Bd. 15, März 1985, bessatsu, S. 1–29.

wider die europäische Selbstzufriedenheit und ein einseitiges Japanbild in stellenweise polemischer Form, doch die Wirkung seines Appells scheint den Vortragenden zutiefst erschreckt zu haben. Voller Empörung berichtet er in einem Artikel vom Januar 1983 über »die Mauer, auf die mein Vortrag in Deutschland gestoßen ist«.[36]

Nun würde es zu weit führen, die Diskussion an dieser Stelle nachzuzeichnen, die in Form spontaner Kommentare im Anschluß an den Vortrag, aber auch in schriftlichen Äußerungen, zu denen Nishio verschiedene Personen aufgefordert hatte, stattfand. Lediglich der Hinweis sei gestattet, daß Reaktion und Gegenreaktion auf recht verschiedenen Ebenen liegen und wir es mit einem betrüblichen Fall von Aneinander-Vorbei-Reden zu tun haben. Die Erwähnung von Nishios Vortrag und dessen Nachspiel ist hier insofern von Bedeutung, als sie zum psychologischen Verständnis des Folgenden beizutragen vermag. Offenbar lösten die teilweise kritischen deutschen Reaktionen einen Schock bei ihm aus, der längerfristige Nachwirkungen zeitigte mit der Konsequenz, daß er es nun zu seiner Aufgabe macht, die japanische Öffentlichkeit über das aus seiner Sicht verzerrte Japanbild im Ausland aufzuklären. Sein Artikel über *Die Hintergründe des Japanbildes, das Europäer und Amerikaner zeichnen* aus der Februarnummer der Zeitschrift *Chūō Kōron*[37] verdiente es, ins Deutsche übersetzt und analytisch kommentiert zu werden, da sich daran sehr gut typische Reaktionsmuster und argumentative Strategien studieren lassen.

Den Grundtenor des Beitrags bildet die Zurückweisung ameroeuropäischer Kritik an gesellschaftlichen Phänomenen Japans. Während man nämlich im Westen nicht mehr umhin könne, die japanischen Erfolge hinsichtlich materieller Aspekte wie »Technik, Wirtschaft, Unternehmen und Business« einzugestehen, versteife man sich nun darauf, »geistige Aspekte wie Erziehung, Moral, Familienleben oder Gruppenorganisation« anzugreifen (S. 132). Die Dichotomisierung in Materielles und Geistiges diene dabei dem Zweck, den Europäern ihre letzte Bastion zu sichern, die mittlerweile ja auf allen Gebieten, seien es »Technik, Produktivität, Industrie, nationale (*kokuryoku*) oder militärische Stärke«

36 Nishio Kanji: *Doitsu de watakushi no kōen ga butsukatta kabe*, in: *Chūō Kōron* 1/1983, S. 298–309.
37 Nishio Kanji: *Ōbeijin ga egaku Nihonzō no okusoko ni aru mono*, in: *Chūō Kōron* 2/1985, S. 116–134.

ins Hintertreffen geraten seien (S. 129) und die sich deshalb aus Selbstverteidigung an die Idee einer vermeintlichen europäischen »geistig-moralischen Überlegenheit« klammerten. Die deutsche Berichterstattung über Japan – genauer, den *Japan-Report* der ZEIT-Redakteure[38], den Stern-Sonderteil von 24. September 1981, die Spiegel-Nummer vom 28. Februar 1983 und den 1981 erschienenen Band *Arbeitsstaat Japan* von Ariane Dettloff und Hans Kirchmann – stellt er dabei in den Mittelpunkt, ohne sich jedoch wirklich mit ihr auseinanderzusetzen. Zumeist begnügt er sich damit, Zitate – bisweilen manipulativ[39] – zu übersetzen. Von den insgesamt 76 Fotos des Stern-Sonderteils greift Nishio drei grelle heraus. Nicht, daß hier das Abstoßende, Unwürdige an der sensationslüsternen Japanberichterstattung in irgendeiner Weise verteidigt werden sollte; aber es widerlegt die in der Tat geschmacklose Abbildung mit den abgehackten Fingerkuppen im Stern-Bericht über japanische Gangstersyndikate nicht etwa, wenn Nishio dazu zornig kommentiert, es gäbe wohl keinen Japaner, der ein solches Foto je gesehen hätte (S. 126).

Seinen negativen Eindruck, den er anhand der vier genannten Publikationen vom Japanbild in der deutschen Öffentlichkeit gewann, weitet Nishio sodann zu einem Repräsentativbild aus: Zwar müßte dies statistisch belegt werden, aber anhand der vorgestellten Abbildungen – es handelt sich um die drei erwähnten Stern-Fotos – sei das Resultat von der Tendenz her zu erkennen (S. 132). Die Mehrheit der Europäer hielte die Japaner für feudalistisch, unfrei und in ihrer Geisteskultur dem 16. Jahrhundert verhaftet (ebd.). Erst wenn die japanische Arbeitsmoral sinke und die Wirtschaft zu zerfallen beginne, hätten die Japaner – so interpretiert Nishio die europäische Meinung – westlichen Individualismus und Liberalität erworben und seien bezüglich ihrer Geisteskultur als Nation erwachsen geworden (S. 128), und diese verbreiteten Ansichten teilten sogar die hervorragendsten europäischen Denker (S. 132). Die Berufung der Europäer auf die Stärke ihrer Geisteskultur sei der intellektuellen Sammlung zur »Überwindung der Moderne« (*kindai no chōkoku*) unter dem japanischen

38 Richard Gaul, Nina Grunenberg, Michael Jungblut: *Japan-Report*, München 1981.
39 Überprüft werden konnten hier nur die Stern-Zitate, die eine eindeutige Falschdarstellung enthalten. Wenn wir nicht an den Deutschkenntnissen dieses Germanistikprofessors, der 1979 seinen Doktortitel an der Universität Tōkyō erwarb, zweifeln wollen, müssen wir manipulatives Interesse annehmen.

Militarismus vergleichbar – in beiden Fällen werde der für überlegen erklärte »Geist« der eigenen Kultur gegen die materielle Übermacht des Feindes beschworen (S. 121 f.). Von den Europäern, insbesondere aber von den Deutschen, zeigt sich Nishio tief enttäuscht; denn die immer noch latente japanische Verehrung, die in Fernsehsendungen mit deutscher Musik ihren Ausdruck finde, werde durch den häßlichen Ton, die »ungesunden Aspekte« (S. 123) der Berichterstattung deutscherseits brüskiert. Wiederholt konstatiert Nishio, daß sich das Japanbild des Westens seit Beginn dieses Jahrhunderts nicht gewandelt habe, und zieht schließlich das Fazit: »Es drängt sich der Gedanke auf, daß dies dem Stil ihrer Strategie gegenüber Japan entspricht, die sie vom Ende des 19. Jahrhunderts bis zum heutigen Tag verfolgen (es sei dahingestellt, wie absichtsvoll dies geschieht).« (S. 132) Japan, das arglos damit beschäftigt sei, sich selbst zu feiern, ahnt laut Nishio in seiner geistigen Isolation wenig von den feindlichen Gefühlen, die ihm draußen in der Welt entgegengebracht würden (S. 131). Europa jedenfalls, so stellt er mehrfach fest, rücke für Japan in immer weitere Ferne, und zwar in dem Maße, in dem umgekehrt Japan für Europa an konkreter, bedrängender Realität gewinne (S. 122).

2. Japan als Prügelknabe

Das im Frühjahr 1986 wohl meistdiskutierte Thema in Japan ist das sogenannte »ijime«-Problem, die oft im Selbstmord der Opfer endenden »Hänseleien«, zutreffender: die Quälereien und Schikanen von Schülergruppen gegen einzelne Klassenkameraden, denen Eltern und Lehrer ratlos gegenüberstehen. Ein weiteres zentrales Thema in der öffentlichen Diskussion sind die »ökonomischen Reibungen«, die in Form des hohen Außenhandels-Bilanzüberschusses zu Buche schlagen. Bezeichnenderweise wird das Vokabular des ersten Themas oft in den Kontext des zweiten übernommen. Über ausländische Kritik an der unausgeglichenen Handelsbilanz und Forderungen nach Öffnung des japanischen Markts wird zwar berichtet, doch häufig wird in Kommentaren und Fernsehgesprächen dazu der Eindruck erweckt, die Kritik gälte Japans Erfolg als solchem. So sieht sich die Nation, wenn man den Medien Glauben schenken darf, in der bedauernswerten Rolle eines internationalen Prügelknaben, der gehaßt wird, weil er das Pech hat, ein Musterschüler zu sein. Dazu einige Beispiele aus den gedruckten Medien.

Die Monatszeitschrift *BIGMAN*, die sich an ein männliches Publikum im mittleren und höheren Management wendet, bringt in ihrer Januarausgabe 1986 als Aufmacher eine Gesprächsrunde mit dem bekannten Fernseh-Kommentator und Bestseller-Autor Takemura Ken'ichi. Die Überschrift dieses elf Seiten langen »Big Talk« lautet: »Im Zuge der amerikanisch-sowjetischen Annäherung [wird] Japan dieses Jahr noch mehr zum Prügelknaben aller Länder.«[40] Gesprächspartner von Takemura sind Amaya Naohiro, Berater des MITI und »führender Kopf in der japanischen Industrie« (s. ebd., S. 36), sowie der Unterhausabgeordnete der regierenden Liberaldemokratischen Partei, Shiina Motoo, Technologie- und Verteidigungsexperte, der zu offiziellen Gesprächen im Oktober 85 nach Amerika reiste. Zunächst befaßt man sich mit den Konsequenzen der Genfer Gipfelgespräche. Die Teilnehmer sind sich darin einig, daß eine Verständigung zwischen den Supermächten das amerikanisch-japanische Verhältnis belasten würde – Takemura (lachend): »Deswegen sage ich in meinen Vorträgen immer: ›Wir Japaner müssen den Russen Dankeschön sagen!‹.« (S. 40)[41] Sehr direkt kommt man dann auf die amerikanische Bedrohung zu sprechen, denn, so Amaya: »Wir müssen uns im klaren darüber sein, daß wir dabei sind, dem amerikanischen Tiger fortgesetzt halbwegs auf den Schwanz zu treten.« (S. 40) Daß Japan seine Militärausgaben erhöhen müsse, wird von allen betont, denn wenn man sich vor dieser Verpflichtung drücken würde, stünde »Japan international noch isolierter da« (Shiina, S. 42). Die prekäre Situation, in der sich Japan angesichts seiner Außenhandelsüberschüsse von derzeit 40 Milliarden Dollar im Verhältnis zu den USA befindet, erläutert Amaya anhand der Geschichte eines

40 Wörtlicher übersetzt: »Das sich in diesem Jahr noch weiter verschärfende ›Japan-ijime‹ aller anderen Länder«, s. *Takemura Ken'ichi no biggu tōku – Beiso no sekkin de, kotoshi sara ni gekika suru shogaikoku no »Nihon ijime«*, in: *BIGMAN* 1/1986, S. 34–44.

41 Der Gedanke ist übrigens nicht neu: Im März 1986 wurde die Neuausgabe eines erstmals 1983 im Verlag Kōbundō erschienenen Buches von Ochiai Nobuhito mit dem Titel: »Der Tag, an dem Japan zerschmettert wird – Die Falle, die Amerikaner und Sowjets gestellt haben« *(Nihon ga tatakitsubusareru hi – Beiso ga shikaketa wana)* vom Verlagshaus Shūeisha angezeigt. Erläuternd heißt es in der Werbung: »Worauf Amerika und die Sowjets es abgesehen haben, ist Japans Untergang! Wie kann Japan überleben?« (Vgl. *Asahi Shinbun*, Morgenausgabe vom 26. 3. 1986, S. 3.)

Kaufmanns, der gegen Ende der Edo-Zeit durch die Gunst seines Daimyats steinreich wurde, dann aber in Ungnade fiel und im Kerker endete. »Auch Japan steht in dieser Gefahr«, zumal es, und darin wird dem Redner wieder beigepflichtet, »ohne Schwert« und somit schutzlos sei.[42] Amaya: »Zu sagen, wir vertrauen auf den Gerechtigkeitssinn der friedliebenden Völker, ist ja schön und gut, aber wer garantiert uns das?« (S. 42) Daß die Japaner im Ausland nicht gemocht, ja regelrecht gehaßt werden, wird als wichtige Information behandelt, besonders, da japanische Firmen nun auch auf dem nordamerikanischen Kontinent Fuß fassen und dabei erfahren müßten, daß man dort »keine Dankbarkeit empfindet« *(onkei o kanjite imasen)*, sondern glaubt, die Japaner seien »zum Verdienen gekommen«. Doch Amaya bringt sogleich die Erklärung für den schlechten Ruf Japans bei: »Das ist ganz klar. Und zwar deshalb, weil Japan erstens ein Newcomer, ein Neuling im internationalen Kreis ist.«

Wiederum im Rückgriff auf die Tokugawa- bzw. Edo-Zeit erläutert er, daß die Unterdrückung des Neulings einer allgemeinen Regel entspräche:

»Je älter, desto höher der Rang. International gesehen sind die Weißen, die Angelsachsen, die ältesten. Deswegen wird Japan von Europa schikaniert *(ijimerareru)*. Zweitens hat dieser Neuling eine außerordentliche Schwäche im Selbstausdruck. Da er seine Absichten nicht gut erklären kann, wird er von den anderen, die sagen ›Was ist denn mit dem los?‹, um so mehr schikaniert. Und das Schlimme daran ist, daß dieser Neuling auch noch viel Geld hat. Schwachen Ländern gegenüber ist Amerika erstaunlich zuvorkommend. Aber Japan ist jetzt stark. Amerika ist die Nummer eins, und solange der Abstand zur Nummer zwei groß genug ist, ist alles in Ordnung. Aber jetzt ist der Abstand zwischen Nummer eins und Nummer zwei ausgesprochen klein.«

Takemura: »Das ärgert die natürlich.«

Amaya: »Und außerdem ist Japan ein Schwächling. Aber im Geldverdienen ist es groß.«

Takemura: »Das macht [uns] natürlich unbeliebt.«

Amaya: »In der Schule ist der Prügelknabe auch jedesmal der Musterschüler, der gleichzeitig ein Schwächling ist. Das ist international gesehen

---

42 Zur Problematik eines spezifischen Metapherngebrauchs im heutigen Japanisch, bei dem Bildspender und Bildempfänger so nahe beieinander liegen, daß der Übergang vom bildlichen zum »konkreten« Reden verschwimmt, siehe meinen Aufsatz: *Erkundungen zur Semantik der Metapher in der japanischen Sprache der Gegenwart*, in: *Bochumer Jahrbuch zur Ostasienforschung*, Band 3 (1980), S. 398–413.

genau dasselbe. Japan erfüllt alle Bedingungen zur Prügelknabenrolle. Ich finde es daher eher schon merkwürdig, daß man sich überhaupt noch fragt, weshalb denn immer bloß Japan schikaniert wird.« (S. 42 f.)

Das Gespräch, das in außerordentlicher Harmonie verläuft, da die Beteiligten in allem einer Meinung sind, steuert auf das Thema »perception gap« zu. Zwar heißt es, »Japan habe Amerika wirtschaftlich besiegt« (Shiina, S. 43), aber die Lebensqualität in Tōkyō nehme ständig ab. Die Japaner können daher nicht begreifen, daß »Amerika auf die japanische Wirtschaft böse ist« (Takemura, S. 43). Die Amerikaner, aber auch Korea, China, Europa, ja die ganze Welt behauptet, die Japaner seien unfair, aber »Die Japaner finden das merkwürdig. Hier klaffen die Ansichten um 180 Grad auseinander.« (Amaya, S. 44) Schließlich liege es nicht in der Macht der Japaner, daran irgend etwas zu verändern, denn alle ausländischen Vorschläge sind unrealisierbar: Straßen- und Kanalisationsbau scheitern am Geldmangel der Regierung, für eine Förderung des privaten Wohnungsbaus, zu der es nun Ansätze gibt, seien aber die Grundstückspreise zu hoch.[43] Auch die Belebung des einheimischen Marktes hat enge Grenzen, da die Japaner aufgrund ihrer Mentalität sparsam seien. Jawohl, die zweitausendjährige Tradition der Sparsamkeit sei in den Japanern tief verwurzelt, meint auch Takemura, und Shiina gibt zu bedenken: »Denkweise und Wertvorstellungen sind völlig anders als bei Europäern und Amerikanern.« (S. 44)

Das einzige Rezept, das die besorgten Diskutanten dem Leser auf den Weg geben, ist der Rat, jeder einzelne Japaner möge die Mühe nicht scheuen, Kontakt mit dem Ausland zu pflegen, um auf diese Weise das Verständnis für Japan zu vertiefen. Takemuras Schlußwort klingt dennoch pessimistisch:

43 Die gleiche Argumentation übrigens auch im Fernsehen, etwa im Kommentar zur Zeit »Sesō kōdan«, der Morgenschau des TBS-Fernsehens am 12. 3. 1986, wo der Vorschlag aus dem Ausland, mehr in den Wohnungsbau zu investieren, als illusorisch zurückgewiesen wurde, da dadurch die Grundstückspreise nur noch weiter steigen müßten. Ebenso am 2. 2. 1986 im Kanal Terebi Tōkyō in einer Sendung über »Was die japanische Wirtschaft wirklich bewegt – Kleine Häuser in Großstädten« (Nihon keizai honne bunseki – daitokai no naka no chiisana ie, 11.30–12 Uhr), in welcher der Ausländerin im Studio erläutert wird, daß das Problem wegen der hohen Grundstückspreise nicht zu lösen ist. Im weiteren Verlauf des Gesprächs bemerkt sie, die Qualität japanischer Wohnhäuser sei garantiert besser, wenn sie sich exportieren ließen, doch wird darauf von japanischer Seite nicht eingegangen.

»Doch der Weg, den Japan von nun an gehen wird, ist wahrhaft nicht leicht. Die japanische Volksmentalität, die Rassenunterschiede, derartiges wird sich nie ändern, und deshalb haben die Japaner einen dornigen Weg vor sich. Aber da ist es wichtig, daß man wenigstens weiß, daß die Welt kein Paradies ist, sondern ein Dschungel.« (S. 44)

3. Die neuen »Ethnozentriker«

Um die Gedankenführung zu verdeutlichen, war es notwendig, einen längeren Ausschnitt zu zitieren, doch damit ließen sich einige augenblicklich in Kommentaren zum Zeitgeschehen sehr verbreitete Reaktionsmuster und Assoziationen vorstellen. Charakteristisch ist etwa der verhaltene Stolz auf die starke eigene Wirtschaftsposition im Vergleich mit den USA[44], der jedoch sofort in Selbstmitleid und Klagen über die geringe Lebensqualität in Tōkyō umschlägt, wenn von ausländischen Forderungen zum Abbau der Handelsüberschüsse die Rede ist. Auf inhaltlicher Ebene setzt man sich nicht mit den Vorwürfen auseinander, sondern flüchtet in die Opferrolle, ein Muster, das wir auch bei Nishio studieren konnten. Als Opfer internationaler Kampagnen, mit denen die Europäer und die Amerikaner ihr eigenes, auf ihren Kulturkreis beschränktes Wertesystem der restlichen Welt aufzwingen wollen, sehen sich Japaner auch angesichts der Kritik des Auslands am Walfang oder an den alljährlichen Delphintötungen. Zornig etwa verwahrt sich der Soziolinguist Suzuki Takao in seinem neuesten Buch »Sprache als Waffe« (*Buki to shite no kotoba. Chanoma no kokusai jōhōgaku*, Tōkyō 1985) dagegen, für allgemeinverbindlich betrachtete Begriffe von Menschenwürde oder Tierschutz anerkennen zu sollen, die in Wirklichkeit nur im abendländischen Kulturkreis Gültigkeit beanspruchen könnten.[45]

---

44 Der naive Materialismus, der sich mit diesem Stolz verbindet, nimmt z.T. groteske Ausmaße an, etwa wenn in einem Fernsehgespräch »Blick auf die japanische Kultur: Japan aus der Perspektive westlicher Erfahrung« *(Biggu taidan: Nihon bunka o miru me. Seiyō taiken kara mita Nihon)*, dem das NHK im Samstagabendprogramm anderthalb Stunden einräumt (15. 3. 1986), die beiden berühmten Intellektuellen Kuwabara Takeo und Hotta Yoshie sich zu der Behauptung versteigen, sportlich-technische Wettkämpfe in den USA könnten ohne japanische Sponsoren z. T. nicht mehr stattfinden; wissenschaftliche Konferenzen fänden nur noch in den USA und Japan statt, da die Europäer kein Geld mehr hätten.

45 Suzuki hat die japanische Tierliebe wiederholt den »westlichen« Begriffen von Tierliebe und Tierschutz gegenübergestellt, so bereits in seinem Buch *Kotoba to bunka* von 1973 (englische Übersetzung: *Words in Context – A Japanese Perspec-*

In einem Beitrag von geradezu monumentalem Ausmaß zum Thema »Die Wale und die ökonomischen Reibungen« legt der Redakteur der *Asahi Shinbun* und Newscaster des Asahi-Fernsehens, Komatsu Renpei, in der Aprilnummer 1986 der Zeitschrift *Chūō Kōron* dar, daß der internationale Walfangstreit in Wirklichkeit ein Ventil für die antijapanischen Ressentiments der westlichen Länder sei, denn die starken Gegner des Walfangs seien die angelsächsischen Länder, die die nicht-angelsächsischen Länder diskriminierten.[46] Das oft in diesem Zusammenhang zu hörende Argument, Ernährungsgewohnheiten seien ein Teil der Kultur eines Landes, wird auch hier angeführt: »Es geht nicht an, daß man einer kulturellen Tradition beraubt wird, ohne daß echte Gründe dafür vorliegen. Sich derart unvernünftigen Manipulationen zu unterwerfen, ist nicht demokratisch und gehört sich nicht für eine zivilisierte Nation!« (S. 109)

Auch hier wird das Problem in einen globalen Kontext gerückt, die Walfangthematik schon in der Überschrift mit dem Wirtschaftskonflikt verknüpft und letztlich auf unüberwindliche kulturspezifische Differenzen zurückgeführt. Der Schlußsatz des Essays lautet denn auch: »Das Walproblem ist nicht das Ende, das Walproblem ist erst der Anfang.« (S. 109)

Der Eindruck eines gewissen japanischen Verfolgungswahns läßt sich schwerlich von der Hand weisen, wenn man die vielfältigen Eindrücke aus persönlichen Gesprächen sowie Rundfunk, Fernsehen, Zeitungen und Zeitschriften zu ordnen versucht. Faszinierend ist dabei vor allem die Beobachtung, wie sehr die einzelnen »Diskurse«, wenn man einmal die Themenbereiche Außenpolitik, Wirtschaft, Erziehungsfragen oder etwa Walfang als solche bezeichnen darf, ineinander übergehen, was schon die Übernahme der Terminologie von einem in den anderen »Diskurs« belegt. Auffällig ist auch der häufige Rückgriff auf Vergleiche mit der vormodernen Geschichte Japans, vor allem der späten Edo-Zeit, wofür etwa die oben zitierten Metaphern des MITI-Beraters und Mitglieds des außerordentlichen Untersuchungsausschusses für

tive on Language and Culture*, aus dem Japanischen von Miura Akira, Tōkyō 1984), ebenso in *Eine verschlossene Sprache* (1989) und in *Sprache als Waffe*. Zur Problematik seiner Konfrontation vgl. meinen Aufsatz: *Sprache und Nation. Zur aktuellen Diskussion um die sozialen Funktionen des Japanischen*, S. 62 in diesem Band.

46 Komatsu Renpei: *Kujira to keizai masatsu*, in: *Chūō Kōron* 4/1986, S. 82–109, hier S. 109.

Erziehungsfragen *(Kyōiku rinchō)* Amaya als Exempel dienen können. Weitere eindrucksvolle Beispiele finden wir in einem Essay über *Das Zeitalter der Grenzüberschreiter* von Ishikawa Yoshimi in der Märznummer der Zeitschrift *Shokun!*, in der die Überflutung der amerikanischen Westküste mit japanischen Waren als das geringere Problem dargestellt wird im Vergleich zur Invasion asiatischer Flüchtlinge und Hispanier.[47] Der Beitrag appelliert recht massiv an den latenten japanischen Rassismus, indem zunächst hier, wie schon bei Takemura und seinen Gesprächspartnern und bei Suzuki, die Welt als ein grausamer Kampfplatz beschrieben wird, auf dem nur der Stärkste Überlebenschancen besitzt (S. 154). Die Beschreibung der Überflutung der USA durch die Hispanier weckt Assoziationen an eine Heuschrecken- oder Ameisenplage: Sie überqueren Steppen, Berge, durchschwimmen den Rio Grande (S. 155). Doch das Makabre am Phänomen ist, daß auch Japan in Zukunft nicht verschont bleiben wird, denn das japanische Kapital mache die auswanderungswilligen Massen in Afrika, die Hispanier und die Asiaten begehrlich:

»Wer Augen und Ohren öffnet, der sieht die wimmelnden Menschengestalten, der hört die Füße trappeln.« (S. 161)

Nun bietet auch das Meer keinen Schutz mehr für Japan: »Eines Tages, in ziemlich naher Zukunft, wird Japan plötzlich vom Meer aus von Tausenden von Schiffen mit Zigtausenden asiatischer Menschen umringt sein, und wir werden in panischen Schrecken geraten.«

In diesem Bild scheint sich das historische Ereignis – offenbar ein kollektives Trauma – der Ankunft der »Schwarzen Schiffe« unter Kommodore Perry im Hafen von Shimoda 1853 widerzuspiegeln, das die außenpolitische Öffnung Japans einleitete. Der Autor der Schreckensvision versäumt denn auch nicht, seine Landsleute davor zu warnen, daß »Internationalisierung« dann nicht mehr bedeute, mit Amerikanern englische Konversation zu betreiben, sondern »von einer solchen Menschenflut widerstandslos abgegrast« *(hitotamari mo naku kuiarasarete shimau)* zu werden (S. 161).[48]

---

47 Ishikawa Yoshimi: *Chōkyōsha no jidai – Hisupanikku no kage in USA*, in: *Shokun!* 3/1986, S. 146–161.

48 Auch Takemura warnt vor der »Internationalisierung«: Er spricht von den »Illusionen, die die Japaner gegenüber der internationalen Gesellschaft (gemeint sind alle anderen Nationen, IHK) hegen«, vgl. a. a. O., S. 44.

4. Schwierigkeiten eines Dialogs

Was bezweckte diese Auswahl der japanischen Beispiele? Ziel der Betrachtungen ist es nicht, das eine Japanbild – vorausgesetzt, es wäre überhaupt als einheitliches erfaßbar – gegen das andere auszuspielen, zumal die gegenübergestellten Entitäten (Japanbücher einerseits und japanische Medienaussagen andererseits) gar nicht direkt vergleichbar sind. Vielmehr ging es darum, im Anschluß an die kritische Betrachtung deutschsprachiger Japan-Interpretationen, die unseren Blick für die Problematik schärfen half, die japanische Perspektive vorzustellen, um daran die Frage zu knüpfen, wie ein interkultureller Dialog aussehen könnte.

Zuvor sei noch einmal betont, daß die angeführten, so wörtlich wie möglich übersetzten japanischen Beispiele Repräsentativität für ein von einer breiten Öffentlichkeit getragenes Meinungsbild beanspruchen können. Natürlich sind in den gedruckten Medien und im Fernsehen auch divergierende Ansichten zu hören. So übte der Nachrichtenkommentator im NKH-Fernsehen etwa Kritik an der japanischen Wohlfahrts- und Sozialpolitik anläßlich der Mitte März 1986 veröffentlichten Studie zum »nationalen Lebensstandard-Index«, nach der Japan im Vergleich mit den westlichen Industrienationen insgesamt an erster Stelle liegt[49], während die Mehrzahl der Kommentatoren triumphierend die Spitzenreiter-Position Japans bejubelte. Dennoch, auch unter Berücksichtigung der Leserbriefe in großen Zeitungen, ergibt sich insgesamt ein geschlosseneres öffentliches Meinungsbild als etwa in der Bundesrepublik Deutschland.

Wie sehr gerade die hier vorgestellten Zitate ein kollektives Meinungsbild und gemeinsame Bewußtseinsinhalte widerspiegeln, sei an zwei Beobachtungen verdeutlicht: Das Bild von Japan als einem erfolgreichen Mahjong-Spieler, der sich in acht nehmen muß, nicht seine Mitspieler, die anderen Nationen, durch fortgesetzte Siege aus dem Rennen zu werfen, da er sich als übermächtiger Gläubiger wiederum in gefährliche Abhängigkeit von seinen Schuldnern begibt, leitete Amayas Vergleich mit dem Geldverleiher ein, der im Kerker endete.[50] Denselben Vergleich brachte Premierminister Nakasone in einem Fernsehgespräch über »Die

49 Vgl. auch den Kommentar »Shasetsu« der *Asahi Shinbun*-Morgenausgabe vom 16. 3. 1986.
50 Vgl. Takemura u. a. in *BIGMAN*, a. a. O. (Anm. 40), S. 42.

Zukunft des Ijime-Erziehungsproblems«[51], in dem auch Fragen des Außenhandels(!) thematisiert wurden.

Die Vorstellung, ausländischer Kritik an Japan sei am wirkungsvollsten durch intensivere Propagierung des japanischen Standpunkts in der Welt zu begegnen, steht mehr oder weniger explizit hinter allen hier zitierten japanischen Aussagen. Als wichtiges Mittel dazu gilt die internationale Verbreitung der japanischen Sprache, und in diesem Zusammenhang ist auch die von Suzuki Takao und anderen getragene Kampagne zur Anerkennung des Japanischen als offizieller UNO-Sprache sowie der von ihm entwickelte Gedanke der »Sprache als Waffe« zu sehen.[52] Suzukis Ideen begegnet man in den verschiedensten Kontexten, auch wenn kaum einmal auf ihn als den Urheber hingewiesen wird[53], was vielleicht als Hinweis darauf gedeutet werden kann, wie tief seine Gedanken im kollektiven Bewußtsein verankert sind. Besonders aktuelles Anschauungsmaterial dazu enthält ein Artikel von Yamamoto Shichihei, Autor des bereits erwähnten, unter einem Pseudonym verfaßten Bestsellers über die Japaner und die Juden, in der Aprilnummer 86 der Zeitschrift *The 21* mit dem Titel *Der Export des Japanischen löst die Reibungen auf.*[54] Ohne daß Suzukis Name auch nur erwähnt wird, beschreibt Yamamoto das Japanische als »wirkungsvolle Waffe« im Ausland (S. 28). Die jungen Leute dort hätten »anders als die Erwachsenen nur wenige Vorurteile und fixe Ideen« und zeigten aufgrund der Tatsache, daß die reizvollen Produkte, von denen sie im Alltag umgeben sind, fast ausschließlich *made in Japan* seien, auch Interesse an der japanischen Sprache (S. 29), die auf diese Weise eine *lingua franca* werden könnte (S. 30). Um Verständnis für Japan zu erreichen, sei »die beste Methode der ›Export‹ des Japanischen« (S. 30).

Probleme im Dialog auf europäischer Seite wurden bereits anhand der besprochenen Bücher skizziert. Was auf japanischer Seite das Gespräch erschwert, ist die überaus große Empfindlichkeit gegen Kritik, die man als Mangel an Souveränität zu deuten geneigt ist. Auch hierfür sei ein charakteristisches Muster angeführt:

51 *Sōri to kataru: Ijime kyōiku mondai gijutsu no mirai*, mit Honda Sōichirō. *Nihon Terebi* am 21. 3. 1986.
52 Vgl. hierzu im einzelnen meinen Aufsatz *Sprache und Nation*, S. 62 in diesem Band.
53 Vgl. dazu ein Beispiel in *Sprache und Nation*, S. 88, Anm. 14.
54 Yamamoto Shichihei: *Nihongo no yushutsu ga masatsu o kaishō suru*, in: *Za nijūichi* Nr. 17, 4/1986, S. 28–31.

In einem Kurzessay in der Zeitschrift *Shokun!* greift die zeitweilig in New York lebende Journalistin Aoki Tokiko einen Artikel aus der New York Times auf, in dem eine amerikanische Reporterin über den aus ihrer Sicht seltsam unausgeglichenen Wohlstand im japanischen Alltag – vor einem Haus ohne Heizung und Kanalisationsanschluß parkt der Mercedes des Besitzers – berichtet. Dabei merkte sie auch an, daß es auf der Ginza nach Kanalisation roch.[55] Aoki zeigt sich erstaunt, denn ihrer Ansicht nach nehmen diesen Geruch auf der Ginza nur Ausländer oder länger im Ausland lebende Japaner, nicht aber die Einheimischen wahr. Ihre »Strategie« besteht nun darin, die von ihr nicht sehr anziehend geschilderten Gerüche in New York für genauso liebenswert zu erklären wie die Tōkyōter Gerüche, die untrennbar mit dem Image dieser Stadt verbunden seien. Ohne auf die Beobachtung der Amerikanerin einzugehen, gelingt es ihr, sich selbst im Vergleich als toleranter und großzügiger darzustellen und die Kritik emotional abzublocken. Nach dem gleichen Muster ist auch ein Artikel über einen japanischen Blindenhund von Teshima Yūsuke konstruiert, der die japanische Tierliebe belegen soll, die von Amerikanern angezweifelt würde, während Japaner sehr wohl anerkennen würden, daß auch in den USA Tierfreunde lebten.[56]

Problematisch ist in allen diesen Fällen die geringe Bereitschaft, sich auf inhaltlicher Ebene auf die Kritik einzulassen. Die Ursache dafür ist im emotionalen Reaktionsmodus zu suchen. Es entspricht nicht japanischen Gepflogenheiten, Sachlichkeit in einer Auseinandersetzung als Ideal anzustreben, zumal Argumente nur tragfähig sind, wenn sie die Möglichkeit zu spontaner emotionaler Identifikation anbieten. Der relativ geringe Stellenwert, den die inhaltlich-argumentative Diskussion in japanischen Debatten im Verhältnis zum appellativen Impuls besitzt, ist letztlich dafür verantwortlich zu machen, daß man sich über publizistische Konventionen wie die Kenntlichmachung fremder geistiger Urheberschaft leicht hinwegsetzt, wie einzelne hier zitierte Beispiele belegen. So hat es der Popularität des Publizisten Takemura Ken'ichi keinen Abbruch getan, daß er vor einiger Zeit des massiven Plagiats überführt wurde. Nur am Rande sei hier eingefügt, daß in Nishios zitiertem Aufsatz über

55 Aoki Tokiko: *Toshi no nioi*, in: *Shokun!* 3/1986, S. 224–227.
56 Teshima Yūsuke: *Mōdōken Sābu no eiyo*, in: *Chūō Kōron* 10/1985, S. 44–46. Englische Übersetzung: *Japan's Courageous Seeing Eye Dog, in: Japan Echo*, XII, 4 (1985), S. 78–80.

das Japanbild in westlichen Medien auch ein Beitrag der Autorin auf manipulativ-entstellende Weise ausgeschlachtet worden ist.[57]

5. Universalismus versus Relativismus

Wie aber kann ein wirklicher interkultureller Dialog stattfinden? Die in Japan während der letzten Jahre zu beobachtende kontinuierlich wachsende Tendenz zum Isolationismus wird ideell durch einen radikalen Kulturrelativismus gestützt, der zunächst den kathartischen Effekt einer Befreiung vom Terror fremdkultureller Normen bescherte. Die gleichzeitig betriebene Hinwendung zur eigenen (vormodernen) Tradition und Geschichte als Ausdruck nationaler Identitätsfindung gilt allerdings weniger der Realhistorie als vielmehr einer mythischen Entität des »reinen Japan« und des »Yamato-Geistes«.[58]

In der Vergangenheit hatte die Erforschung der kulturellen Besonderheit Japans im Westen und die Betonung seiner Andersheit die unbestritten positive Wirkung, Verständnis für das Land und seine spezifische Situation zu wecken. Mehr und genaueres Wissen über Japan ist heute notwendiger denn je; doch sollte es nun nicht mehr, wie bisher, unter den Aspekt der japanischen Partikularität gestellt werden, der ja immer zugleich auch eine Distanzierung bedeutet. Immer noch ist mehr Offenheit auf westlicher Seite vonnöten, um auf praktischer Ebene von dem »bornierten Sicheinschießen auf die dunklen Flecken, die beim erfolgreichen Rivalen immer auch auszumachen sind«, wegzukommen.[59]

57 Vgl. *Chūō Kōron* 2/1985, S. 123. Zwar wird mein Name im Zusammenhang mit meinem Bildmaterial und meiner Interpretation, deren sich Nishio bedient, genannt, doch Nishios Anleihen beschränken sich nicht auf die betreffende Passage. Mein 1984 verfaßter Beitrag für ein geplantes Buch, eine analytische Schlußbemerkung zum Verstehens-Streit anläßlich von Nishios Vorträgen mit dem Titel »Rückblick in Gelassenheit«, wurde hier ohne mein Wissen verwurstet.

58 Vgl. in diesem Zusammenhang die faszinierende Theorie von Hasegawa Michiko zum japanischen Modus der Adaptation fremdkultueller Einflüsse, die sie mit Forderungen zur Revision der japanischen Nachkriegsverfassung verknüpft: *Karagokoro: Nihon bunka o bōei shita »kana« no hatsumei*, in: *Shokun!* 12/1984, S. 86–103. Englische Übersetzung, um ca. ein Drittel gekürzt: *Karagokoro, the Paradox That Shaped Japanese Culture*, in: *Japan Echo* XII, 2 (1985), S. 75–84.

59 Elmar Holenstein: *Menschliches Selbstverständnis. Ichbewußtsein – Intersubjektive Verantwortung – Interkulturelle Verständigung.* Frankfurt/M. 1985, S. 108. Holenstein legt mit seinem materialreichen Essay über *Interkulturelle Beziehungen – multikulturelle Verhältnisse* (ebd., S. 105 ff.) einen gewichtigen Beitrag im Hinblick auf die Universalien-Debatte vor.

Doch greifen wir noch etwas tiefer: Das Bedürfnis westlicher Betrachter, die aus ihrer Sicht widersprüchlichen Aspekte der japanischen Gesellschaft hervorzuheben, mag zwar psychologisch gesehen auf dem Bestreben nach taktischer Selbstrechtfertigung gründen. Indes, die an Japan beobachtete Koexistenz moderner Elemente wie Industrialisierung, Massenkultur, parlamentarische Demokratie mitsamt der Bürokratisierung des Regierungsinstruments u. a. m. und dem, was aus europäischer Perspektive als Relikt feudalistischen Bewußtseins erscheinen will, nämlich die relationsorientierte, nicht-individualistische Identität der japanischen Persönlichkeit, stellt jenen westlichen Modernisierungsbegriff grundlegend in Frage, in dem der Individualismus bürgerlicher Subjekte als unverzichtbare Bedingung gilt.[60]

Betrachten wir noch einen anderen Aspekt: Wenn auch zuvor davon die Rede war, daß die japanischen Selbstaussagen häufig als Reaktionen in mehrfacher Brechung auf westliche Interpretationen und damit ein »orientalistisches« Rahmenkonzept zu sehen sind, so gilt dies doch nicht in jedem Fall. Die *Übereinstimmung* hinsichtlich der überragenden Rolle der Ökonomie in beiden Diskussionszusammenhängen hat jedenfalls eine andere Ursache. Auch in Japan ist ja eine weitgehende Funktionalisierung aller, etwa auch kultureller Faktoren in Richtung auf die Ökonomie augenfällig. Mir will sogar scheinen, daß diese Tendenz hier eher noch stärker ausgeprägt ist, genährt vom Humus des ubiquitären japanischen Pragmatismus. Selbst eine Kritik an ihrer Ausschließlichkeit bewegt sich noch in denselben, von der Ökonomie diktierten Kategorien, wie ein Zeitkommentar der *Asahi Shinbun* vom 20. 5. 1986 belegt:

Geradezu idealistisch klingen dabei die selbstanklägerischen Töne, in denen die japanische Gegenwartsmentalität der »Nulltarif-Kultur« – ein kritisches Stichwort des Präsidenten der Tōkyō-Universität – angeprangert wird. Die Vernachlässigung der Kulturarbeit zugunsten einseitiger Wirtschaftsexpansion beeinträchtige das Image Japans im Ausland. Gemessen etwa an der Zahl ausländischer Studierender oder im Vergleich mit dem Budget von Organisationen wie dem British Council oder dem Goethe-Institut sei die japanische Bereitschaft, sich kulturell zu engagieren, beschämend gering.

60 Diese Thematik behandelt Tadashi Suzuki: *Beziehung ohne Subjekt? Ein Wesenszug der japanischen Kultur,* in: *Tōkyō ika shika daigaku kyōyōbu kenkyū kiyō,* Band 18, März 1988, S. 49–60.

Die Gründe für die Forderung nach größeren Investitionen auf dem Kultursektor geraten indessen sehr handfest-pragmatisch: Kulturförderung im Inland sei notwendig, um Kultur exportieren zu können, was wiederum als sozusagen flankierende Maßnahme zum Abbau von Spannungen im Zusammenhang mit japanischen Warenexporten führen werde. Eine Nation, die »wirtschaftlich erstklassig, aber kulturell drittklassig« sei, müsse damit rechnen, daß ihr in aller Welt mit Mißtrauen begegnet werde. Stärkere Kulturförderung zum Zweck des internationalen Austauschs diene damit letztlich der nationalen Sicherheit. Natürlich fehlt auch nicht der Hinweis darauf, daß Japan zum Erhalt seiner ökonomischen Wettbewerbsfähigkeit auf kreative Talente und eine intakte Kulturlandschaft angewiesen sei.[61]

Zwar dürften die Argumente als solche auch im deutschsprachigen Raum vertraut sein, doch im Zusammenhang mit einer expliziten Kritik am einseitigen Ökonomismus Japans klingt der interne Widerspruch besonders schrill in den Ohren.

Dennoch führt uns gerade diese Übereinstimmung vor Augen, daß wesentliche Fragen und Probleme der modernen Industrie- und Massengesellschaften in kulturübergreifenden Zusammenhängen stehen und kulturelle Partikularitäten dabei durchaus in den Hintergrund treten. Letztere werden mittlerweile allzu häufig auch als Vorwand gebraucht, und da ist es wichtig, daß wir nicht in falsch verstandener Solidarität mit den »Ethnozentrikern« unter den Japanern den nationalen Isolationismus verteidigen, wie I. Wendt dies etwa unsinnigerweise hinsichtlich der japanischen Weigerung praktiziert, ausländische Rechtsanwälte zuzulassen.[62] Vielmehr gilt es, durch ein vertieftes Verständnis kulturspezifischer Erscheinungen hindurch, die sich ansatzweise auch in jeder anderen Kultur werden auffinden lassen, das gegenseitige Gespür für die Gemeinsamkeiten, die kulturell-menschlichen Universalien zu stärken, die uns auf einer elementaren Ebene verbinden.

61 Vgl. *Asahi Shinbun* v. 20. 5. 1986, S. 5: *Shasetsu – Bunka no yushutsukoku o mezase* (Der Kommentar – Angestrebt: Kultur-Exportland).
62 Vgl. Wendt 1986, a. a. O., S. 91 f.

Japanischer Eurozentrismus, europäischer Relativismus und einige Konsequenzen

Eurozentrismus ist ein Kardinalproblem unserer Disziplin, denn Japanologie oder Japanforschung als eine Regionalwissenschaft befaßt sich per definitionem mit dem Fremden, dem Anderen, und dabei geraten die Bedingungen unseres Verstehens in besonderem Maße ins Blickfeld.[1] Daß diese Problematik innerhalb unserer Disziplin erst relativ spät in ihrer Tragweite erkannt wurde, hat verschiedene Gründe. Auf einige von ihnen werde ich noch zu sprechen kommen. – Andere Fächer sind wesentlich früher in radikaler Form mit dieser Problematik konfrontiert worden – insbesondere die Ethnologie verfügt in diesem Bereich über einen Erfahrungsschatz, aus dem auch die Japanforschung schöpfen könnte, und selbst im berühmten Positivismusstreit, der Soziologie und Geisteswissenschaften erschütterte, werden die für uns wesentlichen Fragen nach den Möglichkeiten und Bedingungen des Verstehens historischer Ereignisse oder fremder Kulturzusammenhänge wenn auch nicht endgültig beantwortet – das ist kaum zu erwarten –, so doch in aller Klarheit formuliert und zur Diskussion gestellt. Im übrigen aber ist der Eurozentrismus als Problem auf breiter Basis bereits recht tief ins allgemeine Bewußtsein gedrungen, verbunden mit einem unüberwindlich schlechten Gewissen der Europäer und Nordamerikaner (denn dies sei am Rande eingefügt: Wir sollten genaugenommen vom Ameroeurozentrismus sprechen, doch soll hier die kürzere Form der Einfachheit halber für das Ganze stehen).

Ein aktuelles Beispiel für diese Bewußtseinslage und gleichzeitig eine scharfsinnige Analyse ihrer Symptome liefert Hans Magnus Enzensberger in einem seiner gewohnt brillanten Essays in der Zeitschrift *TransAtlantik*. Er bestätigt uns, daß das Problem des

---

[1] In diesem Beitrag geht es um einen sehr allgemein gehaltenen Entwurf von theoretischen Prämissen japanologischen Arbeitens, die keinem Betroffenen völlig fremd sein dürften. Daß und aus welchem Grund eine Beschäftigung mit ihnen in dieser Form gleichwohl nicht überflüssig ist, geht – hoffentlich – aus dem Folgenden hervor.
Die nötigen Hinweise und Erkenntnismodelle lassen sich in anderen Fachrichtungen und Disziplinen aufspüren; unsere Nachbardisziplin, die Sinologie, hat in den zur Debatte stehenden Fragen ein geschärfteres Bewußtsein entwickelt (vgl. Anm. 3).

Eurozentrismus »in seiner allgemeinsten und trivialsten Form zum Gemeinplatz geworden ist«, und geht sogar so weit, ihm den Titel einer »intellektuellen Kardinalsünde der siebziger Jahre« zu verleihen.[2] Kein Zweifel also – unser Thema ist aktuell. Wir befinden uns mitten im Strom der Zeit.

Nun drängt sich sogleich die Frage auf: Wieso erst jetzt? Ein Grund ist sicherlich darin zu suchen, daß in unserer Disziplin die Beschäftigung mit theoretischen Fragen, insbesondere mit den Voraussetzungen und undiskutierten Vorentscheidungen der Forschung, lange Zeit für einen Luxus gehalten wurde, den man sich angesichts der zahlreichen ungelösten praktischen Aufgaben und der Rückständigkeit des Faches nicht leisten könne.[3] Dieses Argument zeugt zwar von Selbstkritik, ebenso aber auch von mangelnder Einsicht in den Zusammenhang von Subjekt und Objekt im Prozeß des Erkennens. Mögen wir auch weiterhin Verständnis dafür aufbringen, daß praktische Fragen, die handfeste Ergebnisse versprechen, dem Forscher allemal attraktiver erscheinen als die oft trockene Auseinandersetzung mit theoretischen Gebilden, so haben wir doch mittlerweile deutlicher die Notwendigkeit verspürt, uns über die Bedingungen unseres Verstehens und über die grundsätzliche Legitimation unseres wissenschaftlichen Erkennens Klarheit zu verschaffen.

Warum diesen Fragen eine so wesentliche Bedeutung zukommt, wird einsichtig, wenn wir uns den Ort unserer Disziplin innerhalb des Spektrums der Wissenschaften vor Augen führen. Die Japanforschung, sofern sie sich nicht mit Geographie, sondern mit Geschichte, Kultur und Gesellschaft befaßt, gehört zu den historisch-hermeneutischen Wissenschaften, deren Leistung darin besteht, sich tradierte Sinngehalte anzueignen und analytisch zu verarbei-

2 Hans Magnus Enzensberger: *Eurozentrismus wider Willen. Ein politisches Vexierbild*, in: *TransAtlantik* 10 (1980), S. 62–67.

3 In diesem Punkte scheint uns die Sinologie einen wesentlichen Schritt voraus zu sein. Dies jedenfalls war mein Eindruck nach der Lektüre des Kapitels »Vermittlung«: Methodologische Probleme transsozietärer Geschichtsforschung« aus Bodo Wiethoff: *Grundzüge der neueren chinesischen Geschichte*, Darmstadt 1977. Leider bin ich erst nach Abfassung dieses Beitrages auf diese materialreiche, differenzierte und außerordentlich anregende Darstellung gestoßen, die viele meiner Beobachtungen und Feststellungen in einem für mich neuen Lichte erscheinen läßt. Es ließe sich im Anschluß an Wiethoff manches in meinen Ausführungen präzisieren und erweitern, doch möchte ich die ursprüngliche Form, sozusagen als Dokument für eine aus der japanologischen Forschung erwachsene Auseinandersetzung mit der Problematik, beibehalten.

ten. Während die nomologischen, die Naturwissenschaften, Gesetzeshypothesen über empirische Gleichförmigkeit gewinnen und prüfen und somit Aussagen über Fakten oder Sachverhalte tätigen, sind diese Fakten in den Geistes- und Sozialwissenschaften schon durch gewisse Sinnvorstellungen mitbestimmt und insofern »intentional«.[4] Angesichts dieser Voraussetzungen leuchtet uns unmittelbar ein, daß in diesem Zusammenhang das Verhältnis von Forschersubjekt und Gegenstand einer besonders intensiven Reflexion bedarf.

Der Eurozentrismus-Vorwurf stammt bezeichnenderweise von uns selbst, d.h. aus Europa und Amerika, weniger aus Japan – ein weiterer Grund dafür, daß die Japanologie sich nicht wirklich ernsthaft in Frage gestellt sehen mußte. Wer hätte letztlich Interesse daran, den Ast abzusägen, auf dem er selber sitzt? Dies müßte schon von anderer Seite unternommen werden. Die japanische Wissenschaft aber – doch hier muß ich mich auf den Bereich beschränken, den ich ausreichend gut kenne, um solches behaupten zu können, nämlich die Neuphilologie – hat die westliche Forschung viel zu wenig zur Kenntnis genommen, um sie überhaupt zu kritisieren. Dafür gibt es genug Indizien, direkte und indirekte. Könnte es sein, daß ein kürzlich im *Asahi Jānaru* abgedruckter Kommentar ein verbreitetes Meinungsbild vermittelt, der davon spricht, daß ausländische Japanologen einfach nicht so weit seien, um sich mit japanischen messen, mit ihnen diskutieren oder auf blinde Flecken in der Forschung hinweisen zu können?[5] Sicher scheint mir, daß das Desinteresse der japanischen Wissenschaft nicht ausschließlich auf praktischen Hindernissen beruht, doch soll dieser Frage hier nicht weiter nachgegangen werden. Wenn aber der Vorwurf des Eurozentrismus nicht vorwiegend aus Japan selbst kommt, so auch deshalb, weil eine Kritik dieser Art ihrerseits ein europäisch-westliches Phänomen ist.

Wo stellt sich nun die westliche Japanologie ansatzweise in Frage? Womit hat sie sich ihr schlechtes Gewissen eingehandelt, wenn wir davon ausgehen wollen, daß es auch wissenschaftsinterne Wurzeln besitzt und nicht nur die verspätete Widerspiegelung einer allge-

4 Vgl. hierzu im einzelnen Jürgen Habermas: *Zur Logik der Sozialwissenschaften. Materialien*, Frankfurt/M. 1971.
5 Iwan (Pseud.): *Bungaku – bunka jânaru*, in: *Asahi Jānaru* v. 28. 3. 1980, S. 74.

meinen, vorwiegend politisch fundierten Selbstbezichtigung darstellt?[6]

Mit der Vertiefung der Forschung, mit der Verfeinerung des Ana-
lyseinstrumentariums ging auch eine Sensibilisierung einher, ein
wachsendes Gefühl für die Fremdheit, die Alterität der zu beschrei-
benden Objekte *und* der mit ihnen befaßten japanischen Wissenschaft. Die Wahrnehmung der subtilen Deckungsungleichheiten,
der Mängel unseres Rasters zur Erfassung der fremden Realität,
setzt eine intime Vertrautheit mit eben jener Realität voraus. Insofern ist der Selbstvorwurf des Eurozentrismus zugleich ein Indiz
für das Erreichen einer höheren Entwicklungsstufe unserer Disziplin. Das Befremden gegenüber der japanischen Wissenschaft wiederum, das noch etwas jüngeren Datums ist, bricht die Illusion
eines übergreifenden japanologischen Diskussionszusammen-
hangs auf. Von dieser Fiktion war man in der Vergangenheit mehr
oder weniger bewußt ausgegangen, doch mit der Einsicht, daß diese
Einheit in der Praxis kaum je existierte, wird unser Blick auf die
Interdependenz von Wissenschaft, ihrem Objekt und ihrem Kontext gelenkt. Japanische Gegenstände, in einer japanischen Gesellschaft von japanischer Forschung durchleuchtet, sind notwendi-
gerweise etwas anderes als die scheinbar gleichen Gegenstände in
unserem Wissenschaftszusammenhang. So spiegelt sich unser eigenes Problem in dieser Einsicht, und wir sind wieder beim Ausgangspunkt angelangt: der Frage nach den Bedingungen und Möglichkeiten des Verstehens und dem Problem des Eurozentrismus.

In den folgenden Überlegungen werden drei Fragen im Mittelpunkt stehen und anhand von Beispielen illustriert:

1. Was ist Eurozentrismus?
2. Was ist die Alternative zum Eurozentrismus?
3. Was bedeutet Verstehen, und wie ist es in der japanbezogenen
   Forschung realisierbar?

Kamaboko oder: Über die Formen des Eurozentrismus

Was also ist Eurozentrismus? Die Frage läßt sich mit Hilfe eines
Beispiels aus der Alltagspraxis erläutern. Gesetzt den Fall, wir

---

6 Zum allgemeinen Hintergrund der Orientierungskrise der modernen Wissenschaft
vgl. Wolf Lepenies: *Faktische Entstehung und normativer Anspruch der modernen
Wissenschaft*, in: *Grenzen der Forschung* (Forschung und Information, Bd. 27),
Berlin 1980, S. 9–18.

befänden uns in einer westdeutschen Großstadt, die sich eines authentischen japanischen Restaurants rühmen kann. Wir besuchen das Restaurant, studieren die Speisekarte und treffen dabei unter »Kalte Vorspeisen« auf ein Gericht, das den Namen *kamaboko* trägt. Gleich daneben finden wir auf Deutsch die Erklärung »Fischwurstkuchen«. Diesen Ausdruck könnte man zum Euro-, oder in diesem Fall vielleicht sogar zum »Germanozentrismus« par excellence erklären, doch Vorsicht: Das Problem entsteht ja erst dadurch, daß die Speise erläutert werden muß, weil ihr Name für Japan-unkundige Europäer keinen Beschreibungswert besitzt. Beschrieben werden kann aber nur in bekannten Kategorien. Dabei ist das Ergebnis dieser Übertragung durchaus skeptisch zu beurteilen, weil die Kombination der Bestandteile des Begriffs sich für Deutsche nicht gerade mit einem kulinarischen Hochgenuß assoziieren läßt. Weder Wurst noch Kuchen kann man sich leicht in Verbindung mit Fisch vorstellen – mir jedenfalls läuft dabei nicht das Wasser im Munde zusammen. Die Fremdheit von *kamaboko* bleibt also zumindest teilweise erhalten durch die ungewohnte Kombination vertrauter Bestandteile. Sie wird auch nicht durch andere Umschreibungen wie »gallertartige Fischpaste«, »Fischauflauf«, »Fischküchlein« oder »japanische Teigspezialität mit Fisch«, wie wir sie auf anderen Speisekarten oder in Kochbüchern finden, aufgehoben. Was zunächst wie ein reines Übersetzungsproblem aussieht, verdeutlicht doch auf exemplarische Weise die prinzipielle Schwierigkeit – etwas in Europa nicht Vorhandenes mit unseren europäischen Begriffen beschreiben und einordnen zu müssen.

So betrachtet, wäre Eurozentrismus also unvermeidlich. Das Beispiel *kamaboko* zeigt aber auch, weshalb dieses Verfahren stets von Unbehagen begleitet ist: Wir sind uns dessen bewußt, daß der Ausdruck »Fischwurstkuchen« eine Hilfskonstruktion darstellt und daß er also den eigentlichen gustatorischen Genuß, die kulinarische »Pointe« dieser Speise womöglich gar nicht erfaßt, die weder Fisch noch Wurst, noch Kuchen, noch alles zusammen ist. Anders ausgedrückt, wir spüren, daß die vorhandenen Kategorien nicht greifen. Es bleibt ein unerklärter Rest, und dieser enthält womöglich das Wesentliche an der Sache.

So deutlich wie in unserem *kamaboko*-Beispiel zeigen sich die Dinge in der japanologischen Forschung nicht oft, denn hier haben wir es nicht mit Gegenständen zu tun, die man betrachten, zerbeißen und schmecken und also auch mit dem Eindruck vergleichen kann, den wir aus ihrer Bezeichnung gewannen, sondern die Gegenstände liegen zumeist in Form von Aussagen vor, die bereits bestimmte Sinndeutungen enthalten. Dennoch läßt sich der Eurozentrismus auch in den Japan-bezogenen Humanwissenschaften recht sicher und einfach nachweisen. Ein verhältnismäßig eindeutiges Indiz dafür ist die Sprache des Mangels[7] – eine Beredtheit in der Beschreibung dessen, was der japanische Gegenstand *nicht* ist, gekoppelt mit Schweigsamkeit darüber, was er im Positiven sei. Beispiele aus der japanologischen Praxis bieten sich zuhauf. Beschränken wir uns auf einige wenige, die allesamt jüngeren Datums sind:

In seinem Rezensionsartikel über Donald Keenes Geschichte der neueren japanischen Literatur *(World Within Walls)* schreibt Robert W. Leutner, einer der bemerkenswertesten Aspekte des Buches sei, daß Keene sich kaum einmal zu uneingeschränkter Anerkennung eines Autors oder Werkes entschließen könne. Leutner führt dies darauf zurück, daß Keene seine Normen für die Beurteilung der europäisch-westlichen Tradition entnähme und an der japanischen Literatur folglich nur deren Nicht-Einhaltung wahrnähme, und daraus resultiere ein insgesamt düsteres Bild der Prosa der Edo-Zeit.[8]

Eine ähnliche Beobachtung enthält der neueste Forschungsbericht über *otogizōshi* und *Nara ehon* von James T. Araki. Die Argumentation in der Sekundärliteratur, so Araki, verlaufe überwiegend ex negativo. Ausführlich würden die Mängel der Gattung *otogizōshi* beschrieben – vermißt werden etwa eine individuelle Entwicklung der handelnden Figuren, eine psychologische Charakterisierung, eine komplexe Motivation, bildliche Sprache, Spannungselemente, thematische Originalität u. a. m. Und so sieht sich Araki zu der Warnung genötigt: »Wir sollten uns nicht in die Richtung bewegen, die einige Fachleute eingeschlagen haben – nämlich darüber enttäuscht zu sein, daß die *otogi-zōshi* nicht sind,

---

7 Sehr instruktiv ist im Zusammenhang mit der hier thematisierten Fragestellung Klaus Krachts Beitrag *Über »Ostasien« sprechen: Sprache des Mangels, Sprache des Da-Seins* (Redaktionelle Vorbemerkung), in: *Bochumer Jahrbuch zur Ostasienforschung* 3 (1980), VII–XXIV.

8 Vgl. Robert W. Leutner: *World Within Walls: A View From Without* (Review Article), in: *Harvard Journal of Asiatic Studies* 38.1 (1978), S. 225–245, hier S. 234.

was sie gar nicht sein wollten, und diese Enttäuschung dann in eine negative Einschätzung des Genres als ganzes ummünzen.«[9]

Doch nicht immer muß das Messen in europäischen Maßstäben zu einem negativen Urteil führen. Möglich ist auch die Vereinnahmung japanischer Gegenstände für einen abendländischen Kanon. Einer der markantesten Fälle ist sicher die Interpretation des nahezu tausend Jahre alten Epos *Genji monogatari* als moderner Roman im Vergleich mit den Werken von Proust oder Joyce. Donald Keene machte m. W. auch hier den Anfang, doch diese japanologische Tradition läßt sich bis zur 1978 erschienenen Studie über die moderne japanische Erzählprosa von J. Thomas Rimer verfolgen.[10] Gerechterweise muß an dieser Stelle aber hinzugefügt werden, daß Rimer subtiler und mit einem geschärfteren methodischen Bewußtsein zu Werke geht als sein Vorgänger – immerhin liegt auch eine Zeitspanne von einem Vierteljahrhundert zwischen Keenes und seiner eigenen Studie.[11] Die wissenschaftliche Problematik eines solchen Verfahrens liegt auf der Hand: Um das japanische Werk einem westlichen Leserpublikum schmackhaft zu machen, wird es aus seinem historischen Kontext gerissen und kulturgeschichtlich entwurzelt. Das geht zumindest in diesem Falle mit erstaunlich wenig Gewalt vor sich, denn das *Genji monogatari* enthält in der Tat einige deutliche Anknüpfungspunkte für Vergleiche mit der europäischen Literatur der Moderne. Doch handelt es sich hier natürlich um Schein-Konvergenzen, um Ähnlichkeiten an der Oberfläche, denen eine völlig verschiedene Tiefenstruktur entspricht. Damit ist die so attraktive Aktualisierung des *Genji monogatari* um den Preis seiner kontextuellen Entwurzelung, wissenschaftlich gesehen, zu teuer erkauft.

Eurozentrismus zeigt sich demnach als Anlegen des eigenen Rasters auf das Fremde. Dieses wird ent-fremdet, und es »gilt als verstanden, wenn es in die vertrauten Kategorien übersetzt ist«.[12] Edward W. Said hat in seiner voluminösen Studie über den Orientalismus beschrieben, wie sich durch die eurozentrische Betrach-

9 Vgl. James T. Araki: *Otogi-zōshi and Nara-ehon. A Field of Study in Flux*, in: *Monumenta Nipponica* 36.1 (1981), S. 1–20, hier S. 5.

10 Vgl. *The Tale of Genji as a Modern Novel*, in: *Modern Japanese Fiction and Its Traditions. An Introduction*, Princeton 1978.

11 Vgl. Donald Keene: *Japanese Literature*, London 1953; deutsch als: *Japanische Literatur: Eine Einführung für westliche Leser*, Zürich 1962.

12 Hans Peter Duerr: *Traumzeit: Über die Grenze zwischen Wildnis und Zivilisation*, Frankfurt/M. 1978, S. 152.

tungsweise der Gegenstand dem abendländischen Weltbild an-
paßt, ja sich überhaupt erst konstituiert. Orientalismus als ein
»System ideologischer Fiktionen«[13], als ein »Kulturapparat«, der
»ganz Aggression, Aktivität, Urteil, Wahrheitsanspruch und Wissen« sei.[14]

In der Japan-bezogenen Literaturwissenschaft hat wohl Marleigh
G. Ryan die strengsten Worte gefunden. In einem Essay aus dem
Jahre 1976 schreibt sie: »Eine besondere Form des Imperialismus –
literarischer Imperialismus – hat den Umgang des westlichen Betrachters mit der japanischen Literatur geprägt.« Auf diese »westlichen Anliegen, die der japanischen Literatur von außen her
aufgedrängt wurden«[15], die eine unverstellte Sicht des Gegenstands unmöglich machen, zielt ihre Kritik, und sie schließt mit
der Feststellung: »Wenn wir damit Schluß machen, von der japanischen Literatur zu verlangen, sie solle nicht-japanisch sein, werden wir ein ganzes Stück weitergekommen sein.«[16]

Recht hat sie, und so wird man ihr beipflichten und sich ihre
Kritik zu Herzen nehmen müssen. Doch gesetzt den Fall, wir
wären so weit: Wir verlangen also von der japanischen Literatur
nicht mehr, un-japanisch zu sein. Dann lautet unsere nächste
Frage natürlich: Was ist japanisch? Hilfe können wir von der einheimischen Forschung erwarten, denn da wir unsere europäischen
Maßstäbe, die für japanische Gegenstände nicht taugten, abgelegt
haben, brauchen wir neue, und das Nächstliegende ist, sie im Ar-
senal der dortigen Wissenschaft zu suchen. Doch dabei bleibt uns
eine erstaunliche Entdeckung nicht erspart. Die japanische Wissenschaft, in unserem speziellen Fall die Literaturwissenschaft,
bietet uns keinesfalls ein geschlossenes oder auch nur in sich
schlüssiges System einheimischer Normen für die literarische
Analyse an, sondern hier begegnen wir nicht selten demselben
Eurozentrismus, den wir in den westlichen Arbeiten so verwerf-
lich fanden. Mehr noch, in Japan selbst scheint man sich über die
Unzulänglichkeit dieser Maßstäbe und ihren fremden Ursprung
noch weniger Gedanken zu machen als bei uns.

13 Edward W. Said: *Orientalismus*, Frankfurt/M., Berlin, Wien 1981, S. 362.
14 Ebd., S. 229.
15 Marleigh G. Ryan: *Modern Japanese Fiction: »Accommodated Truth«*, in: *Journal of Japanese Studies* 2.2 (1976), S. 249–266, hier S. 254 f.
16 Ebd., S. 266.

Wie sieht der japanische Eurozentrismus in der Literaturwissenschaft aus? Da wirft etwa Odagiri Hideo dem Schriftsteller Ishikawa Takuboku vor, seine Erzählung sei mangelhaft konstruiert, ihr fehle Spannung und Einheitlichkeit[17] – all dies Kriterien, die der europäischen und nicht etwa der japanischen Literatur entstammen, oder Nakamura Mitsuo nimmt in seiner berühmten Kritik an der modernen japanischen Prosa *(Fūzoku shōsetsu ron)* den französischen Roman des späten 19. Jahrhunderts zum Maßstab.[18] Den tiefverwurzelten Eurozentrismus in der japanischen Kritik an der autobiographischen Gattung *shishōsetsu* habe ich in meiner Habilitationsschrift aufgedeckt.[19] Selbst Wissenschaftlern, die sich eigens die Abkehr vom Eurozentrismus in der Literaturbetrachtung zum Ziel setzten, scheint es nicht gelingen zu wollen, sich endgültig von westlichen Maßstäben zu befreien, wie das Beispiel von Miyoshi Masaos Studie *Accomplices of Silence* zeigt.[20]

Doch Eurozentrismus in Japan nur aus der Literaturwissenschaft herauszufiltern, würde die Tatsache verschleiern, daß er sich genausogut in anderen Bereichen dingfest machen läßt. Solche Möglichkeiten wird jeder in seiner eigenen Erfahrung mit Japan zur Genüge finden, doch um die Phantasie in dieser Richtung anzuregen, sei ein Beispiel angeführt. Wagatsuma Hiroshi und Yoneyama Toshinao haben in ihrer Untersuchung über die Einstellung der Japaner zu verschiedenen Rassen unter dem Titel *Die Struktur des Vorurteils* anhand einer großen Anzahl verschiedener Meßwerte nachgewiesen, daß die Nordeuropäer auf der Skala der Wertschätzung regelmäßig an der Spitze stehen, während die asiatischen

17 Odagiri Hideo: *Ishikawa Takuboku no sekai*, Tōkyō 1968, S. 115.
18 Nakamura Mitsuo, *Fūzoku shōsetsu ron*, Tōkyō 1951. In seinem Fall wurde die Anwendung der europäischen Kategorien allerdings kritisiert; vgl. etwa Aeba Takao: *Kaigai no eikyō kara mita sengo hihyō*, in: *Kokubungaku – Kaishaku to kanshō* 5.1972, S. 24–33.
19 Vgl. I. H.-K.: *Selbstentblößungsrituale: Zur Theorie und Geschichte der autobiographischen Gattung »Shishōsetsu« in der modernen japanischen Literatur*, Wiesbaden 1981, S. 59–70.
20 Vgl. hierzu meinen Rezensionsartikel in: *Nachrichten der Deutschen Gesellschaft für Natur- und Völkerkunde Ostasiens* 121/122 (1977), S. 151–160. In einem etwas anderen Zusammenhang wird diese Thematik auch in meinem Beitrag: *Theoriedefizit und Wertungswut: Die nicht existenten Probleme der modernen japanischen Literaturgeschichtsschreibung* (2), in: *Bochumer Jahrbuch zur Ostasienforschung* 2 (1979), S. 286–306, hier S. 294 ff., gestreift.

Nachbarn neben den Schwarzen und den Mischlingen am schlechtesten abschneiden.[21] Dies kommt einer Übernahme und Verinnerlichung fremder Maßstäbe gleich, zumal, wenn Indonesier, Thai, Chinesen, Filipinos und Koreaner, die von den äußeren Bedingungen her den Japanern vergleichsweise am nächsten stehen müßten, so eindeutig auf die hinteren Plätze verwiesen werden. Manifestationen dieses importierten Idealbilds schauen uns aus den Halbmondaugen der Kindercomicsfiguren, aus Reklamefotos und Werbespots entgegen. In der Literatur wiederum zeigt sich diese Ausrichtung nach europäischen Normen, in diesem Fall einem hiesigen Schönheitsideal, in den Beschreibungen weiblicher Protagonisten. Die Naomi in Tanizaki Jun'ichirōs *Chijin no ai* (Narrenliebe) oder die Michiko in Yoshiyuki Junnosukes Erzählung *Shūu* (Der Schauer) erinnern die männlichen Figuren jeweils an Ausländerinnen europäischer oder nordamerikanischer Herkunft, und dieses wichtige Attribut dient nicht etwa nur der Exotisierung, sondern es kennzeichnet, wie natürlich auch in der Literatur Mishima Yukios, die besondere Attraktivität dieser Frauen und hebt ihre positiv gezeichneten Eigenschaften zusätzlich hervor.

Doch halten wir nun inne, um uns den Nutzen der bisherigen Betrachtungen vor Augen zu führen. Was bringt es ein, nicht nur uns selbst, sondern auch noch den Japanern Eurozentrismus vorzuwerfen? Wieder einmal geht es jedoch nicht um Vorwürfe, sondern um eine Relativierung des Begriffs, der hier bewußt überdehnt wurde, um ihm etwas von seinem Schimpfwortcharakter zu nehmen und zugleich einige Schlußfolgerungen vorzubereiten, die weniger auf Zerknirschung und Selbstanklage fußen. Zuvor soll jedoch eine Gegenposition zum Eurozentrismus vorgestellt werden. Was also wäre die logische Alternative?

Japanologisches »Going native«

Japanische Gegenstände lassen sich nur mit japanischer Elle messen – so lautet eine vertraute Formel. Ein Japanologe sollte sich zuerst und vor allem mit Japan identifizieren, es von innen heraus verstehen und auf diese Weise seine Ausdrucksformen und Seinsmodi akzeptieren lernen. Hat er diesen Prozeß durchlaufen, sich

21 Wagatsuma Hiroshi und Yoneyama Toshinao: *Henken no kōzō: Nihonjin no jinshukan*, Tōkyō 1967.

in ausreichendem Maße seines europäischen Selbst entäußert und ist zum »europäischen Japaner« geworden, darf er sich erstmals das Recht herausnehmen, über Japan zu sprechen. Er wird dies als ein Akkulturierter im japanischen Sinne tun, und die Prämie für diese Selbstaufgabe wird die lobende Bestätigung von japanischer Seite sein, daß er Japan wirklich verstanden habe. Natürlich ist diese Skizze überzeichnet, doch wir alle kennen die japanologischen Formen dessen, was die Ethnologie das »going native« nennt mit all seinen Spielarten des Anbiederns und der Schwärmerei. Verstehen heißt in diesem Zusammenhang ausschließlich sympathisierendes Hineinversetzen. Je größer die Identifikation mit Japan und je perfekter die Übereinstimmung mit japanischen Denk- und Verhaltensmustern, desto näher ist man nach dieser Auffassung dem Idealzustand des Verstehens.

Die kühleren, weniger hingabefreudigen Vertreter dieser Richtung begnügen sich mit dem Hinweis auf die Verwerflichkeit des Eurozentrismus und setzen das Japanische ein für allemal vom Geltungsbereich der uns bekannten Normen ab. So wird alles relativiert und in die Unverbindlichkeit enthoben. Die Frauendiskriminierung in Europa etwa ist kritisierenswert; die gleichen Phänomene in Japan aber dürfen nicht gleich beurteilt werden – hier sollte lieber das Urteil der Japaner (welcher?) gelten.[22] Diese Haltung entspricht der so verführerisch klingenden Formel: Alles verstehen, heißt alles verzeihen.

Ein solcher Relativismus hat den großen Vorteil, bequem zu sein und seine Vertreter in einem liberalen Lichte erstrahlen zu lassen. Doch der Schein trügt – mehr als Pseudoliberalismus kann diese Haltung der permanenten Enthaltung nicht sein, denn sie übersieht oder ignoriert den Umstand, daß man sich immer verhält, Stellung bezieht, gleich, ob man will oder nicht, und so betrachtet könnte der Relativismus gut und gerne so etwas wie die Kehrseite des eurozentrischen Hochmuts sein.

Gefährlich erscheint mir dieser Relativismus aber auch deshalb, weil er dem so verbreiteten Mythos von der Einmaligkeit Japans in die Hände arbeitet. Dieser Mythos ist auch im heutigen Japan eines der tragenden und allgegenwärtigen Ideologeme, über das quer durch alle Lebensbereiche, Gesellschaftsschichten und poli-

---

22 Vgl. hierzu im einzelnen meine Rezension des Bandes »Die Frau« (*OAG »Japan modern«*, Bd. 1), in: *Bochumer Jahrbuch zur Ostasienforschung* 4 (1981), S. 494–505.

tischen Lager unausgesprochene Einigkeit zu herrschen scheint. Elemente dieses Ideologems sind etwa die Behauptung der rassischen Reinheit, der nationalen, sprachlichen und sozialen Homogenität und die daraus abgeleitete Vorstellung von einer grundsätzlichen Gleichgestimmtheit, die verbale Kommunikation unter Japanern überflüssig werden läßt.[23] Der leicht chauvinistische Unterton in solchen japanischen Beschwörungen des Mythos ist unüberhörbar, aber es sind nicht allein politische Gründe, weshalb vor der Übernahme des japanischen Selbstverständnisses zu warnen wäre. Denkt man nämlich den Gedanken einer relativistischen Betrachtungsweise weiter, so stünde am Ende die Abschaffung der Japanforschung im Ausland. Sie ließe sich durch japanische Kulturzentren, Konsulate oder Werbeagenturen ersetzen, die der internationalen Öffentlichkeit das japanische Selbstbild vermitteln. Daß dies keine Lösung ist, begreift man instinktiv.

Noch scheint die Verwirrung eher zu wachsen, doch wir sollten das bisherige Gedankenspiel noch einmal ordnen, um schließlich anhand der Frage, wie sich Verstehen denn verwirklichen läßt, wenigstens die Richtung auszuleuchten, die aus diesem Labyrinth verwerflicher oder verworfener Möglichkeiten herausführen könnte.

Was heißt Verstehen?

Erinnern wir uns, daß die Schärfe des Eurozentrismus-Vorwurfs ein wenig gemildert wurde durch die Beobachtung, daß man auch in Japan selbst diese Betrachtungsweise praktiziert. Auch den umgekehrten Fall gibt es natürlich – die Anwendung japanischer Kategorien auf europäische Objekte, so etwa, wenn ein japanischer Literaturwissenschaftler die Romane von Henry Miller, Proust, Joyce und D. H. Lawrence und sogar den Nouveau Roman zur japanischen Gattung des *shishōsetsu* zählt.[24] Doch unser Trost kann nicht moralischer Natur sein. Wir sollten uns fragen, warum die japanische Literaturwissenschaft, die doch auch eigene Maßstäbe besitzt, trotzdem immer wieder auf europäisch-westliche zurückgreift. Zwei Antworten bieten sich an.

23 Vgl. hierzu im einzelnen den Beitrag *Sprache und Nation* in diesem Band (S. 62 ff.).
24 Vgl. Saeki Shōichi u. a.: *Kyōdō tōgi – »shishōsetsu«*, in: *Bungakkai* 2.1980, S. 148–175, hier S. 158 und 159.

Die erste knüpft an die Beobachtung an, daß es das »reine Japan« allenfalls als mystische Entität, nicht aber in der Realität gibt. Für die japanische Kultur und Gesellschaft in den vergangenen hundert Jahren ist dies nur allzu offensichtlich, es gilt aber letztlich auch für die davor liegenden Phasen der Rezeption und des Weiterwirkens fremden Kulturguts kontinentaler Herkunft. Um wieder auf die moderne Literatur zurückzukommen – es kann durchaus sinnvoll und ertragreich sein, japanische Werke mit europäischem Instrumentarium zu analysieren, gerade weil es schlechterdings undenkbar ist, daß sie keine von Europa inspirierten Elemente enthalten. Diese müßten der japanischen Philologie durchs Netz schlüpfen, wenn es aus ausschließlich japanischem Garn geknüpft wäre. Die Entscheidung, wann eine solche Betrachtung angemessen ist, setzt allerdings viel Erfahrung, philologisches Fingerspitzengefühl und methodologische Reflexion voraus.

Denken wir noch etwas radikaler, so stoßen wir auf einen zweiten Grund. Die Notwendigkeit dafür, daß die japanische Literaturwissenschaft sich westlicher Kategorien bedient, die eigenen gegen fremde Kategorien austauscht, leuchtet nämlich nur in kleinem Umfang, von dem soeben die Rede war, ein. Es ist unwahrscheinlich anzunehmen, daß die europäischen Kriterien in Japan eher überzeugen oder besser ins neue Weltbild passen, denn Literatur gilt dort ja wie die Kunst insgesamt in besonderem Maße als etwas Privates, Vor-Logisches, der modernen Rationalität Entzogenes und bietet sich daher viel eher traditionellen Rastern zur Deutung an. Es scheint sich vielmehr so zu verhalten, daß die japanische Literaturbetrachtung nicht einfach über andere Kategorien verfügt, für die sie punktuell westliche einsetzt, sondern sie besitzt ursprünglich gar keine klar umrissenen Schemata, die im wissenschaftlichen Sinn fungieren könnten.

Es ist offensichtlich, daß wir Wissenschaft in diesem Fall als eine abendländische Konvention verstehen, eine Konvention, die zur Bedingung setzt, daß systematische Operationsregeln angegeben werden, die zu intersubjektiv identischen Ergebnissen führen. Das Selbstverständnis und die Funktion der japanischen Humanwissenschaften, insbesondere der modernen Literaturwissenschaft, in dieser Gesellschaft unterscheiden sich jedoch sehr weitgehend vom europäischen Muster. So steht Literaturwissenschaft der Kunstausübung immer noch sehr nahe, und dies erklärt, weshalb sie so stark von Diskurs-Fetzen vor-logischen Denkens durchsetzt ist und sich einer Falsifizierung und anderen Verifikationstests entzieht. Das unreflektierte Denken, das die japanische Literaturbetrachtung zu großen Teilen bestimmt, entbehrt aristotelischer Logik und legt sich keine Rechenschaft über die Regeln der Erklärung ab. Dies festzustellen, impliziert keine Wertung, sondern besagt nur, daß unsere Vorstellung von Wissenschaft in Japan, zumindest was die Humanwissenschaften betrifft, nur eingeschränkt realisiert ist. Es bedeutet nicht etwa, der japanischen Literaturbetrachtung – um wieder konkreter zu werden – ihre Daseinsberechtigung abzusprechen, denn in diesem Hochmut würde sich in der Tat ein unerträglicher Eurozentrismus offenbaren. Doch die entscheidende Schlußfolgerung lautet nun: Insofern, als Wissenschaft eine abendländische Erfindung ist[25], ist jegliches wissenschaftliches Befassen mit welchem Gegenstand auch immer, sozusagen automatisch »eurozentrisch«. Es muß also erlaubt sein festzuhalten, daß eine Literaturbetrachtung erst dann wissenschaftlich genannt werden kann, wenn sie die grundsätzlichen Spielregeln dieser Konvention, etwa Angemessenheit (Gegenstandsadäquatheit), Systematik, Schlüssigkeit, Eindeutigkeit und Überprüfbarkeit, akzeptiert. Sofern sie dies nicht tut, ist sie nicht etwa wertlos, sondern sie muß es sich nur gefallen lassen, nicht-wissenschaftlich genannt zu werden.

Nach dieser Klarstellung bleibt aber immer noch die Frage, wie denn Verstehen möglich ist. Wir haben gesehen, daß die einfache Übertragung europäischer Erklärungsschemata und Wertsetzungen, der »klassische« Eurozentrismus, wie ich ihn nennen möchte, zum Scheitern verurteilt ist.[26] Verstehen ist andererseits aber auch

25 Die Ansicht, daß die moderne Wissenschaft ein Produkt der europäischen Zivilisation ist, liegt auch den Arbeiten von Joseph Needham zugrunde, vgl. z. B. ders.: *The Grand Titration: Science and Society in East and West*, London 1969.

26 Auf sehr anschauliche Weise exemplifiziert uns dies Wagatsuma Hiroshi in seinem Aufsatz *Problems of language in cross-cultural research*, in: *Annals of the New York Academy of Sciences*, Bd. 285, 18. 3. 1977, S. 141–150, indem er zeigt, zu welch seltsamen Ergebnissen die Anwendung von Kategorien und Schemata einer Kultur auf eine andere führen kann. Legt man zwecks internationalen Vergleiches bei einer Untersuchung geschlechtsspezifischer Persönlichkeitsmerkmale an jungen Japanern und Japanerinnen eine in den USA entwickelte Matrix zugrunde, so ergibt sich im Vergleich zu amerikanischen Testergebnissen ein geringerer Grad an Weiblichkeit für Japanerinnen, und die Japaner sind weniger männlich als ihre amerikanischen Geschlechtsgenossen. Hier wird deutlich, daß trotz sorgfältiger Adaption der Testfragen das Grundproblem nicht gelöst werden kann, die Tatsache nämlich, daß »die Definition von Männlichkeit und Weiblichkeit bzw. von

nicht mit bedingungslosem »going native« identisch, was die Aufhebung der eigenen Stellungnahme bedeuten würde.[27]

Allgemein gesprochen, steht hinter diesen beiden Positionen das erkenntnistheoretische Problem, entweder von einer unabhängigen Realitätsinstanz auszugehen, an der Begriffe kontrolliert werden, oder die Begriffe im Erkenntnisvorgang als das Primäre zu betrachten.[28] Gibt es einen »Mittelweg« zwischen dem apriorischen Absolutismus Kants und einem Relativismus, der, wie Stephen Toulmin formuliert, »die tatsächlichen Strukturen der natürlichen Sprachen nicht hinterfragen kann«?[29] Doch wir wollen versuchen, einen Lösungsansatz anhand unseres Problems in der Praxis zu finden.

Ich stelle mir vor, daß Verstehen sich immer nur in zwei aufeinander bezogenen Rahmen verwirklichen läßt. Es geht zum einen darum, die japanischen Phänomene im Bezugsystem ihrer eigenen Kultur und Epoche zu erklären, mithin um den Versuch, die vorgefundenen Verhältnisse aus sich selbst heraus, aus ihren Funktionen und Strukturen zu begreifen, oder, um mit Marx zu sprechen: Oft muß man den Verhältnissen ihre eigene Melodie vorsingen, um sie zum Tanzen zu bringen.[30] Was damit gemeint ist, läßt sich am leichtesten mit einem Verweis auf mein eigenes Arbeitsgebiet illustrieren. Wenn ich etwa versuchen sollte, eine bestimmte japanische Literaturgattung zu definieren, so könnte ich mich zunächst an der Definition einer sehr ähnlich aussehenden europäischen Gattung orientieren. Doch dieses Verfahren, so hilfreich es auf den ersten Blick auch scheinen mag, birgt gefährliche Tücken, denn mit der europäischen Definition übernehme ich auch deren Unterscheidungskriterien. Da die japanische Literatur aber ein ganz anderes System bildet, gelten hier auch ganz andere Distink-

männlicher und weiblicher Rolle zweifelsohne kulturgebunden ist« (ebda., S. 147).

27 Vgl. Otto Friedrich Bollnow: *Das Verstehen. Drei Aufsätze zur Theorie der Geisteswissenschaften*, Mainz 1949, S. 30. Den Hinweis auf dieses Buch verdanke ich dem Germanistischen Institut des Kyōyō gakubu der Universität Tōkyō.

28 Vgl. Hans G. Kippenberg: *Einleitung: Zur Kontroverse über das Verstehen fremden Denkens*, in: *Magie. Die sozialwissenschaftliche Kontroverse über das Verstehen fremden Denkens*. Hg. v. Hans G. Kippenberg und Brigitte Luchesi, Frankfurt/M. 1978, S. 9–51.

29 Stephen Toulmin: *Kritik der kollektiven Vernunft* (Menschliches Erkennen: Erster Band), Frankfurt/M. 1978, S. 497.

30 Vgl. Karl Marx: *Zur Kritik der Hegelschen Rechtsphilosophie. Einleitung*, in: ders./F. Engels: *Werke*, Bd. 1, Berlin 1970, S. 378–391, hier S. 381.

tionsmerkmale. Der Ort einer bestimmten Gattung läßt sich also nur innerhalb dieses Systems im Verhältnis zu anderen Gattungen bestimmen. Diese Rekonstruktion setzt natürlich eine sehr genaue Kenntnis der japanischen Einstellungen, Sichtweisen und Urteile voraus, denn sie bilden in diesem Arbeitsvorgang wesentliche Orientierungsmarken. Eine solche Erschließung anhand indigener Kategorien ist also gemeint, wenn davon die Rede ist, die Phämonene aus sich selbst heraus zu begreifen. Doch dieses Verfahren ist etwas völlig anderes als eine kritiklose Übernahme der japanischen Beschreibungen. »Eine *selbst*verständliche Welt [ist] keine *verständliche* Welt.«[31] Uns geht es ja um eine systematische Rekonstruktion, um das Erkennen von Gesetzmäßigkeiten, die Entschlüsselung des Kodes, und dazu bedienen wir uns dieser Methoden, welche die Wissenschaft bereitstellt.

Als von außen Kommende haben wir die Chance, das »kulturell Unbewußte« (Bourdieu) und damit das diese Kultur Prägende deutlicher wahrzunehmen. Auch ist es möglich, ein inneres Verständnis zu entwickeln, ohne der andere zu *sein*.[32] Im Blick auf den japanischen Einmaligkeitsmythos ist es wichtig, dies zu betonen. Ich muß kein Japaner sein, um zu wissen, wie ein Japaner fühlt, denn es wäre unrealistisch, nicht auch von gewissen Universalien auszugehen, andernfalls müßte die Möglichkeit menschlicher Kommunikation überhaupt angezweifelt werden. Mit dieser Feststellung berufe ich mich bewußt auf Hans Peter Duerr und andere Ethnologen, die sich mit Kulturen befassen, welche von der unseren nicht weniger weit entfernt sind als die japanische.[33]

---

31 H. P. Duerr, *a. a. O.* (Anm. 12), S. 160. Hervorhebungen im Original.

32 Es sei an dieser Stelle noch einmal betont, daß Verstehen hier immer als eine semantische, keinesfalls etwa eine psychologische Kategorie darstellt. Der theoretische Hintergrund dieses Konzepts erschließt sich, wenn man die »Erklären-Verstehen-Kontroverse« verfolgt, die bis ins 19. Jahrhundert zu Johann Gustav Droysen und Wilhelm Dilthey zurückreicht und die durch Georg Henrik von Wrights Buch *Erklären und Verstehen*, Frankfurt/M. 1974 neu entfacht wurde. Für unseren Zusammenhang ist Rex Martins Auseinandersetzung mit Wrights Theorie: *Erklären und Verstehen in den Geschichtswissenschaften*, in: *Neue Versuche über Erklären und Verstehen*. Hg. v. Karl-Otto Apel u. a., Frankfurt/M. 1978, S. 153–191, besonders aufschlußreich.

33 Vgl. H. P. Duerr, *a. a. O.*, S. 159f., und den für das gesamte hier behandelte Thema sehr wichtigen Band *Magie* (s. Anm. 28). Ein praktisches Beispiel für eine sehr schöpferische Begegnung mit dem Fremden, die getragen ist von dem Wunsche, sich im Fremden und das Fremde in sich aufzuklären – eine Zielsetzung, die übrigens auch Duerr verfolgt – bieten etwa die ethnologischen Schriften von Mi-

Zum Verstehen gehört aber auch, »daß wir [. . .] mit einem Fuß in unserer eigenen Kultur bleiben«.[34] Dies ist der zweite für das Verstehen unabdingbare Bezugsrahmen. Ohne ein Bewußtsein des eigenen Ortes als Betrachter verliert jede Erkenntnis ihren Wert. Wir sind ja nicht allein Betrachter, sondern immer auch Betroffene, und unsere Aufgabe ist nicht etwa mit der Erschließung des fremden Kodes beendet, sondern sie verlangt von uns, daß wir diesen auch auf unser eigenes System zu beziehen wissen.[35] Erst dadurch, daß wir wissentlich »einen Fuß in unserer eigenen Kultur« behalten, können wir als Vermittler fungieren. Auch hier mag uns die Ethnologie als Beispiel dienen: Diejenigen Forscher, welche so tief in die fremde Kultur eindrangen und sich so stark mit ihr identifizierten, daß sie schließlich verstummten, sind für die Ethnologie verloren, d. h. sie sind nicht mehr in der Lage, Einsichten und Erkenntnisse mitzuteilen. Um eine Vermittlerrolle ausüben zu können, bedarf es eines klaren Standorts, von dem aus sich die Dinge zueinander in Beziehung setzen lassen. In der Wissenschaft bedeutet dies, daß wir uns einer einsichtigen Systematik bedienen, damit sich das Verstehen nicht in Beliebigkeit auflöst.

Jenseits des »klassischen« Eurozentrismus

Eurozentrismus und die Frage nach Möglichkeiten des Verstehens bildeten das Thema dieser oft verwirrenden Gedankenreihen. Was bleibt uns als Fazit? Indem wir die Verhältnisse auf den Kopf stellten und japanischen Eurozentrismus ebenso wie sein Gegenstück, europäischen »Japanzentrismus« (wir nannten ihn allgemeiner: Relativismus) entdeckten, wurde zumindest eines ganz deutlich – daß wir in jedem Fall auf bestimmte Kategorien und Erkenntnismodelle angewiesen sind. Die Alternative zum »klassischen« Eurozentrismus kann also nicht im Verzicht auf diese Kategorien

chel Leiris, so z. B. ders.: *Die eigene und die fremde Kultur: Ethnologische Schriften*, Frankfurt/M. 2. Aufl. 1979; und: *Das Auge des Ethnographen: Ethnologische Schriften II*, Frankfurt/M. 1978.

34 Duerr, *a. a. O.*, S. 158.

35 Diese doppelte Forderung ist auch anderen Disziplinen nicht fremd. Für das Beispiel Psychohistorie finden wir bei Erik H. Erikson einen vergleichbaren Entwurf, wenn er ausführt, daß es beim Studium der Lebensgeschichte einer historischen Persönlichkeit nicht nur darum gehe, die »Ziele dieser Persönlichkeit im Bezugssystem ihrer Zeit« zu klären, sondern auch darum, »diese Persönlichkeit und ihre Zeit auf das Wertsystem des Psychohistorikers [zu] beziehen«; vgl. ders.: *Dimensionen einer neuen Identität*, Frankfurt/M. 1975, S. 15.

bestehen, und ebensowenig wäre das einfache Ersetzen unseres unreflektierten Kategoriensystems durch ein anderes, etwa ein japanisches, die Lösung. Um es noch einmal in den Worten Helmuth Plessners zu sagen: »Verstehen ist nicht das sich Identifizieren mit dem Anderen, wobei die Distanz zu ihm verschwindet, sondern das Vertrautwerden in der Distanz, die das Andere als das Andere und Fremde zugleich sehen läßt.«[36] An die Stelle des »going native«, in dem der eigene Standpunkt notgedrungen verloren geht, tritt das »going alien«[37], das Plessnersche »Vertrautwerden in der Distanz«. Uns bleibt nur die Möglichkeit, unsere Verwurzelung in unserer eigenen Kultur klar zu erkennen und ein Gespür zu entwickeln für unsere Abhängigkeit von den eigenen gesellschaftlichen Normen, im Denken, Empfinden und Handeln.[38] Paradox ausgedrückt, heißt dies: Erst wenn wir bewußte Eurozentriker sind, vermögen wir das Fremde unvoreingenommen, d. h. unverstellt durch unsere unbewußten Vorurteile, wahrzunehmen. So gesehen, wäre Eurozentrismus geradezu die Bedingung der Erkenntnis.

Vielleicht fällt es schwer, sich mit diesem Gedanken auf Anhieb anzufreunden, und so mag es hilfreich sein, wenn wir demselben Gedanken in einem ganz anderen Zusammenhang noch einmal begegnen. Ich darf Oscar Wilde zitieren, der im zweiten Teil seiner ästhetischen Schrift *The Critic as Artist* das Verhältnis zwischen Kunstwerk und Betrachter beschreibt. Er legt seine Gedanken zwei Personen mit Namen Gilbert und Ernest in den Mund. Was diese fiktiven Personen über das Verstehen als Akt, der etwas ganz anderes ist als die Wiedergabe des Selbstverständnisses oder über die Rolle der bewußten Subjektivität im Erkenntnisprozeß zu sa-

36 Helmuth Plessner: *Mit anderen Augen: Aspekte einer philosophischen Anthropologie*, Stuttgart 1982, S. 179.
37 Auf sehr einleuchtende Weise haben Peter L. Berger und Hansfried Kellner diese Thematik dargestellt in ihrem Essay: *Für eine neue Soziologie: Ein Essay über Methode und Profession*, Frankfurt/M. 1984.
38 Interessantes Anschauungsmaterial für eine solche wissenschaftliche Praxis, in der in Europa entwickelte Kategorien beständig in Frage gestellt, die aus der Beschäftigung mit den fremden Phänomenen gewonnenen Erkenntnisse aber zugleich für eine genauere Analyse europäischer Gegebenheiten und zur Kontrolle und ggf. Modifikation der theoretischen Rahmenkonzepte fruchtbar gemacht werden, bietet eine junge Disziplin wie die Ethnopsychiatrie; vgl. hierzu etwa Erich Wulff: *Ethnopsychiatrie*, in: ders.: *Psychiatrie und Klassengesellschaft*, Frankfurt/M. 1972, S. 15–169 (auf diese auch für Japanologen sehr anregende Studie hat mich Hiroomi Fukuzawa hingewiesen).

gen haben, faßt die zentrale Argumentation dieser Ausführungen noch einmal aufs Trefflichste zusammen. Lassen wir nun abschließend Wilde zu Worte kommen. Zunächst spricht Gilbert: »(...) Und hier, Ernest, ereignet sich etwas Seltsames. Der Kritiker wird in der Tat ein Erklärer sein, aber keineswegs in dem Sinn, daß er nur in anderer Form eine Botschaft verkündet, die auf seine Lippen gelegt wurde. Denn wie nur durch die Berührung mit der Kunst fremder Nationen die Kunst eines Landes jenes persönliche und gesonderte Gepräge, das wir Nationalität nennen, gewinnt, so vermag in seltsamer Verkehrung der Kritiker nur durch Vertiefung seines eigenen Ichs die Persönlichkeit und das Werk anderer zu deuten. Und je tiefer seine Persönlichkeit in die Auslegung eingeht, desto wirklicher wirkt sie, desto befriedigender, überzeugender und wahrer.

Ernest: Ich hätte angenommen, die Persönlichkeit sei ein störendes Element.

Gilbert: Keineswegs. Sie ist ein notwendiges Element der Enthüllung. Wer andere zu verstehen begehrt, muß das eigene Ich vertiefen.«[39]

39 Oscar Wilde: *Der Kritiker als Künstler (The Critic as Artist)*, ein Dialog, zweiter Teil. Der Text wurde mit wenigen Modifikationen zitiert aus dem letzten Band der fünfbändigen Werkausgabe der Deutschen Bibliothek Berlin, o. J., S. 154 f.

Schlußbetrachtung: Die Insel der Seligen, umbrandet, bewölkt

Die im vorliegenden Band versammelten Essays nehmen aktuelles Material zum Ausgangspunkt, um daran allgemeine und grundlegende Fragen zur japanischen Kultur und Gesellschaft anzuknüpfen. Abschließend sollen die jüngsten Entwicklungen in Japan im Hinblick auf die bisher behandelten Aspekte umrissen werden. Wie etwa hat sich die Diskussion um *Sprache und Nation* fortgesetzt? Ist die »fliegende Frau« schon vergessen oder ist sie mittlerweile sozusagen eingebürgert worden? Wenn ja, mit positiven oder negativen Konnotationen? Welches sind schließlich die Vorzeichen, unter denen der Blick auf uns in Mitteleuropa heute steht, vergleicht man ihn mit der japanischen Perspektive aus den *Vexierspiegeln*?

Die Ästhetik der Geschlechterdichotomie

Hinter den Fragen zum geschlechtsspezifischen Sprechen, zur Repräsentation weiblicher Rollenbilder in der öffentlichen Rede und zum weiblichen Selbstverständnis, denen drei Essays in diesem Band gewidmet sind, scheint als Generalthema die Frage nach dem Verhältnis und der Rolle der Geschlechter im Japan der Gegenwart auf, eine Frage, zu deren halbwegs befriedigender Beantwortung eine Unzahl an Indikatoren zu berücksichtigen wäre. Dabei hängt es vielfach vom Standpunkt des Beobachters ab, ob eher die statischen oder die dynamischen Seiten ins Blickfeld rücken. Daß ein Bewußtseinswandel stattfindet, wird niemand übersehen können, der etwa die Statistiken zum steigenden Heiratsalter von Männern (26,8 Jahre) und Frauen (25,5 Jahr, Zahlen für 1985) registriert. Trotz weiterhin großen Konformitätsdrucks verdoppelte sich auch die Zahl der unverheirateten Frauen von zwei Prozent im Jahre 1970 auf 4,5 Prozent im Jahre 1985, und die Zahl der Scheidungen, die übrigens in der überwältigenden Mehrzahl von Frauen eingereicht werden, nahm seit den siebziger Jahren stetig zu, und zwar mit einem auffällig hohen Anteil an Fällen, in denen die Eheleute zehn Jahre und länger verheiratet waren.[1]

---

1 Diese und weitere Zahlenbeispiele aus: *Japan – Facts and Figures*, hrsg. v. Foreign Press Center, Tōkyō 1985.

Einiges an der jüngsten Umfrage zum Geschlechtsrollenbild hingegen überrascht: Mit der Rollenverteilung, der Mann habe für Beruf, die Frau für die Familie da zu sein, zeigen sich 1987 noch 52 Prozent der Männer und 37 Prozent der Frauen einverstanden. Auch bei den Frauen überwog damit die Zustimmung; nur 32 Prozent lehnten dieses Schema ab.[2] Sind die japanischen Frauen demnach in der Mehrzahl mit ihrem Leben, so wie es ist, zufrieden?

Auf die Frage, wer es leichter habe, die Männer oder die Frauen, meinen beide Geschlechter, dies seien die Frauen, wobei die Zustimmung auf weiblicher Seite sogar noch höher ist als bei den Männern. Dennoch möchten 33 Prozent der Frauen (und 82 Prozent der Männer), wenn sie die Wahl hätten, Männer sein; nur 54 Prozent der Japanerinnen ziehen das eigene Geschlecht vor. Die *Asahi Shinbun* interpretiert diese Daten denn auch als Ausdruck eines in sich gebrochenen weiblichen Bewußtseins, in dem sich die gegenwärtigen Lebensumstände widerspiegelten.[3]

Im Gegensatz zu den in vielen Bereichen gewachsenen Berufs- und Aufstiegschancen für Frauen scheint auch das Faktum zu stehen, daß die Lohnschere zwischen Männern und Frauen sich in Japan seit einiger Zeit wieder öffnet.[4]

Dies alles sind Beispiele, die zunächst eher verwirren, als daß sie einen eindeutigen Eindruck stabilisieren könnten, doch war dies auch nicht ihr Zweck. Sie dienen im Gegenteil dazu, die Komplexität der Materie zu veranschaulichen. Selbst wenn wir noch so viele Umfrageergebnisse und Zahlenexempel heranziehen wollten – so leicht werden sich die Daten nicht deuten lassen, und es wäre wohl nicht nur unmöglich, sondern auch wenig sinnvoll, sie in diesem Rahmen zu einem in sich schlüssigen Gesamtbild komponieren zu wollen.

Begnügen wir uns in aller Bescheidenheit damit, gleichsam einen flüchtigen Blick durchs Fenster zu werfen, um wenigstens die Dimension dieser weiten und vielgestaltigen Landschaft zu erahnen, welche die Frage nach dem sich wandelnden Verhältnis der Geschlechter darstellt. Zurück also zu den thematisierten Teilfragen.

2 Vgl. den Kommentar *Shasetsu* in der *Asahi Shinbun* v. 23. 8. 1987, S. 5.
3 Vgl. ebenda.
4 Vgl. etwa die neuesten Zahlenbeispiele unter »Business News« in *Look Japan*, Mai 1988, S. 11: »Men Earn Twice as Much as Women« (Männer verdienen doppelt so viel wie Frauen).

Wie etwa steht es um die Flugmetapher in den späten achtziger Jahren?

Die »fliegende Frau« ist mittlerweile ein fester Bestandteil des Alltagswortschatzes, der keinerlei Erläuterung mehr bedarf. Allerdings wird der Ausdruck nur noch selten exponiert eingesetzt, auch die Werbung macht von ihm keinen Gebrauch mehr. Wenn der Begriff einmal Verwendung findet, so wird mit ihm häufig auf eine einseitige weibliche Existenzform verwiesen, und in diesem Sinne überwiegen eher kritische bis negative Konnotationen.

Die Werbung wird dagegen von der »guten Frau« *(ii onna)* dominiert, und der Lebenszusammenhang, in dem sie vorgeführt wird, spricht für sich: So ist sie etwa die Leitfigur in einer Reklame für Gummihandschuhe, die beim Abwasch die Hände schützen. Die Kosmetikwerbung weiß 1983: »Das Gesicht einer Frau ist ein Heiratsgesuch« *(Onna no kao wa kekkon no mōshikomisho)*, und der bekannte Sänger Sada Masashi stimuliert 1986 im Fernsehen den Kauf eines Haarwaschmittels mit dem einem nackten jungen Mädchen in den Mund gelegten Refrain: »Mit nichts als (m)einem Körper heirate ich« *(Karada hitotsu de o-yome ni ikimasu)*, wobei die altmodische, aber durchaus übliche Formulierung *o-yome ni iku* – »als Braut (fort)gehen« die fügsame Schicksalsergebenheit in ein traditionelles Frauenleben anklingen läßt.

Der Konjunktur dieses rückwärtsgewandten Bildes in der japanischen Werbung entspricht die Propagierung einer neuen »sanften« Frau *(yasashii onna)*, deren Zeitalter die Zeitschrift *Shūkan Shinchō* heraufdämmern sieht. Als Indizien hierfür gelten etwa eine neue »weiblichere«, weniger aggressive Linie der japanischen Avantgarde der Modeschöpferinnen, und die junge Schriftstellerin Hayashi Mariko meint: »Frauen mit starkem Auftreten schaden sich nur selbst, diese Erkenntnis beginnt sich allmählich durchzusetzen. ... Heutzutage muß eine Frau liebenswert sein, sonst kommt sie bei den Männern nicht an.«[5]

Sind es diese »liebenswerten« Frauen, die laut Statistik, wenn sie noch einmal vor die Wahl gestellt würden, nur zu sieben Prozent ihren jetzigen Ehemann »unbedingt wieder heiraten« würden? Neun Prozent möchten »auf keinen Fall« wieder mit ihm zusammenkommen, dazwischen liegen 43 Prozent, die ihn »möglichst«

5 *Yasashii onna no jidai* (Das Zeitalter der sanften Frau), in: *Shūkan Shinchō* v. 5. 5. 1988, S. 155.

wieder heiraten und 38 Prozent, die ihn »möglichst nicht« wieder heiraten wollen.[6] Immer mehr Japanerinnen sind auch davon überzeugt, daß Heirat und Kinder nicht unabdingbare Voraussetzung für ein erfülltes Leben sind.

So ist also nicht nur das Image der japanischen Frau in Presse und Werbung, sondern auch das weibliche Selbstverständnis vielschichtig. Bestimmt wird es indessen durch eine Alltagsästhetik, welche die Betonung des Geschlechtsunterschieds fordert. Wer ahnt, wie bestimmend das Moment des Ästhetischen für das japanische Leben in allen wesentlichen Sphären ist, kann erst ermessen, wie mächtig diese Normen sind, denen man sich daher kaum entziehen kann. Selbst noch die alleralltäglichsten Gegenstände des Lebens – Teetassen oder Eßgeschirr – sind in ihren Dimensionen geschlechtsspezifisch gestaffelt: die zierliche, kleine Version gebührt der Frau. Für Männer gibt es extrascharfe Speisen, für Frauen, die angeblich langsamer essen, wärmespeicherndes Geschirr. Vieles wird in Geschlechtskategorien wahrgenommen, das in gänzlich anderen Bereichen liegt. So kann Regen »männlich« oder »weiblich« sein, es gibt »maskuline« und »feminine« Getränke (Bier und Sake) und Landschaften.[7]

Eine Kultur, die Geschlechtsattributen – den konkreten wie den symbolischen, den vermeintlichen wie den realen – derartige Aufmerksamkeit widmet und die aus der Dynamik dieses Kontrasts ihre Farbigkeit schöpft, zwingt auch die Fremd- und Selbstwahrnehmung von Männern und Frauen in diese Bahnen. Dem bewußten Rebellionsverhalten junger Mädchen und Studentinnen, die die Männersprache pflegen, folgt mit zunehmendem Alter und sozialer Eingebundenheit in Berufsleben und Familie wieder die Anpassung an die Normen weiblichen Sprechens. Diese »Frauensprache«, so erklärt der Linguist Kindaichi Haruhiko 1982, hat auf Männer einen zumindest ebenso positiven Effekt wie der Service

6 Vgl. Yoneda Toshinori: *Zendēta shufuzoku no seikatsu to iken* (Gesammelte Daten: Leben und Meinungen von Hausfrauen), in: *Chūō Kōron* 2/1988, S. 330–344, hier S. 335.

7 Ausführlicher behandele ich diese Thematik in einem japanischsprachigen Aufsatz mit dem Titel *Seibetsu no bigaku – Nihon bunka ni okeru genjitsu haaku no ichi patān ni tsuite* (Die Ästhetik der Geschlechterdichotomie – Betrachtungen zu einem verbreiteten Wahrnehmungsmuster in der japanischen Kultur der Gegenwart), in: *Dai 6kai Kyūshū kokusai bunka kaigi* (The Sixth Kyushu International Cultural Conference): *Hōkokusho* (Tagungsbericht), hrsg. v. Fukuoka Unesco Association, Fukuoka 1988, S. 191–196.

von zwei, drei zusätzlichen Speisen, welche die Hausfrau dem Hausherrn auftischt.[8] Doch auch wenn es nicht darum ginge, den so scharf umrissenen Geschlechtsrollen zu entsprechen – das Reden wäre ja kaum anders zu verwirklichen. Mehr oder weniger ausgeprägt geschlechtsmarkiert ist jegliches Sprechen im japanischen Alltag, und es stimmt allenfalls ein wenig stutzig, daß dies im Falle der Frauen so viel häufiger Erwähnung findet. In Wirklichkeit ist, nach einem oberflächlichen Eindruck zu urteilen, die Zahl der Wörter, die ausschließlich einem Geschlecht vorbehalten sind, im Falle der Männer viel höher. Weshalb dennoch die »Frauensprache« eher als Sonderfall behandelt wird, mag vielleicht damit zusammenhängen, daß das gesamte Ausdrucksspektrum für Männer breiter ist, da ihnen die höflicheren Formen der Frauen ebenfalls zur Verfügung stehen. Das Dilemma der Japanerinnen und Japaner, die sich dem sprachlichen Geschlechtsrollenbild zu entziehen versuchen, ist letztlich nicht zu lösen, denn mit dem Verlassen der eigenen Normen landen sie allenfalls bei der des anderen Geschlechts, nicht aber in einem neutralen, unmarkierten Raum. So scheinen sie nolens, volens ein traditionelles Verhältnis der Geschlechter in ihrem Sprechen zu perpetuieren, auch wenn es ihrem Denken längst nicht mehr entspricht.

Das Japanische als Weltsprache

Die Diskussion um die japanische Sprache hat nichts von ihrer Aktualität verloren. Im Gegenteil, angesichts neuer Themen hat sie sogar noch breitere Kreise der Öffentlichkeit erreicht. Das weltweit exponential gestiegene Interesse an Japanisch als Fremdsprache weckt gleichermaßen Stolz und Befürchtungen, was darauf schließen läßt, daß die Sprache weiterhin als wesentliches Element japanischer Nationalidentität verstanden wird. So sehr die Beobachtung, daß immer mehr Ausländer sich um das Japanische bemühen, auch zufriedene Genugtuung erzeugt, so weckt der Gedanke doch andererseits die Befürchtung, das Japanische könne der Kontrolle seiner muttersprachlichen Benutzer entgleiten, indem es unter den unbefugten Zugriff Fremder gerate. Die Bedrohung geht dabei selbstredend vom »schrecklichen Japanisch« *(ozomashii Nihongo)* der

8 Vgl. Kindaichi: *Nihongo seminā*, Band 1: *Nihongo to wa* (Was das Japanische betrifft). Tōkyō 1982, S. 284.

Ausländer aus[9] – übrigens ein Ausdruck, der sich durchgesetzt zu haben scheint.[10] Es sei zu befürchten, daß die fremden Sprecher das Japanische seiner Differenziertheit beraubten mit der Folge, daß die Sprache verkümmere und verarme.

Von welchen Emotionen diese Überlegungen getragen sind und welche modernen Mythen sie speisen, liegt nach der Lektüre von *Sprache und Nation* auf der Hand und soll hier nicht noch einmal ausgebreitet werden.[11] So häufig, wie man diesen irrationalen Ängsten begegnet, trifft man nämlich neuerdings auch auf Kritik, die sich vor allem gegen den Vorschlag richtet, der vermeintlichen Bedrohung durch Schaffung eines speziellen Ausländerjapanisch zu begegnen. Mit der Erstellung eines solchen »simplifizierten Japanisch« (*kanyaku* bzw. *kan'i Nihongo*) wurde das Staatliche Institut zur Erforschung der Landessprache beauftragt, dessen Direktor Nomoto Kikuo im Februar 1988 sein Projekt anhand einiger Kostproben der Öffentlichkeit vorstellte. Sein Modell aus Basiswortschatz und einer simplifizierten Grammatik sieht u. a. nivellierte Höflichkeits- und Verbformen vor, mittels derer sich nur ein hochgradig unidiomatisches und vielfach unverständliches Japanisch generieren läßt. Über mehrere Zwischenstufen sollen die Lernenden dann an das korrekte Japanisch herangeführt werden, ein Vorschlag, der von nicht wenigen mit ironischem Spott beantwortet wurde.[12] Die Fülle von Artikeln, Kommentaren und vor allem Leserbriefen, die seither in einer Zeitung wie der *Asahi Shinbun* zu dieser Thematik erschienen, belegt das breite öffentliche Interesse an Fragen, welche nach allgemeiner Auffassung das japanische Selbstverständnis berühren.

Auch in anderen Teilbereichen sind Entwicklungen zu verzeichnen. Während die von Suzuki Takao vertretene Argumentationslinie, eine kämpferische und zunehmend polemische Verteidigung nationalsprachlicher Souveränität und ethnozentrischer Wertset-

9 Vgl. etwa die Expertenrunde *Kokusaika suru Nihongo no zahyōjiku* (Das Japanische im Koordinatensystem seiner Internationalisierung), in: *Kokusai Kōryū* Nr. 41 (April 1986).

10 Vgl. ebenda und den Sonderteil der Japan Times vom 29. 3. 1988.

11 Weiterführende Überlegungen und Entgegnungen zu diesem Themenkomplex enthält mein japanischsprachiger Artikel *Bogo, igo kankei e no ichi kōsatsu* (Eine Betrachtung zum Verhältnis von Muttersprache und Fremdsprache), in: *Kokusai Kōryū* Nr. 45 (Dez. 1987), S. 45–48.

12 Vgl. etwa den Artikel ›*Yōchi de kikkai*‹ vs ›*Kakō wa jiryū*‹ *no koe* (Stimmen von ›Kindisch und grotesk‹ bis ›Kunstprodukte liegen im Zeitgeist‹), in: *Shūkan Asahi* v. 25. 3. 1988, S. 171–173.

zungen, sich auch weiterhin in vielen Diskussionszusammenhängen verfolgen läßt, sind andererseits die kritischen Anmerkungen von Tanaka Katsuhiko und anderen zum unreflektierten Gebrauch von Lexemen wie »*bokokugo*« (Mutterlandsprache) im Sinne von Muttersprache nicht ungehört verhallt. Den von Tanaka vorgeschlagenen Neologismus »*bogo*« (Muttersprache) haben viele Medien übernommen, und selbst ein Autor wie Suzuki bedient sich der neuen Vokabel.

Daneben zeitigte auch der Hinweis auf die sprachliche Kolonialisierung von Lexemen und Namen aus asiatischen Nachbarländern, deren Logogramme japanisch gelesen und damit weder im Ursprungsland noch auf anderen Kontinenten akustisch zu identifizieren waren, zumindest partielle Erfolge. In Nachrichtensendungen des Fernsehens lesen die Sprecher die Namen mittlerweile nach der jeweils im Chinesischen oder Koreanischen üblichen Lautung. Mō Takutō etwa wurde durch Mao Tse-Tung ersetzt.

In vieler Hinsicht also sind die Dinge im Fluß, in einigen Bereichen des Sprachlebens bahnen sich sogar rasante Entwicklungen an: Die sogenannten Wortprozessoren *(wāpuro)* und Personalcomputer, mit denen sich mühelos japanische Texte schreiben lassen, gehören gegenwärtig bereits zum Inventar von Durchschnittshaushalten und Studentenbuden. Mit der Verbreitung dieser technischen Hilfsmittel, welche die Diskussion um die Ersetzung der japanischen Mischschrift aus kommunikationstechnischen Gründen ein für allemal obsolet erscheinen lassen[13], wird sich möglicherweise auch das Verhältnis der Japaner zu ihrer Schrift wandeln, zumindest aber werden aktive und passive Schriftbeherrschung noch weiter auseinanderklaffen.

Inselhaft?

Werner Hofmanns Zeilen »Glück ereignet sich inselhaft. Glück ist eine Art Inselhaft«, einem völlig anderen Zusammenhang entnommen[14], lassen dennoch unwillkürlich an Japan denken. Der

13 Robert Alan Brown weist allerdings darauf hin, daß die Datenverarbeitung mittels japanischer Schrift auch in Zukunft aufwendiger sein wird, da sie mehrere Zwischenstufen erforderlich macht, vgl. ders.: *Orthography in Contemporary Japan – Reality and Illusion* (Ph D. Diss. Univ. of Texas at Austin) 1985.
14 W. Hofmann: *Der Künstler als Kunstwerk. Anmerkungen zum Künstlerroman*, in: *Die Zeit* Nr. 22 v. 28. 5. 1982, S. 45 f.

Eindruck einer Insel der Seligen – durchaus nicht im Sinne exotisierenden Fernrückens – drängt sich auf, eines Territoriums allerdings, das auch seinen Bewohnern bisweilen von Wolken überschattet erscheint. Dennoch haben sie sich dem Traume selbst ergeben in dem Maße, in dem sie sich in den permanenten Trubel japanischer Selbstbeweihräucherung stürzen und sich mit wahrhaft zeitlosen Themen einen wohlig gepolsterten Binnenraum schaffen. Immer noch haftet vielen Berichten von Japanern über das Ausland das naive Erstaunen dessen an, der sich draußen, in der rauhen Welt der anderen, mit unfaßbar Wildem und Fremden konfrontiert sah und sich unter hörbarem Aufatmen wieder der eigenen, vertrauten kleinen Welt zuwendet. Wie angenehm und um wie vieles leichter lebt es sich doch in diesem Land, das eine so niedrige Verbrechensrate und eine so hohe Aufklärungsquote für Kriminalität aufweist, in dieser – so lautet die Standardformel – homogenen, einsprachigen, hoch gebildeten, weder von Religionskonflikten noch von Klassenkämpfen berührten Gesellschaft. So rührende, aber letztlich belanglose Ereignisse wie Geburt und Kinderstube von Enten am Fuße von Tōkyōter Bürohochhäusern halten Hunderte von Städtern und ganze Horden von Reportern über mehrere Wochen hin auf Trab. Die Ankunft eines Pandababys im Zoo veranlaßt ein Tōkyōter Kaufhaus sogleich zu einem Panda-Sonderverkauf, und beides ist für die Medien ein Grund zu ausführlicher Berichterstattung. In einem Klima pseudofamiliärer Nestwärme, in dem jahreszeitliche Erscheinungen, das private Geschick unzähliger bekannter Stars oder Volksfeste zum beliebtesten Stoff zählen, werden substantiellere Themen in den Hintergrund gedrängt und lassen sich möglicherweise aufkommende Zweifel leichter beiseite schieben. Die Probleme der internationalen Gesellschaft erscheinen aus dieser Innenperspektive der Geborgenheit gleichsam nur wie ein fernes Wetterleuchten am Horizont, und nur der ständig neu beschworene Handelskonflikt ragt als störendes Element in die Idylle hinein.

Dennoch ist offenbar ein Gärungsprozeß in der japanischen Gesellschaft im Gange, der vielerlei Ursachen hat und der unweigerlich zu einem Aufbrechen vieler bislang so festgefügter Ordnungen führen muß. Die über lange Zeit hinweg scheinbar so sicheren Ablenkungen, das Feuerwerk des Niedlichen und Banalen, die kleinen kompensatorischen Freuden des Alltags, welche japanische Bürger angesichts ihrer aus mitteleuropäischer Perspektive durchaus nicht problemfreien Lebens- und Arbeitssituation gleichwohl so ausgeglichen, zufrieden und fraglos glücklich wirken ließen, haben an Wirkung eingebüßt. Die Bürger und Verbraucher fragen sich mittlerweile kritisch, was sie eigentlich vom Reichtum ihres Landes, der rechnerisch reichsten Nation der Erde, haben. Auch andere Indizien sprechen für sich, die Neigung etwa, eine feste Stelle auszuschlagen und wechselnde Jobs anzunehmen, oder die auffällige Tendenz zu vorzeitigem Abbruch der Schulausbildung in der jüngeren Generation, deren findige und begabte Vertreter dennoch, wie viele Japaner mit Auslandsstudium, einen guten Einstieg ins Erwerbsleben finden, während andererseits die Garantie »lebenslanger« Beschäftigung in den größeren Unternehmen brüchig geworden ist. Die Diskussion um die Verlegung der Hauptstadt (sento) angesichts der kaum noch zu bewältigenden Probleme der Megapolis Tōkyō und ihrer geringen Lebensqualität mag wie die erstmals breit diskutierte Frage nach dem Status ausländischer Arbeitskräfte – auch ihr Anwachsen ein deutliches Signal des Wandels! – von sehr konkreten Notwendigkeiten diktiert worden sein. Nichtsdestotrotz münden solche Einzelthemen auch in Japan in Fragen von allgemeinerem, grundlegendem Rang.

Interessanterweise erscheint in diesem Zusammenhang plötzlich wieder das »Modell Deutschland« für Japan am Horizont. Auch wenn dort nämlich im Hinblick auf die eigene Position im internationalen Beziehungsgeflecht durchweg von einer Prügelknabenrolle die Rede ist – »Nihon tataki« bzw. »Japan bashing« lauten die Vokabeln –, was einer Opfermentalität Vorschub leistet, sucht man doch nach Gründen, nach Gegenbeispielen und Vergleichen, und da bietet sich aufgrund der Parallelen in Kriegserfahrung, Wirtschaftsaufschwung und Exportabhängigkeit die Bundesrepublik als Studienobjekt an. Seit etwa Mitte 1987 befassen sich daher japanische Zeitschriftenartikel und Fernsehsendungen mit solchen Vergleichen. Gastarbeiterfrage, Sozialgesetzgebung, Wirtschaftsordnung und Lebensstil der Deutschen werden dabei, wie zu erwarten steht, ganz unterschiedlich eingeschätzt. Die Skala reicht von naiver Bewunderung bis zu verbissener Ablehnung und der Folgerung, nichts lasse sich an beiden Ländern wirklich vergleichen.[15]

15 Vgl. zu letzterem etwa Nishio Kanji: »Nishi Doitsu ni minarae«-ron no uso (Die Lügen hinter dem ›Modell Westdeutschland‹), in: Shokun! (4/1988, S. 26–47, wo er in bekannt emotionaler und demagogischer Manier auch auf weitere Beiträge zum Thema eingeht. Ein Beispiel für oberflächlich idealisierende Berichterstat-

Nicht untypisch für eine japanische Sicht auf uns ist auch die folgende, von Sympathie getragene und mit Wehmut und einer Prise Schadenfreude durchtränkte Beobachtung beim Anblick biertrinkender deutscher Männer »im besten Alter«, die »am hellichten Tage« stundenlang eine Caféterrasse bevölkern:

»Waren das *die* Europäer, wie *wir* sie kennen, diese erfolgsgewohnten Europäer, die dem Lauf der Welt ihren Stempel aufgedrückt hatten? Mir erschien es, daß sie heute alle in einem Altersheim leben, Tag und Nacht mit Erinnerungen an ihre verblichene Glorie beschäftigt sind und dabei die Vitalität und Energie dieser Emporgekommenen, dieser Grünschnäbel von woanders mit halber Verachtung strafen.

Gewiß, die westliche Kultur, die einmal die ganze Welt eroberte, ist zweifelsohne großartig, massiv, prächtig und tiefsinnig, und ragt heute noch empor, als ob sie uns überwältigen würde. Aber alle Wesen sind vergänglich, und alle Glücklichen müssen niedergehen. ... Die Europäer führen uns das jetzt vor.«[16]

Werden wir künftig in Japan und wird Japan in uns mehr als ein Negativexempel oder ein Lehrbeispiel sehen lernen?

tung wäre die Sendung *Nihon yori sugoi! Chō-senshin-koku Nishi Doitsu 24ji* (Noch toller als Japan. 24 Stunden im Superstaat Westdeutschland) aus der Serie *Nantatte kōkishin* (Neugier über alles) im Sender *Fuji TV* v. 19. 5. 1988.
16 Tanaka Satoshi: *Zwischen Ost und West*. Tōkyō 1988, S. 59.

Drucknachweise

»Frau-Sprechen« und onna-kotoba: Vorläufige Bemerkungen zum Thema »Sprache und Geschlecht« am Beispiel Japans, in: Die Japanerin in Vergangenheit und Gegenwart, Referate des zweiten Wiener Japanologengesprächs (1980), Wien 1981, S. 5–25, Nachdruck in: Die Schwarze Botin 28 (November 1985), S. 10–16.

Flugmetapher und Frauenemanzipation. Beobachtungen zum Sprachgebrauch in den japanischen Massenmedien, in: Bochumer Jahrbuch zur Ostasienforschung 6 (1983), S. 203–220.

Sprache und Nation. Zur aktuellen Diskussion um die sozialen Funktionen des Japanischen, in: Bochumer Jahrbuch zur Ostasienforschung 8 (1985), S. 151–184.

Der männliche Chauvinismus der Japanerinnen. Eine kleine Dokumentation, in: Die Horen, Zeitschrift für Literatur, Grafik und Kritik, Heft 131 (Herbst 1983), S. 110–123.

Qualen des Lebens – Quellen der Kunst: Zur kommunikativen Gebrauchsfunktion eines zentralen literarischen Genres der Gegenwart, in: Berliner Beiträge zur sozial- und wirtschaftswissenschaftlichen Japan-Forschung, hg. v. Ostasiatischen Seminar der FU Berlin, Occasional Paper Nr. 10 (1980).

Vexierspiegel – einander gegenübergestellt. Zum Japanbild in neueren deutschsprachigen Publikationen zur japanischen Perspektive, in: Leviathan – Zeitschrift für Sozialwissenschaft 3 (1986), S. 418–451.

Japanischer Eurozentrismus, europäischer Relativismus und einige Konsequenzen, in: Japan and European Studies on Japan, hg. v. Klaus Kracht und Helmut Morsbach, Bochum 1983, S. 26–44.

122/1/2.93

Kultur- und Sozialgeschichte Japans
im Suhrkamp Verlag und im Insel Verlag